HEYNE
BÜCHER

ESOTERISCHES WISSEN

Norman Vincent Peale
und Smiley Blanton

Aufforderung zum Glücklichsein

Wie sich alles zum Guten wendet

Aus dem Amerikanischen
von Helga Künzel

WILHELM HEYNE VERLAG
MÜNCHEN

HEYNE ESOTERISCHES WISSEN
Herausgegeben von Michael Görden
13/9776

Titel der amerikanischen Originalausgabe:
THE ART OF REAL HAPPINESS
erschienen bei Prentice-Hall, Inc., Englewood Cliffs, New Jersey, USA

Umwelthinweis:
Dieses Buch wurde auf
chlor- und säurefreiem Papier gedruckt.

Ungekürzte Taschenbuchausgabe 1999
im Wilhelm Heyne Verlag GmbH & Co. KG, München
http://www.heyne.de
Printed in Germany 1999
Umschlaggestaltung: Atelier Bachmann & Seidel, Reischach
Umschlagillustration: Premium/G. Kalt, Düsseldorf;
Mauritius/AGE, Mittenwald
Technische Betreuung: Sibylle Hartl
Satz: ew print & medien service gmbh, Würzburg
Druck und Bindung: Ebner Ulm

ISBN 3-453-14672-7

Inhalt

Kapitel 1

Türen zu einem neuen Leben

Ein erfolgreiches, glückliches Leben erwächst aus der Kraft des Glaubens. Die Unbesiegten und Unbesiegbaren unserer Erde sind Menschen, die in der »Kunst« des Glaubens Meisterschaft erlangt haben. Sie schöpfen ständig aus dieser inneren Kraftquelle, denn sie tragen den unerschütterlichen, dabei ewig jungen Glauben an eine höhere Macht und an die Bestimmung ihres eigenen Schicksals im Herzen. Ohne ihren Glauben wären sie wehrlos den unausweichlichen Schwierigkeiten ausgeliefert, in die jeder Mensch gerät; aufgrund ihres Glaubens aber sind sie sogar gegen die grausamsten Widrigkeiten gefeit.

Natürlich hat keine Epoche ein Monopol auf Elend und Not; doch unsere Zeit kann für sich in Anspruch nehmen, daß ihr mehr als das übliche Maß beschieden ist. Dazuhin handelt es sich um ein Elend und eine Not ganz besonderer Art: während wir in wirtschaftlichem Überfluß leben, verhungern wir geistig-seelisch. Obwohl sich uns unvergleichliche Chancen zu einem guten Leben bieten, peinigt uns die tödliche Angst, daß alles verlorengehen könnte.

Es ist eine Ironie der Gegenwart, daß die Medizin, die

so vielen körperlichen Krankheiten, von denen einst die Menschheit heimgesucht wurde, den Schrecken zu nehmen und sie zu überwinden vermochte, keine wirksamen Mittel zur Heilung der quälenden seelischen Leiden des Menschen unserer Zeit fand. Zahllose Gemütskrankheiten nagen an unserer Gesundheit und Seelenruhe und verzehren unsere Kraft und unsere Vitalität.

Doch obwohl es so aussehen mag – in Wirklichkeit ist keineswegs alles verloren! Die immer wieder zur Geltung kommenden spontanen Glücksäußerungen von jungen Leuten, die sich verlieben und so den uralten Anspruch des Menschen auf das Paradies erneuern, von Lehrern, die Kindern und Jugendlichen neue Wunder enthüllen und ihnen die alten nahebringen, von Eltern, die jahrelang voll Geduld und Hingabe ihre Kinder aufziehen – dies und ähnliches widerlegt unanfechtbar die Denkweise des »Alles-ist-verloren«. Tausende lebensbejahende Äußerungen geben uns die Gewißheit, daß die Menschheit über eine unerschöpfliche Quelle verfügt, aus der sie lebenerhaltende Kraft und Hoffnung schöpfen kann.

Eddie Rickenbacker, einer der berühmten Piloten unserer Zeit und eine große Führerpersönlichkeit, sprach einmal in einem Lazarett mit Fliegern, die schwer verwundet waren und schlimme Schocks erlitten hatten. Captain Rickenbacker war ein zutiefst gläubiger Mensch, der seinen Glauben auch lebte. Mitten in dem Gespräch mit den Fliegern hielt er inne und sagte ruhig: »Sollte unter Ihnen jemand sein, der noch kein Gotteserlebnis gehabt hat, rate ich ihm, auszuziehen und es zu suchen.« In dem Lazarettsaal herrschte Stille. Die Männer wußten, daß Rickenbacker ihnen gerade das Geheimnis enthüllt hatte, dank dessen er unversehrt davongekommen war. Sie begriffen, daß ihnen das große Flieger-As den Weg gewiesen hatte, der sie aus ihrer Unsicherheit und Verzweiflung hinausführen würde.

Rickenbacker sah im Glauben den Schlüssel zum Leben. »Denken Sie positiv und zielgerichtet, voll Vertrauen und Glauben«, erklärte er den Verwundeten, »dann gewinnen Sie Sicherheit, und Ihr Leben wird erfüllt sein von Leistung und Erfahrung. Solches Denken ist ein unfehlbarer Weg, um innere Niederlagen zu überwinden. Es ist der Weg, auf dem ein demütiger Mensch das Leben meistert – und den Tod.«

Leider haben viele unter uns im täglichen Leben Barrieren gegen alles, was nur irgendwie ins Religiöse geht, errichtet und berauben sich so der Wohltat eines stärkenden Glaubens. Ein widersinniger Damm blockt den Energiestrom ab, der eigentlich mit unwiderstehlicher Kraft in gesunde Herzen fließen müßte. Was hält diesen Strom auf? Was verbarrikadiert diesen Fluß der Zuversicht, des Glaubens und Vertrauens, der normalerweise die dürren, jeder Hoffnung beraubten Seelen der Menschen bewässern sollte?

Solche Fragen sind eine Herausforderung an alle Geistlichen, Lehrer, Psychologen und Ärzte (besonders Psychiater) unserer Gesellschaft. Es sind keineswegs akademische Fragen. Immer beharrlicher tauchen sie im Dasein der vielen gequälten Menschen auf, die – dem Zusammenbruch gefährlich nahe – kein glückliches Leben zu führen vermögen, solange ihre geistig-seelischen Probleme nicht gelöst werden.

Im Areal der Marble Collegiate Church gibt es ein vom Verkehrslärm der New Yorker Fifth Avenue abgeschiedenes, ruhiges Institut, in dem christliche Unterweisung und psychotherapeutische Behandlung zur Beseitigung all jener Störungen und Krankheiten, die das Gemüt und den Geist der Menschen zersetzen, eingesetzt werden. Unter der gemeinsamen Führung eines Geistlichen und eines psychiatrisch geschulten Psychotherapeuten lernten und lernen geplagte Männer und Frauen, die Barrieren einzureißen, die ihnen ein erfolgreiches Leben verbauen. Tag für Tag wird den Ängstlichen und Besorgten, den Furchtsamen und Deprimierten das unschätzbar wertvolle Geheimnis enthüllt, wie man inneren Frieden gewinnt, wie man zu echtem Glücklichsein findet.

Das vorliegende Buch will Ihnen zeigen, auf welche Weise dies geschieht.

Das Institut der Marble Collegiate Church wurde vor rund vier Jahrzehnten von einem Geistlichen und einem Psychiater gegründet, den beiden Autoren dieses Buches. Jeder von uns war durch seine berufliche Tätigkeit seit langem mit dem tragischen Los so mancher Menschen vertraut, die trotz ihrer Fähigkeit, aufrecht zu stehen, auf Händen und Knien durchs Leben krochen. Sie hatten zwar den Wunsch nach Freude und Glück, wurden aber von dem sie mit der Präzision eines Uhrwerks bedrängenden Gedanken gequält: »Ich hätte dies tun sollen und das nicht tun sollen.« Da diese Menschen niemanden hatten, dem sie sich in ihrem Kummer hätten anvertrauen und seiner Führung überlassen können, wurden sie von wachsender Verzweiflung erfaßt und gerieten in die Fänge ihrer eigenen Panik. Für solche Menschen gründeten wir unser Institut. Den Anstoß dazu gab unsere Überzeugung, daß man die persönlichen Schwierigkeiten des heutigen Menschen unter neuen Gesichtspunkten angehen müsse.

Ein großes Abenteuer begann für uns! Wir verschrieben unsere Arbeit der Auffassung oder, wenn Sie so wollen, dem Traum, daß die Hilfen der Religion und der Psychologie gemeinsam mehr vollbringen könnten als getrennt. Das Experiment ist gelungen. Der Traum wurde zur Wirklichkeit und unsere Auffassung, so glauben wir sagen zu können, im Sinne unseres Anliegens durch Tatsachen erhärtet. Die Techniken, die wir zusammen ausgearbeitet haben, können – wie wir nach unserer Ansicht wiederholt demonstrierten – einen Menschen völlig wiederherstellen, ihm seine eigenen schöpferischen Kräfte erschließen und ihn über sein geistig-seelisches Potential in Einklang mit den grenzenlosen Kräften des Universums bringen. Es handelt sich dabei um einen Prozeß der Glaubenserneuerung, dank dessen der Mensch zu einer Kraft und einer Freude findet, die er in seinen kühnsten Träumen nicht für möglich hielt.

Wir erkannten rasch, daß die bei uns anklopfenden Hilfesuchenden einen Querschnitt der gequälten Millionen nicht nur von Ärzten als »krank« erklärter, sondern auch »gesunder« Menschen darstellten, die in endloser Sisyphusplackerei den grausam schweren Stein der Angst einen endlosen Berg emporwälzen. All diese Menschen entbehrten durchaus nicht der Voraussetzungen für ein befriedigendes Leben. Die meisten waren intelligent, hatten vernünftige Einstellungen und sich in ihrem Leben bemüht, ihre Ideale zu verwirklichen. Den meisten mangelte es auch nicht völlig an religiösem Glauben: sie beteten und ließen sich die Sakramente ihrer Kirche spenden. Doch irgendwie meinten mehr oder weniger alle, von der Religion im Stich gelassen worden zu sein; Religiosität bedeutete für sie keine dynamische Lebensweise mehr. Sie waren deshalb im tiefsten Sinne des Wortes von der gesunden Lebenswürze abgeschnitten, von dem kraftvollen Glauben, der ihnen Selbstsicherheit und Vertrauen zu ihrem Schöpfer gegeben hätte.

Aber nicht nur an gesundem, echtem Glauben gebrach es ihnen, sondern auch an Selbstkenntnis. Die von der Psychologie nachhaltig bewiesene Tatsache, daß der menschliche Geist auf zwei Ebenen arbeitet, der bewußten und der unbewußten, empfanden in der Anfangszeit unserer Arbeit viele von ihnen als große Überraschung, ja als Schock. Der »Geist«, wie sie ihn auffaßten, wurde weitgehend bloß mit der Verstandestätigkeit des menschlichen Gehirns gleichgesetzt, die uns befähigt, Fakten zu merken, Entscheidungen zu treffen, ein Essen zu bestellen oder ein Buch zu verstehen. Diese und zahlreiche ähnlich geartete Funktionen des Geistes kannten sie natürlich. Aber sie wußten nicht, daß das Bewußtsein nur die oberste Schicht des Geistes darstellt, gewissermaßen die Oberfläche eines unendlich tiefen Meeres. Nur sehr zögernd, manchmal geradezu unwillig akzeptierten sie die Tatsache, daß in diesen Tiefen, die von den Psychologen und Psychiatern als das »Unbewußte« bezeichnet werden, der größte Teil des Geisteslebens stattfindet und daß dieses Unbewußte auch weitgehend unser Verhalten motiviert und bestimmt.

Die erste Aufgabe des Instituts bestand darin, die Hilfesuchenden mit den in den Tiefen des Unbewußten vorhandenen Kräften vertraut zu machen. Schritt für Schritt erläuterten wir ihnen, wie die dort verborgenen Konflikte, besonders jene zwischen Liebe und Haß, zumeist schon in der Kindheit entstehen und oft im späteren Leben weiterwirken. Außerdem erklärten wir ihnen immer wieder, daß diese verborgenen Konflikte sich an der Oberfläche des Geistes, also bewußt, regelmäßig nur in verschleierter Form geltend machen: als Angst, Sorge, Depression und bezeichnenderweise auch als Glaubensschwächung.

Es ist kein Zufall, daß bei Glaubensverlust neurotische Symptome auftreten. Glaube entströmt der Fähigkeit zu lieben, und diese Fähigkeit kann von dem im Unbewußten tobenden Kampf zwischen widersprüchlichen Gefühlen teilweise oder ganz zerstört werden.

Ein Beispiel hierfür ist die Geschichte eines jungen Architekten, der in unser Institut kam, weil er das anhaltende Gefühl hatte, ihm drohe eine Katastrophe. Er lebte in ständiger, nie nachlassender Angst, was er selbst nicht begriff. Für seine Angst gab es in der äußeren Welt keinerlei Grund; nichts bedrohte ihn, dennoch wurde er dieses innere Gefühl einer Bedrohung nicht los.

Der Vater des Architekten war ein herrischer, launischer Mann, der das Verlangen des Sohnes nach Liebe in dessen Kindheit ständig enttäuscht hatte. Der junge Mann erinnerte sich noch genau, daß ihm der Vater seinerzeit einmal versprochen hatte, den ganzen Samstagnachmittag mit ihm im Wald spazierenzugehen. Für den kleinen Jungen war dies eine ungeheuer wichtige Angelegenheit gewesen. Doch an dem besagten Samstag hatte der Vater dann seine Golftasche hervorgeholt und war zum Wagen gegangen, um in den Country Club zu fahren. Als der enttäuschte kleine Kerl in Weinen ausgebrochen war, hatte der Vater ihn gescholten, ihn ein Heulbaby und einen Quälgeist geschimpft. Diese Episode war charakteristisch für die Haltung des Vaters gegenüber dem Sohn: An einem Tag gab er sich mitfühlend-heiter, zu Spaß und Spiel aufgelegt, am nächsten egoistisch-gleichgültig.

Die Fähigkeit des kleinen Jungen, jemanden oder etwas zu lieben, wurde höchst nachteilig beeinflußt, und diese Schädigung einer der lebenswichtigsten menschlichen Funktionen beeinträchtigte seine sämtlichen späteren Liebesbeziehungen. Als er zu uns kam, glaubte er sogar, seinen Glauben an Gott verloren zu haben. »Gott ist Trug«, sagte er im Verlauf des ersten Gesprächs voll Erbitterung.

Im Zuge unserer Behandlung erlangte er allmählich Einblick in die wahre Natur seines Problems; dieses bestand in seinem bis dahin vollkommen unterdrückten, unterschwellig schwärenden Zorn auf seinen Vater. Auf die Erkenntnis folgte bald eine gewaltige Katharsis. Die Wut, die seinen Geist und sein Gemüt vergiftet hatte, verflog vollkommen. Und mit der Neubelebung seiner verkümmerten Liebesfähigkeit durch Gespräche über den Geist als das Göttliche im Menschen verlor er nicht nur das schmerzliche Angstgefühl, das ihn seit der Kindheit gequält hatte, er fand auch den verlorenen Glauben an Gott und die Menschheit wieder.

Der erste Schritt zur Wiedererweckung des Glaubens ist also die Austreibung jener Teufel, die in der Gestalt unterdrückter oder verdrängter Gefühlskonflikte ihr Unwesen treiben. Wenn es dem Psychotherapeuten – der den Hilfesuchenden je nach der Schwere des Falles einfach als Psychologe oder, in bereits pathologischen Fällen, als Psychiater behandelt – dank seiner Spezialkenntnisse gelungen ist, die aus Haß, Wut, Angst und Sorge erbauten neurotischen Barrieren einzureißen, können religiöse Anleitung und Führung einen Strom des Glaubens an die Allmacht, Gerechtigkeit und Liebe Gottes zum Fließen bringen, dessen heilende Wirkung nicht hoch genug eingeschätzt werden kann.

Dies ist, kurz zusammengefaßt, die Art des therapeutischen Vorgehens, die wir in unserem Institut praktizieren.

Manche Menschen sind nur mühsam von der Tatsache zu überzeugen, daß Gefühle, von denen sie überhaupt nichts wissen, ihr Leben destruktiv beeinflussen können. Viele zweifeln sogar die Existenz dieser unbewußten Regungen und somit primitiven Motivationen an. Es fällt ihnen schwer zu glauben, daß ein »engelhaftes Kind«, ein »gütiger Mann« oder eine »sanfte Frau« die wildesten, amoralischsten, asozialsten Leidenschaften in sich tragen kann. Weil diese unbewußten Impulse gewöhnlich nur in verschleierter Form zutage treten, ist es ganz natürlich, daß man ihr Vorhandensein in Frage stellt. Das ist jedoch nicht nur natürlich, sondern auch angenehmer!

Es gibt aber überwältigende Beweise für dieses dem Bewußtsein entzogene Gefühlsleben, und solange man es nicht in seiner ganzen Intensität als eine der Tatsachen des Lebens akzeptiert, ist es unmöglich, sich realistisch mit der inneren Qual auseinanderzusetzen, die solche Gefühlskonflikte verursachen können.

Im Schlaf, wenn das Unbewußte die Herrschaft antritt, durchlebt der Mensch seine früher unterdrückten Gefühlsregungen und verdrängten Wünsche von neuem, und zwar in Traumform. Erneut empfindet er alte Liebe, alten Haß, alte Ängste. Während der rätselhaften Traumphasen bringt er in Träumen, die selbst ein erfahrener Traumanalytiker oft erst nach langen Untersuchungen richtig zu deuten vermag, die tiefsten und manchmal primitivsten Wünsche seines Unbewußten zum Ausdruck. In diesen nächtlichen Phantasien zögert er oft nicht, sich unerlaubter Liebe hinzugeben oder sogar zu töten.

Robert Louis Stevenson schenkte der englischsprachigen Welt in einer seiner berühmtesten Kurzgeschichten mit *Dr. Jekyll und Mr. Hyde* ein Symbol für diese grundlegende Dualität der menschlichen Natur. Im wirklichen

Leben ist jedoch kein magisches Elixier wie jenes nötig, das Dr. Jekyll, den liebenswürdigen Londoner Arzt, in sein primitives Gegenstück, den entmenschten Mr. Hyde, verwandelte. Der Durchschnittsmensch braucht, damit er die Zähne zeigt, nur eine Enttäuschung zu erleben, manchmal genügt sogar eine scheinbar nur geringfügige. Unvermittelt explodiert dann das Dynamit der Wut, die er im zeitlosen Unbewußten abgelagert hat. Das Wüten des kleinen Jungen, dem sein älterer Bruder den Roller weggenommen hat, findet seine Entsprechung in der Wut des erwachsenen Fußball-Fans, der gegen den Schiedsrichter tobt, weil dieser seiner Meinung nach falsch entschieden hat, oder im unangebrachten Wutanfall der Hausfrau, die ihr Dienstmädchen anschreit, weil es ihre Lieblingsvase zerschlagen hat.

In diesen Fällen finde keine Selbstveränderung statt, meinen Sie, gebe es keinen lustgetriebenen, gierigen Mr. Hyde? Natürlich gibt es ihn! Das Kind unterdrückt lediglich die in seiner Wut enthaltenen Mordgelüste. Das gleiche tut der enttäuschte, frustrierte Erwachsene. Weil er gelernt hat, daß die Gesellschaft und auch sein eigenes Gewissen zumindest den Anschein von Selbstbeherrschung fordern, dämmt er seine Wut zu einem bloßen Temperamentsausbruch ein. Er läßt nur Dampf ab.

Manchmal äußert sich der Zorn von Erwachsenen in sehr aufschlußreichen Worten. Der aufgebrachte Sport-Fan brüllt mit hervortretenden Augen: »Schlagt ihm den Schädel ein, dem Schiedsrichter!« Und die Hausfrau, die ihrem Mann von dem »pflichtvergessenen« Dienstmädchen berichtet, erklärt unumwunden: »Ich hätte sie umbringen können!« Solche verbreitete Äußerungen, die nicht wörtlich gemeint sind, widerspiegeln die tatsächlichen Gefühle und Wünsche weit genauer, als die meisten von uns vermuten.

Sigmund Freud beschrieb in unverblümter, wissenschaftlich fundierter Weise den Hyde-ähnlichen Aspekt des Durchschnittsmenschen. Er sagte, wir würden in unser Unbewußtes täglich und stündlich alle verbannen, die uns im Wege stehen, alle, die uns beleidigt oder verletzt haben. Tatsächlich morde unser Unbewußtes sogar wegen Kleinigkeiten. Und darum seien wir, wenn man uns nach den Wünschen unseres Unbewußten beurteilen wolle, wie Primitive, schlicht eine Mörderbande. Es sei gut, daß diese Wünsche nicht die Potenz hätten, die ihnen vom primitiven Menschen zugeschrieben werde; im Kreuzfeuer wechselseitiger Verwünschungen wäre sonst die Menschheit längst untergegangen, die besten und weisesten Männer und die liebenswertesten und schönsten Frauen – mit allen übrigen.

Wir sind natürlich moralisch nur für das verantwortlich, was wir bewußt denken und tun. Man kann uns nicht zur Rechenschaft ziehen für Wünsche, die so tief in unserem Unbewußten vergraben sind, daß wir sie bestenfalls nur vage kennen. Wir setzen diese Wünsche zwar nicht in die Tat um; aber vorhanden sind sie trotzdem, und sie können starken Einfluß auf unseren Geisteszustand ausüben.

Psychologisch gesehen befinden sich viele Menschen in ständigem innerem Kriegszustand, ohne es zu merken. Starke, oft sogar heftige Impulse einer Art, die ihrer bewußten Auffassung von moralischem Verhalten vollkommen fremd ist, wallen aus dem »unermeßlich tiefen Ozean« des Unbewußten auf. Das Bewußtsein lehnt sie ab oder »verdrängt« sie, wie der Fachmann sagt, bevor sie überhaupt ganz erfaßt und verstanden werden. Aus dieser fast unmittelbar nach dem Aufwallen erfolgenden Verdrängung entsteht quälendste Angst.

Ziel einer jeden Psychotherapie ist es, den Menschen in die Lage zu versetzen, die primitive Seite seiner Natur zu ändern und so zu beherrschen, daß sie dem Willen gefügig gemacht und in nützliche Kanäle gelenkt werden kann. Sie muß bestrebt sein, innere Konflikte zu lösen, den Seelenfrieden wiederherzustellen und das moralische Bewußtsein des denkenden Erwachsenen zum beherrschenden Prinzip der gesamten Persönlichkeit zu machen.

Auch die Religion muß darin ihre große Aufgabe sehen. Die Kirche hat auch durch die Jahrhunderte hindurch versucht, sie mit wechselnden Methoden zu erfüllen. So muß sich die Kirche, die so manche nicht ganz zu Unrecht nur als eine vom Hauptstrom des Lebens abgeschnittene Institution ansehen, in Wirklichkeit als ein wissenschaftliches Labor zur Umgestaltung des täglichen Lebens der Menschen bewähren. Die großen Prinzipien der Kirche beruhen ja tatsächlich auf Zielanweisungen und Techniken, die geeignet sind, jedes menschliche Bedürfnis zu befriedigen. Der Geistliche ist, so gesehen, in nicht geringerem Maß als der Psychotherapeut ein Wissenschaftler, der mit der menschlichen Seele arbeitet. Die Kanzel, auf der er steht, ist ein geheiligtes Katheder, zugleich aber auch ein Labor-Experimentiertisch, über den Experimente der praktischen Anwendung spiritueller Wahrheiten und ihrer Bewirkungen auf den Menschen ablaufen.

Das *Neue Testament* ist das Gesetzeslehrbuch des Christseins; es lehrt spirituelle Gesetze, die von den klügsten, psychologisch versiertesten Verhaltensforschern zusammengetragen wurden und die genauso fest umrissen sind wie die Gesetze der Physik oder der Chemie. Die im *Neuen Testament* enthaltene Offenbarung Jesu Christi ist ein in kodifizierter Form überliefertes Lehrbuch der angewandten Psychologie, das ungeahnte Kräfte freizusetzen und eine unübertreffliche therapeutische Wirkung zu erzielen vermag.

Eine Neubewertung des *Neuen Testaments* im Hinblick auf die Erkenntnisse der modernen Psychologie beweist, daß es zu den tiefstlotenden, scharfsinnigsten Büchern gehört, die je über die menschliche Natur geschrieben wurden.

Zwischen den Grundprinzipien der beiden Lehren lassen sich zahllose Parallelen ziehen. Die Psychologie (wie auch die Psychiatrie) postuliert das Unbewußte, in dem sie nicht nur wilde Impulse findet, in denen Angst, Wut und Haß wurzeln, sondern in dem auch jene Strebungen beheimatet sind, die eine Quelle des Glaubens, der Hoffnung und des Mutes sowie die eigentliche Basis der kreativen schöpferischen Kraft des Menschen sind. Die Religion wiederum postuliert die Seele, nimmt sie als gegeben an. Ist dieses tiefste Zentrum des Wesens eines jeden Menschen mit Bösem (mit Destruktivem, wie der Psychologe sagt) beladen, zieht es den Menschen nach unten; ist es aber auf die Kraft Gottes eingestimmt, wird es für ihn zur Quelle moralischer Stärke und geistiger Erleuchtung.

Die Psychologie deckt die wesenseigene Ichbezogenheit des Neugeborenen auf. Die Theologie sagt, der Mensch sei in Sünde geboren; aber dank der ethischen Gebote der Religion, die eine wichtige Rolle in der Entwicklung des Kindes spielen, ändert sich seine Ichbezogenheit dergestalt, daß es ein gesunder, für die Gesellschaft wertvoller Erwachsener werden kann.

Beide Lehren haben sich vorwiegend mit Liebe und

Haß zu befassen. Die Psychologie erklärt, daß der vom Haß entfachte innere Konflikt den Glauben zerstört. Das Christentum begegnet dem Haß mit Liebe und lehrt, daß unter Gott alle Menschen Brüder sind und daß wir unseren Nächsten lieben sollen wie uns selbst.

Christliche Religion wie auch die Psychologie richten ihr Heilbemühen darauf aus, innere Kräfte freizusetzen, über die jeder Mensch verfügt. Der Psychologe weiß, daß jeder Mensch seinem Leben neuen Sinn und Schwung geben kann, wenn er die Natur seiner störenden unbewußten Triebe erkennt und ändert. Der Gedanke einer Änderung, einer spirituellen Regeneration, liegt jeder Theorie des menschlichen Verhaltens zugrunde. »Sei nicht zufrieden mit dem, was du bist«, sagt der Geistliche zu seinen Pfarrkindern. »Gib deinen Traum, etwas Bestimmtes zu werden und dein Ideal zu verwirklichen, nicht auf«, sagt der Psychologe.

Ein großartiger Bibelvers, der in vielerlei Hinsicht das eigentliche Herzstück des christlichen Glaubens bildet, lautet: »Ist jemand in Christo, so ist er eine neue Kreatur; das Alte ist vergangen, siehe, es ist alles neu geworden!« Wenn der Mensch also seinen Geist mit dem Geiste Christi erfüllt, wenn er mit Christus spricht, betet und lebt, darf er absolut sicher sein, daß alles Alte, das Destruktive, das ihn deprimiert, geängstigt und verfolgt hat, vollkommen verschwinden und durch ein Neues ersetzt wird, ein von Liebe und Freude getragenes Glücklichsein.

Die dynamische Psychologie von heute lehrt, daß der Mensch sich durch die Lösung neurotischer Konflikte nicht nur zu ändern vermag, sondern daß er nach der vollzogenen Konfliktlösung über Energien verfügt, von deren Vorhandensein er nichts ahnte. Der Geistliche von heute führt den Menschen zur Freisetzung seiner inneren

Kräfte: »Das Reich Gottes ist inwendig in euch.« Durch den Glauben an Christus können Sie sich den Strom der göttlichen Kraft, an der Sie kraft Geistes teilhaben, erschließen. »Sehet«, lesen wir in einer wunderbaren Passage des Lukas-Evangeliums, »ich habe euch Macht gegeben, zu treten auf Schlangen und Skorpione, und über alle Gewalt des Feindes; und nichts wird euch beschädigen.«

Die unzähligen Parallelen zwischen Psychologie und christlicher Heilslehre lassen ein Bündnis zwischen diesen beiden Fachgebieten vollkommen natürlich erscheinen und machen es überaus fruchtbar. In unserem Institut bilden diese Parallelen die Grundlage für ein, wie wir glauben, erstaunlich wirkungsvolles Teamwork. Wenn der Psychiater (der ja einerseits Arzt und andererseits Psychologe ist) die seelische Krankheit diagnostiziert und seine Behandlung durchgeführt hat, kann der Geistliche aus dem großen »Medizinschrank« des christlichen Glaubens jene »Arznei« hervorholen, die sich am besten als Heilmittel gegen das Leiden eignet.

Besonders wichtig ist die Durchführungstechnik der Heilbehandlung. Die Kirche begeht oft den Fehler, die Menschen zum Beten aufzufordern, ihnen aber nicht zu sagen, wie sie beten sollen. Die Kirche ermutigt die Menschen zu glauben, nennt ihnen aber keine spezifischen Techniken, mit deren Hilfe man in sich Glauben erweckt. Die Kirche empfiehlt den Menschen, Liebe zu üben, bietet aber keine detaillierte Methodologie, wie man Liebe im täglichen Leben praktizieren soll. In unserer Arbeit wird größtes Gewicht auf das Wie gelegt.

Bevor man jedoch eine Heilbehandlung verordnen kann, muß man einem Patienten die emotionalen Strukturen erläutern, die seinem Verhalten zugrunde liegen. Wir begegnen in der Tat einigen sehr seltsamen Strukturen! Die vielleicht üblichste und ausgeprägteste ist das Schuldgefühl, das aus dem unbewußten Wunsch entsteht, einen anderen Menschen wegen eines durch ihn erlittenen Unrechts zu verletzen oder zu töten. Dieses Schuldgefühl äußert sich oft in Form von Angst. Nicht selten kommen Menschen zu uns, die vor Angst zittern und schwitzen, ohne einen Grund angeben zu können.

So war es beispielsweise bei einem jungen Geschäftsmann, der über ein ständiges Angstgefühl klagte, das, wie er sagte, sein Leben zu »einer einzigen Tortur« mache. Dieses Gefühl sei ihm unverständlich, sagte er uns, aber es sei ständig da und er könne es nicht abschütteln. In mehreren Gesprächen kristallisierte sich heraus, daß er seit der Kindheit heftigen Haß gegenüber seinem älteren Bruder empfand, den man ihm ständig als Beispiel hingestellt hatte. Sein Haß war so stark, daß er unbewußt den Tod des Bruders wünschte. Daraus war die hartnäckige unbewußte Furcht entstanden, bestraft zu werden.

Einer unserer Geistlichen, der über die Probleme des Geschäftsmannes unterrichtet worden war, erklärte ihm, wie er durch Beten seine Angst lindern und von neuem zum Glauben finden könne.

»Sie müssen sich ganz bewußt eine natürliche Zuneigung zu Ihrem Bruder zu eigen machen«, sagte er. »So schwer es Ihnen auch fallen mag, Sie müssen es tun, um den verdrängten Zorn und den Haß zu bekämpfen, der Ihnen so viel Schaden zugefügt hat. Damit Ihnen das gelingt, müssen Sie die Inhalte Ihres Denkens und Fühlens ändern. Liebe und der aus ihr strömende Glaube können Ihr Gemüt nicht durchdringen, solange es von der Angst, die Sie seit Jahren belastet, erdrückt und erstickt wird. Ich werde Ihnen etwas geben, ein Rezept, wie ich es nenne, das die Angst vertreibt, die in Ihrem Gemüt wie Gift wirkt. Hier haben Sie einen Text aus der Bibel. Wiederholen Sie ihn immer wieder für sich selbst, bis Ihr Geist und Ihr Gemüt vollkommen davon erfüllt sind. Fassen Sie den Text als Medizin auf, die Ihrem Geist eingeträufelt wird, dann wird er heilenden Einfluß ausüben und Sie immun machen gegen Ihre Angst.«

Der Mann bekam noch gesagt, wenn er um Befreiung von seiner Angst bete, solle er nicht glauben, daß diese Befreiung irgendwann in der Zukunft erfolge, sondern er solle glauben, daß sie sofort stattfinde – jetzt gleich!

Weil er als erstes seinem Denken einen anderen Inhalt geben und das durch sein Denken geprägte Unbewußte mit einer Liebe füllen mußte, die seine Angst austreiben würde, sollte er beten: »Die völlige Liebe treibt die Furcht aus.« In der ersten Woche sollte er sich diesen Text mehrmals täglich einverleiben. In der zweiten Woche kam ein weiterer Text hinzu: »Da ich den Herrn suchte, antwortete er mir und errettete mich aus aller meiner Furcht.«

In der dritten Woche: »Alles, was ihr bittet im Gebet, so ihr glaubet, werdet ihr's empfangen.« Und in der vierten: »Ich fürchte kein Unglück; denn du bist bei mir.« Dies sollte ihm vergegenwärtigen, daß er in seinem Kampf nicht allein stand, sondern daß Gott mit ihm war, daß Gott in seiner Allmacht ihm alle Ängste nehmen konnte. Als nächstes erhielt er den Text: »Wer festen Herzens ist, dem bewahrst du Frieden.«

Der Heilprozeß zog sich lange hin. Jede Woche bekam der Mann einen neuen Text. Er wurde aufgefordert, Buch zu führen, wie oft er jeden einzelnen der erhaltenen Texte für sich wiederholte. Er berichtete später, daß er oft an einem Tag Dutzende Male seine Gebete verrichtet hatte.

Nach und nach löste das suggestive »Medikament« seine Angst auf, fast wie ein Betäubungsmittel einen Schmerz beseitigt.

»Es ist erstaunlich«, sagte der Geistliche einmal, »ich habe festgestellt, daß diese Gebetstexte nicht einfach Worte oder Belehrungen, sondern tatsächlich eine Kraft sind, destillierte Kraft!«

Damit entdeckte er eine alte Wahrheit neu: Die Wahrheit, daß Jesu Worten wirklich aktive Heilkraft innewohnt, daß von ihnen Licht und eine heilende Strahlung ausgehen, wenn man sie in einfacher, aufrichtiger Weise betet. Der Geistliche fand auch die alte Wahrheit der Passage des *Neuen Testaments* bestätigt: »So ihr in mir bleibt und meine Worte in euch bleiben, werdet ihr bitten, was ihr wollt, und es wird euch widerfahren.«

Als die Angst des jungen Geschäftsmannes nachließ und sein Glaube zur Kraft echten Gottvertrauens wuchs, ging mit ihm eine erstaunliche Veränderung vor. Sein deprimiertes, niedergeschlagenes Aussehen verschwand, und er strahlte sichtbar Selbstvertrauen aus. Bald konnte er uns berichten, daß er viel bessere Arbeit leiste und daß seine Beziehung zu Frau und Kindern im Vergleich zu früher viel tiefer und reicher geworden sei. Sein Gefühl der Zuneigung zu seinem ihm früher verhaßten Bruder hatte überdies zu einer neuen, lohnenden Freundschaft zwischen den beiden geführt. Der Mann sagte, endlich erfahre er, wie erfüllt das Leben wirklich sein könne.

Wir hatten schon bei der Gründung unseres Instituts geglaubt, daß die Hilfe christlicher Heilslehre und der Psychologie neben dem eigentlichen Zweck der Behandlung Hilfsbedürftiger noch anderen nützlichen Zwecken dienen könne. Und so war es tatsächlich. Sie half das unter Kranken und Gesunden verbreitete Vorurteil ausräumen, daß die Psychotherapie, insbesondere die von einem Psychiater praktizierte, in gewisser Hinsicht unzuträglich und nur mit der abnormalen Seite des Lebens verknüpft sei. Aus diesem Vorurteil heraus zögern viele Menschen, die ernsthaft psychotherapeutische Hilfe wünschen, einen Fachmann aufzusuchen. Manche fürchten auch, im Zusammenhang mit ihrem religiösen Glauben auf Gleichgültigkeit oder sogar Feindseligkeit zu stoßen. Unser Institut hat dieses Dilemma natürlich gelöst. Bei uns kann jedermann sicher sein, Psychotherapeuten vorzufinden, die ihre medizinisch-psychologische Arbeit im Einklang mit religiöser Überzeugung zu verrichten vermögen.

Wir hielten es für einen großen Vorteil, unser Institut im Kirchengebäude unterzubringen, und als solcher erwies sich das auch. Die Kirche verkörpert die alte Tradition der Liebe, des Verzeihens, der Stärke und des Schutzes. In einer derartigen Umgebung schwinden Schuldgefühle rasch, und damit ist der Weg frei für die offene Erörterung von Zweifeln und Ängsten. Die kirchliche Umgebung erzeugt eine Atmosphäre des Vertrauens und der Sicherheit, in der die Autorität des Beraters, die in jeder Psychotherapie von entscheidender Bedeutung ist, bereitwilliger und schneller akzeptiert wird.

Dank dieser günstigen Umstände läßt sich die Heilung emotionaler Störungen oft in einer Zeit erreichen, die in andersgearteten Instituten oder Heilanstalten undenkbar wäre. Einmal beispielsweise kam eine völlig verzweifelte Frau ins Institut, eine Frau, die sich so sündig fühlte, daß sie fast daran zugrunde ging.

Sie erzählte ihre Geschichte: Vor fünf Jahren war sie schwanger geworden; kurz danach hatte man ihren Mann zum Militärdienst eingezogen, und sie war mit drei kleinen Kindern allein zurückgeblieben. Weil sie knapp bei Kasse und emotional außerstande war, die Verantwortung für ein weiteres Kind zu übernehmen, ließ sie in ihrer Verzweiflung eine Abtreibung vornehmen. Anfangs schien ihr dies in ihrer verdrehten Denkweise als durchaus gerechtfertigt, doch nach einiger Zeit bekam sie Gewissensbisse. Immer stärkere Reuegefühle erfaßten sie. Bald konnte sie nicht mehr schlafen, sie verlor ständig an Gewicht und begann schließlich ihre Kinder zu vernachlässigen.

Hatte sie um Vergebung gebetet? »Ja. Ich habe Gott viele tausend Male um Vergebung angefleht, aber alle meine Gebete sind wirkungslos verpufft«, antwortete sie.

Logik und gesunder Menschenverstand hätten der Frau eigentlich sagen müssen, es sei nicht normal, daß sie das vergangene, jetzt aufrichtig bereute Unrecht nicht überwinden könne; doch weder die Logik noch der gesunde Menschenverstand vermochten bei ihr etwas auszurichten. Deshalb mußte man in ihrem Fall mit einer anderen Technik arbeiten.

Im Laufe der Gespräche stellte sich heraus, daß sie im Alter von fünf Jahren schrecklich eifersüchtig auf ihre neugeborene Schwester gewesen war und diese in bezug auf die Liebe der Eltern als gefährliche Rivalin angesehen hatte. Ihr unbewußter Wunsch nach dem Tod der Schwester hatte sich in einer bewußt gesetzten Aktion geäußert: sie hatte das Baby zu verletzen versucht, indem sie ihm einen Ring in den Hals stopfte. Die Eltern hatten sie dabei erwischt und für die Missetat hart bestraft.

Damals war ihr ein schweres Schuldgefühl eingepflanzt worden, das die Zeit nicht gelindert, geschweige denn aufgelöst hatte.

Aufgrund unserer Aufklärungsarbeit erkannte sie die

wirkliche Bedeutung ihrer Abtreibung. Das Schuldgefühl wegen des Wunsches, ihr Kind zu beseitigen, wurde in ihrem Unbewußten durch den alten, kindlichen Wunsch, die kleine Schwester zu vernichten, immens verstärkt. Und weil zum neuen Schuldgefühl das alte hinzukam, konnten weder die Vernunft noch die Kraft des Gebets und der Reue es lindern.

Die Unrast der Frau ließ allein schon dank der vertraueneinflößenden Atmosphäre der Umgebung nach, und es dauerte nicht lange, bis sie die Erklärung des Ursprungs ihres Schuldgefühls zu akzeptieren vermochte. Tatsächlich hatte sie fast sofort ein starkes Gefühl der Befreiung. Als sie dann zu Hause die Gebetsmethode anwandte, die ihr empfohlen worden war, vermochte sie auch an die Vergebung Gottes zu glauben. Und nun war sie fähig, sich selbst zu verzeihen. Eine erstaunliche Veränderung ging mit der Frau vor. Im Laufe von zwei Monaten nahm sie fünfzehn Pfund zu, sie wirkte um Jahre jünger und war von einer freudigen Zufriedenheit erfüllt, die regelrecht aus ihr zu strahlen schien.

Eine bestimmte Bibelpassage erwies sich für diese Frau als besonders hilfreich: »Ich vergesse, was dahinten ist«, sagte der heilige Paulus, »und strecke mich zu dem, was da vorne ist, und jage – nach dem vorgesteckten Ziel...« Einem Menschen, den Schuldgefühle quälen, kann man keinen besseren psychotherapeutischen Rat geben.

Bei der Gründung unseres Instituts bauten wir darauf, daß die Kraft gemeinsamen Gebets – ein Hilfsmittel, das den üblichen Kliniken nicht zur Verfügung steht – von großem Nutzen sein würde. Dies traf auch zu. Wenn zu uns ein an Depression leidender Mensch kommt, der beispielsweise tiefes Verlangen nach Freundschaft oder nach erfreulichen Umweltbeziehungen hat, können wir ihn einer Gruppe zuführen, die sein Verlangen erfüllt. Wir beraten ihn nicht nur im Hinblick auf sein inneres Problem, sondern können ihn tatsächlich mit einem vertrauenerweckenden Kreis von Menschen zusammenbringen, die gleich ihm an eine von religiöser Überzeugung getragene Lebensweise glauben. Wir ermöglichen ihm, sein emotionales, geistiges und soziales Ich zu integrieren.

Bisweilen ist diese Integration der wichtigste Faktor im Heilungsprozeß. Wir erinnern uns an eine Hilfesuchende, die das Gefühl hatte, ihr Leben sei leer und sinnlos, für sie gebe es keine Hoffnung. Sie war eine mitleiderregende Person mit ziemlich teilnahmslosem Gebaren und ungewöhnlich nachlässigem, schlampigem Aussehen. Verzweifelt erklärte sie uns, sie sei am Rande eines »Nervenzusammenbruchs«.

Zwei Dinge über die Frau kamen schließlich ans Licht. Das ungeschulte Auge hätte wohl kaum einen Zusammenhang zwischen ihnen entdeckt, doch sie lieferten den Schlüssel zu ihrem grundlegenden Problem.

Erstens: Vor mehreren Jahren war ihr streitsüchtiger, sich ständig beschwerender Vater in Pension gegangen und zu ihr gezogen; seit damals bediente sie diesen anspruchsvollen Egoisten, der sie so in Anspruch nahm, daß sie für keinerlei Entspannung mehr Zeit hatte. Mit fast morbider Hingabe erfüllte sie die undankbare Aufgabe, ihn zu versorgen. Sie hatte sich damit abgefunden, seinetwegen eine enttäuschte alte Jungfer zu werden.

Auf eine entsprechende Frage antwortete sie, natürlich liebe sie ihren Vater, obwohl er schwierig und launisch sei. Sie befolgte das biblische Gebot: »Du sollst deinen Vater und deine Mutter ehren.« Zumindest redete sie sich das ein. In Wahrheit verdrängte sie, was sie schließlich einsah, lediglich ihre schwelende Wut auf den Vater, der ihr Leben so grausam einengte. Die Verdrängung gelang ihr so vollkommen, daß sie nicht die leiseste Ahnung von ihrer wirklichen Einstellung ihm gegenüber hatte.

Zweitens: Die Frau erlitt an ihrem Arbeitsplatz ständig Unfälle. Wie bereits gesagt, wendet der Mensch ohne sein Wissen häufig den Trick an, abstoßende oder angsterregende Gedanken und Gefühle in die Tiefen des Unbewußten zu verbannen. Im Unbewußten der Frau nun hatte die unterdrückte Wut ein schreckliches Schuldgefühl erzeugt. Dieses wiederum äußerte sich in der nicht unüblichen Form der Selbstbestrafung.

»Selbstbestrafung?« Auf ihrem Gesicht stand Ratlosigkeit.

»Natürlich«, entgegnete der Berater. »Sehen Sie das nicht? Ihre Unfälle sind eine Strafe, die Sie wegen Ihrer feindseligen Gefühle gegenüber Ihrem Vater selbst über sich verhängen.«

Die Erkenntnis der wahren Natur ihrer verborgenen Emotionen war für sie der halbe Sieg. Dank dem neugewonnenen Verständnis schwanden allmählich ihre Feindseligkeit und die damit verbundenen Schuldgefühle. Es gelang ihr, gegenüber ihrem Vater eine normalere Haltung zu entwickeln und seinen übertriebenen Ansprüchen ein festes, aber liebevolles »Nein« entgegenzusetzen. Ihre Angst verging, und es passierten ihr keine Unfälle mehr.

Von den Beratern war ihr auch empfohlen worden, mehr Sorgfalt auf ihr Äußeres, ihre Kleider und ihr Haar zu verwenden und zu diesem Zweck beispielsweise auch ein dezentes Make-up anzuwenden. Behutsam wurde sie in das gesellschaftliche Leben der Kirche eingeführt. Bald lernte sie einen netten jungen Mann kennen, sie verliebte sich, und es dauerte nicht lange, da war sie verlobt. Kurz, ihr Leben änderte sich in jeder Beziehung.

Die Behandlungstechnik, die wir in unserem Institut entwickelten, wird nur in Einzelheiten den jeweiligen Fällen angepaßt; in ihren Grundzügen hat sie sich bestens bewährt und ist inzwischen fest etabliert. Längst schon mußten weitere Berater eingestellt werden; derzeit sind es sieben.

Das erste, jeweils auf Befragung angelegte Gespräch, bei uns allgemein »Interview« genannt, führt einer der Geistlichen oder auch einer der Psychotherapeuten – hier entscheidet mehr oder minder der Zufall, sofern nicht die Schwere der Erkrankung die Erstbehandlung durch einen Psychiater nahelegt. Die Therapie wird, je nach der Art des Problems, von einem Geistlichen und einem Psychotherapeuten zu gleichen Teilen oder fast ausschließlich von einem der beiden vorgenommen. Manchmal genügt ein Interview; häufiger jedoch sind mehrere, gelegentlich sogar sehr viele Interviews nötig.

Natürlich wollen wir nicht behaupten, daß mittels dieser kombinierten Therapie jeder beunruhigte Mensch grundlegend beeinflußt werden kann. Mitunter sitzen geistige und emotionale Störungen so tief, daß sie sich nur durch eine langwierige psychotherapeutische Behandlung heilen lassen. Andere Hilfesuchende wiederum sprechen begeistert und sehr schnell auf religiöse Anleitung an. Doch bei zahllosen Menschen, die von Sorgen und Ängsten und, was die Verwirklichung ihrer Wünsche anging, von einem Gefühl der Unzulänglichkeit geplagt wurden, erwies sich die Verbindung der beiden Hilfen als wunderbar wirksam. »Das Kind ist des Mannes Vater«, sagte der englische Dichter William Wordsworth. Und für viele Menschen, die im Kindesalter unter dem Schock des Lebens wankten, bedeutet diese Vaterschaft Unglück oder Vernichtung, denn die Fesseln ungelöster Kindheitskonflikte versklaven sie in ihrem Erwachsenendasein. Für sie lautet unsere hoffnungbringende Botschaft, daß es einen Weg gibt, solche Fesseln abzustreifen. Die Erkenntnis des psychologischen Konflikts und das im Alltag gelebte Gottvertrauen machen es möglich.

In den nächsten Kapiteln werden wir versuchen, das Erreichte darzustellen und aufzuzeigen, wie die von uns ausgearbeiteten Prinzipien und Methoden für Sie von unmittelbarem Nutzen sein können. Vielleicht finden Sie auf den folgenden Seiten die Lösung für Ihr Problem oder für das Problem eines Ihnen nahestehenden Menschen. Die von ihrer Menschenliebe zusammengeführten Geistlichen und Psychotherapeuten unseres Instituts versichern einhellig all jenen, die an einem Gefühl des Versagens leiden, daß es nie zu spät ist, aufgrund überzeugten Glaubens Kraftquellen zu finden, aus denen uns Mut zuströmt; daß es nie zu spät ist, zum Glauben an sich selbst, an andere Menschen und die Verwirklichung seiner Ideale zu finden; und daß es vor allem nie zu spät ist, in unserer schöpferischen Seele, die am Unendlichen teilhat, Gott zu entdecken und an ihn zu glauben.

Auch dies ist natürlich ein tiefes Anliegen unserer »Aufforderung zum Glücklichsein«, weil es unserer Erfahrung nach ein Glücklichsein ohne innere Harmonie im Einklang mit dem Universum des Geistes nicht gibt.

Kapitel 2

Warum wir lieben und zugleich hassen

Eine junge Mutter läßt sich von der Wärme des ersten Frühlingstages verlocken und geht mit ihrem sechsjährigen Sohn in den Zoo. Anfangs sind beide von ausgelassener Freude und Glück erfüllt. Sie schlendern Hand in Hand in der warmen Nachmittagssonne dahin. Plötzlich aber reißt sich der kleine Junge von der Mutter los und verschwindet in der Menge. Nach einer halben Stunde angstvoller Suche findet sie ihn: er ist nicht, wie sie befürchtet hat, in die Bärengrube gefallen, sondern beobachtet fasziniert die Seelöwen. Ihre Erleichterung verwandelt sich in Zorn, sie gibt ihm eine Ohrfeige. Seine Seligkeit schlägt blitzartig in Wut und Haß um, er bricht in Tränen aus.

Voll Reue kauft die Mutter dem Jungen ein Eis, und aus seinem Haß wird wie durch Zauber helle Freude. Die beiden lieben einander wieder. Doch dann will er ein zweites Eis. Sie sagt nein, weil es ihm den Appetit aufs Abendessen verderben würde. Er beginnt vor Wut zu brüllen. Erneut sind Mutter und Sohn böse aufeinander. Nach einem halben Dutzend solcher Episoden fahren sie, infolge von soviel Liebe und Haß oder Zorn erschöpft, mit dem Bus nach Hause, und der müde Junge lehnt vertrauensvoll den Kopf an die Schulter der Mutter. Eitel Liebe herrscht wieder zwischen ihnen.

Das tägliche Leben von Ehepaaren verläuft oft nach einem ähnlichen Muster, nur daß ihre Streitigkeiten und Auseinandersetzungen in Haltungen und Worte Erwachsener umgesetzt sind.

Mutter und Kind, Bruder und Schwester, Ehefrau und Ehemann sowie die vielen Freunde lieben einander, natürlich tun sie das. Aber zugleich hassen sie einander auch, das ist eine unangenehme Wahrheit. Die reine Liebe gibt es nur selten; fast immer mischt sich in die Liebe eine oft nicht geringe Portion Ressentiment, Abneigung oder sogar Haß.

Die beiden schlechthin unvereinbar scheinenden Gefühle treten nicht unbedingt nur nacheinander auf. Einschlägige Fachuntersuchungen erbrachten eine seltsame Tatsache: Wir sind fähig, ein und dieselbe Person fast gleichzeitig zu lieben und zu hassen. Psychologisch gesehen kann dies schwere Störungen verursachen. Das ständige übermäßige Schwanken zwischen Liebe und Haß, zu dem es kommt, wenn man diese starken Emotionen nicht beherrschen gelernt hat, wird zu einer anstrengenden, kräftezehrenden Angelegenheit.

Der Psychologe sieht Liebe und Haß in einem speziellen Licht. Liebe beinhaltet nach seiner Definition Gefühle der Anziehung jeder Art und jeden Intensitätsgrades, von der leidenschaftlichen Hingabe junger Verliebter bis zu der leidenschaftsfernen Zuneigung eines Menschen für einen Freund. Zu der weitgespannten Kategorie des Hasses gehören alle Gefühle der Abneigung, von blinder Wut und Rachsucht bis hinunter zu schlichtem Zorn und jeder wie immer gearteten Ablehnung.

Liebe und Haß sind für den Psychologen mit den positiven und negativen Ladungen des elektrischen Stroms vergleichbar, die die wirbelnden Elektronen und Protonen des Atoms zusammenhalten; er sieht in ihnen die positiven und negativen Kräfte, von denen die zwischenmenschlichen Beziehungen bestimmt werden. Diese dynamische Auffassung von Liebe und Haß, die seitens mancher Philosophen immer schon vage als zutreffend empfunden wurde, aber erst nach einem halben Jahrhundert intensiver Forschung als erhärtet und gesichert erscheint, ist ein wichtiges Kriterium in der Heilkunst eines jeden Psychotherapeuten.

Der Physiker kann, nachdem er das Geheimnis des Atoms aufgedeckt hat, dessen gigantische Kraft freisetzen. Der Psychotherapeut kann, nachdem er diese Gesetzmäßigkeiten unseres Gefühlslebens erkannt hat, dem Menschen helfen, das immense Potential seiner emotionalen Energien anzuzapfen. Und bei dieser Aufgabe findet er, wie unsere Erfahrungen beweisen, im dynamischen Wirken der über das Materielle unserer Welt hinausweisenden Religion eine einzigartige, unendlich wertvolle Unterstützung.

Nicht nur das Atom, sondern alles in der Natur zeugt von der Tatsache der Dualität, von einem Kraftstrom zwischen Gegensätzen. Die Gezeiten steigen und fallen. Die Sommerhitze wird von der Kälte des Winters abgelöst. Auf den Tag folgt die Nacht.

Auch in der Unbeständigkeit des menschlichen Gefühlslebens finden wir diese Dualität, sie spiegelt sich in den immerfort wechselnden Haltungen der Menschen gegenüber ihren Mitmenschen wider. Wenn wir diese Unbeständigkeit vermittels der sogenannten Tiefenanalyse untersuchen, stoßen wir in ihrem Kern auf eine Wechselströmung von Liebe und Haß, die aus dem Unbewußten emporsteigt. Erst wenn wir diese Dualität, die unserer Natur innewohnt, beherrschen und ein gesundes Gleichgewicht zwischen unserer Liebe und unserem Haß halten, finden wir inneren Frieden. Wenn wir uns jedoch von der Dualität beherrschen lassen, wenn wir hin und her gerissen werden von unseren zu Exzessen neigenden Gefühlen, deren Ursprung wir gar nicht ganz verstehen, sind wir ständig unglückliche Opfer ungelöst bleibender Konflikte.

Liebe – Haß, Liebe – Haß, Liebe – Haß ... sie lösen sich im Leben mancher Menschen in einer unaufhörlichen, oft verwirrenden und scheinbar irrationalen Folge ab.

Wir lieben, was uns Freude, Vergnügen oder Lust bereitet, und wir hassen, was uns Schmerz verursacht; wir lieben, was unsere Bedürfnisse befriedigt, und wir hassen, was uns diese Befriedigung verwehrt. Dies ist ganz natürlich. Doch es gibt Menschen, die so voll unbewußter Erbitterung sind, daß das Leben für sie fast zu einer endlosen Folge kleinerer oder großer Ärgernisse wird. Wie schießwütige Soldaten, die im Dunkeln auf raschelnde Blätter feuern, lassen sie bei der kleinsten Enttäuschung ihrem Ärger freien Lauf. Und wenn sie wirkliche Rückschläge erleiden, reagieren sie darauf mit einer Wut von schier unglaublicher Heftigkeit. Solche Menschen opfern ihren Seelenfrieden fast täglich der zerstörerischen, zersetzenden Leidenschaft ihres Hasses.

Wir wollen dies an einem Beispiel veranschaulichen. Ein Maler hatte ein Bild verkauft und beschloß, den Ertrag auf dem Aktienmarkt zu investieren. Er rief einen vertrauenswürdigen Aktienmakler an, mit dem er seit langem befreundet war, und fragte ihn um Rat. Für sein Geld wolle er Aktien kaufen, die schnell im Wert stiegen, erklärte er. Der Freund warnte ihn eindringlich vor den Risiken, mit denen solche Geschäfte verbunden sind, und nannte ihm dann zögernd eine bestimmte Spekulationsaktie.

In dieser Situation empfand der Maler tiefe Liebe zu seinem alten Freund und sah ihn als allwissenden Experten an, der ihm den Weg zu schnellem Reichtum erschloß. Seine lebhafte Phantasie, angespornt noch durch grandioses Wunschdenken, ließ die von ihm erworbenen Aktien auf einen Traumwert klettern. Leider traf dies nicht zu. Eine Baisse setzte ein, und die Aktien fielen in ein paar Tagen auf weniger als die Hälfte dessen, was er für sie bezahlt hatte.

Was geschah nun? Der Freund, der noch immer jene Qualitäten besaß, deretwegen der Maler ihn kurz zuvor geliebt hatte, wurde plötzlich zur Zielscheibe seines giftigen Hasses. Mit keinem Gedanken erinnerte sich der Maler an die Warnungen des Freundes, und er gab sich selbst nicht die geringste Mitschuld an der Fehlinvestition. Nein, er sah nur seinen Traum vom leichtverdienten Geld zerstört und machte für das Debakel ausschließlich den Freund verantwortlich.

Es ist natürlich nicht lustig, schwerverdientes Geld zu verlieren. Aber der Maler steigerte sein Elend noch durch seinen ebenso unvernünftigen wie maßlosen Haß, der ihn so quälte, daß er schließlich zu uns kam.

Unsere tiefsten Haßgefühle, besonders jene, die sich gegen einen Familienangehörigen richten, verdrängen wir gewöhnlich und verbannen sie ins Unbewußte. Eine Art Selbstschutzmechanismus sorgt dafür, daß wir im allgemeinen nur unsere liebevollen Gefühle bewußt wahrnehmen. Wir verschließen die Augen vor dem wahren Charakter und dem Ausmaß der Gefühle, die sich hinter unseren aus Enttäuschung oder Animosität gereizten Stimmungen verbergen. Der beunruhigende, erschrekkende Gedanke, daß wir einen uns nahestehenden, geliebten Menschen hassen könnten, ist uns einfach unerträglich. Doch Verdrängung beseitigt den Haß nicht, verbirgt ihn nicht einmal.

Unbewußter Haß ist wie ein Gespenst, das uns aus den Schattenwinkeln unseres Lebens verfolgt; in Träumen erhaschen wir manchmal einen kurzen, angsterregenden Blick auf dieses Phänomen.

Als »Notfall« wurde einmal eine Frau von Anfang Fünfzig zu uns gebracht. Ihre Tochter, die als Begleiterin mitgekommen war, gab sich zutiefst besorgt über den mitleiderregenden Zustand der Mutter, die vor Entsetzen am ganzen Leib zitterte. Es dauerte eine Zeitlang, bevor Frau Keller sich auch nur soweit beruhigt hatte, daß sie dem Psychotherapeuten zu sagen vermochte, sie habe gräßliche Angst. Ihr Herz klopfte wie rasend, sie konnte kaum noch atmen, drohte tatsächlich zu ersticken und hatte buchstäblich das Gefühl, sterben zu müssen.

»Es begann heute nacht«, stieß sie hervor. »Ich wachte plötzlich auf, maßlos entsetzt. Ich wußte, daß ich einen schrecklichen Traum gehabt hatte, eine Art Alptraum. Aber ich erinnerte mich nicht, wovon er handelte. Ich weiß es auch jetzt noch nicht. Ich habe nur seither das Gefühl, daß etwas Furchtbares passieren wird, und dieses Gefühl wird immer schlimmer.«

In der beruhigenden Atmosphäre des Sprechzimmers faßte sie sich schließlich einigermaßen und war fähig, ihr Leben kurz zu schildern. Ihrer Darstellung entnahm der Psychotherapeut folgende entscheidende Fakten: Sie hatte vier erwachsene, glücklich verheiratete Kinder. Ihr Mann, ein leicht aufbrausender, zum Jähzorn neigender Mensch, gab sich seiner Familie gegenüber als strenger Zuchtmeister. Obwohl ein sogenannter »treusorgender Vater«, war er ziemlich knauserig und beschuldigte seine Frau ungerechterweise, verschwenderisch zu sein, den Haushalt zu großzügig und sorglos zu führen. Dies alles störte sie sehr.

Sie achtete und liebte ihren Mann. Aber sie bekannte, daß er sie von vielen Aktivitäten abhielt, denen sie sich gern gewidmet hätte. Als Beispiel führte sie an, daß sie sich als Mädchen für Malerei und insbesondere für die Technik des Kupferstechens interessiert und vor einiger Zeit ernsthaft erwogen hatte, sich neuerdings darin zu versuchen. Ihr Mann machte sich jedoch seither in sehr gefühlloser Weise darüber lustig; er fand es lächerlich, daß eine Frau ihres Alters mit, wie er meinte, so »kindischen Interessen« die Zeit vertrödeln sollte.

Seit Jahren war ihr Mann häufig auf Geschäftsreisen unterwegs, und wenn er nach Hause kam, war er erschöpft von seiner beruflichen Tätigkeit, in der er ganz aufging. Er verbrachte die Abende bis zum Schlafengehen mit Zeitunglesen. Zwischen den beiden gab es immer weniger Gemeinsamkeit.

Kurz, Frau Keller war von ihrem Leben enttäuscht, sie war emotional ausgehungert und hatte kein zufriedenstellendes Ventil für das Schöpferische und Liebevolle ihrer Persönlichkeit.

»Wissen Sie«, sagte der Psychotherapeut zu ihr, »sehr oft wird ein Traum, wie Sie ihn heute nacht hatten, durch ein Ereignis vom Vortag ausgelöst. Ist gestern irgend etwas Ungewöhnliches passiert?«

Zögernd antwortete sie: »Hm, ja ... Vor etwa zwei Wochen erlitt mein Mann auf einer Geschäftsreise in Chikago einen Anfall von Koronarthrombose. Gestern nun kam ein Brief vom behandelnden Arzt, in dem es heißt, daß er außer Gefahr sei und bald nach Hause entlassen werden könne.«

Der Berater machte ihr klar, daß ihre Angst, nachdem es in der äußeren, gegenständlichen Welt keinen Grund für ihre Furcht gab, eine andere Ursache haben mußte, am ehesten irgendein tiefes Gefühl, das durch den Brief in ihrem Unbewußten aufgerührt worden war und sie in den akuten Angstzustand versetzt hatte. Es gelte nun, sagte er, gemeinsam herauszufinden, welcher subjektive Faktor ihr Entsetzen ausgelöst habe. Zunächst aber werde ihr ein Geistlicher zu einer sofortigen Linderung ihrer Angst verhelfen.

Der Geistliche empfing Frau Keller in einem freundlich anmutenden Raum, der wegen seiner Bücherwände fast wie eine Bibliothek aussah. Er ließ sie in einem Sessel Platz nehmen, in dem sie sich bequem zurücklehnen konnte. Eingangs gab er ihr einige Erklärungen über die Wirkungsweise der unbewußten Bereiche des Geistes, in denen sich ein großer Teil unserer geistigen Aktivität und unseres Gefühlslebens abspielt.

»Wenn Sie es fertigbringen, in diesen kreativen Fundus Ihres Wesens einzutauchen«, erläuterte er, »wird Ihre unmittelbare Furcht vergehen, und Sie werden sich wohler fühlen, während wir nach dem eigentlichen Grund Ihrer Beunruhigung suchen. Ich möchte, daß Sie sich entspannen, daß Sie die Augen schließen und mir folgendes Gebet nachsprechen:

›O Herr, hilf mir, die tieferen Schichten meines Geistes zu verstehen und zu begreifen, daß dort Gott wohnt. Hilf mir, Zugang zu der inneren Kraft zu finden, die das Göttliche im Menschen ist, damit ich Seelenfrieden erlange.‹«

Anschließend forderte der Geistliche sie auf, ihm verschiedene Texte aus der Bibel und aus geläufigen Gebeten nachzusprechen und sich dabei vorzustellen, wie sich ihre Worte sanft ihrem Unbewußten einprägten. Sie solle, sagte er, die Worte langsam und innig wiederholen, ihre beglückende Melodie und unfehlbare Heilkraft auf sich wirken lassen: »Ich fürchte kein Unglück, denn du bist bei mir.« Dann: »Jesus, laß mich bei dir geborgen sein.« Und: »Fels und Hort sei bitte mir, laß mich fliehen ganz zu dir.«

Danach trug er ihr auf, mehrere Minuten still bei ihm sitzen zu bleiben und an Gottes Liebe zu denken. Sie sollte über Gottes Frieden meditieren und die sanfte, heilende Ruhe seiner Berührung in ihrem Herzen und ihrem Geist spüren.

Schließlich sagte der Geistliche: »Ich bin überzeugt, daß Ihre Angst wesentlich nachgelassen hat. Tatsächlich ist sie ganz verflogen, und Sie können ruhigen Gemütes nach Hause gehen. Wir drei, Ihr Psychotherapeut, Sie und ich, werden Ihr Problem lösen.«

Nach mehreren weiteren Interviews mit dem Geistlichen und dem Psychotherapeuten vermochte Frau Keller der entscheidenden Tatsache ins Auge zu sehen: Ihr Mann hatte, indem er ihr die Erfüllung fast all ihrer Wünsche nach einer konstruktiven, schöpferisch-kreativen Betätigung versagte, in ihr so heftigen Groll erzeugt, daß sie unbewußt wünschte, er möge nicht genesen, sondern sterben und sie durch seinen Tod freigeben. Der Brief des Arztes hatte diesen Todeswunsch derart intensiviert, daß er in Form eines Alptraums an die Oberfläche gedrungen war. Hier lag der unmittelbare Anlaß ihrer Angst. Wir waren überzeugt, und die Zeit gab uns recht, daß ihre Einsicht, religiöse Erkenntnis und die aus ihr resultierende

Erstarkung ihres Glaubens sie vollkommen von der Angst befreien und ihrem Mann gegenüber toleranter machen würden.

Zwei konkrete Schwierigkeiten blieben jedoch bestehen: Man konnte kaum erwarten, daß ihr Mann seine Einstellung zu ihr grundlegend ändern würde; und bei einem Menschen seines Schlags mußte man, falls sein Herz ernstlich geschädigt war, mit chronischer Invalidität rechnen.

Der nächste Schritt für Frau Keller bestand deshalb darin, ihr Leben so einzurichten, daß sie ihre bislang unterdrückten kreativ-schöpferischen Strebungen zum Ausdruck bringen konnte, was immer auch geschehen mochte. Sie faßte den Entschluß, eine Kunstschule zu besuchen und sich ernsthaft dem Zeichnen und Radieren zu widmen. Das tut sie jetzt, wie sie uns berichtete; und sie hat sogar schon einige, wenn auch bescheidene Erfolge errungen. Wichtiger jedoch ist, daß die neue Betätigung für sie eine stete Quelle des Glücks und der Befreiung bedeutet.

Frau Kellers Geschichte stellt anschaulich dar, wie sinnvoll und nützlich psychologische und religiöse Führung zur Überwindung psychischer Störungen und Krankheiten zusammenwirken können. Normalerweise wären bei einer Patientin mit so tief verwurzeltem Haß viele Monate oder gar Jahre geduldiger psychoanalytischer Behandlung notwendig. Doch das Vertrauen, das eine verständnisvolle Führung durch den Geistlichen einflößt, und die harmonisch Hand in Hand gehende Beratung durch den Psychotherapeuten verkürzen den ganzen Vorgang oft auf ein paar Wochen oder wenige Monate, nach deren Ablauf ein zutiefst angeschlagener, hilfloser Mensch zumindest wieder mit dem Leben fertig wird.

Wie wir gesehen haben, können die Menschen jeden, den sie lieben, zugleich auch hassen. Dieses seltsame Liebe-Haß-Muster bildet sich im Säuglingsalter und während der Kindheit heraus.

Als Säugling lebt der Mensch, wie später nie mehr, in einem köstlichen Zustand unaufhörlichen Genießens. Gleich einem Schwamm nimmt er unendliche Mengen an Nahrung, Wärme und Zärtlichkeit auf. Dies ist die reine Wonne; doch sie ist zu schön, als daß sie allzulange währen könnte. Der kleine Mensch beginnt ganz allmählich die Gegenwart eines Eindringlings, im allgemeinen der Mutter, in sein winziges Paradies zu spüren. Anfangs hatte er die Mutter mehr als Ausweitung seines Körpers gesehen, als eine Art magisches Füllhorn, aus dem er unerschöpfliche körperliche Annehmlichkeiten empfing. Nach und nach dämmert ihm nun, daß diese Mutter ein anderes, von ihm getrenntes Individuum ist.

Zudem hat die in sein Paradies eindringende Person einen eigenen Willen, der mit seinen reichlich tyrannischen Wünschen kollidieren kann und es gelegentlich auch tut. Widerwillig, als Gegenleistung für empfangene Wohltaten, gewährt der kleine Mensch seiner Mutter ein bißchen von der Liebe, die er bislang ausschließlich auf sich selbst konzentriert hatte. Sein Preis für dieses Quentchen ist leichter Groll darüber, daß sie ihn zwang, ein winziges Stück seiner Eigenliebe aufzugeben und sich ihren Wünschen zu fügen.

Dieser Groll ist ein nur eher schwaches Gefühl, aber er bildet den Funken, der eines Tages zur ersten Haßflamme auflodern wird.

Das Kind unterliegt, weil eine Zeitlang jeder seiner Wünsche sofort erfüllt wurde, einer Täuschung über seine Macht. Es glaubt, daß es nur etwas zu wünschen braucht und der Wunsch dann automatisch in Erfüllung geht. Diese Illusion wird zu einem Fallstrick. Wenn das Kind aus der Wiege herauswächst, wenn es das Haus und dann auch den Garten oder Hof zu erforschen beginnt, muß ihm die Erfüllung zahlreicher Wünsche zwangsläufig verwehrt werden.

Diese Auseinandersetzung mit den zunehmenden Einschränkungen der Umwelt paßt dem Kind gar nicht. Ein Kind will haben, was es sich wünscht, und zwar sofort. Das bringt es ziemlich gewalttätig zum Ausdruck. Geben Sie einem Dreijährigen sein Abendessen, wenn er Hunger hat, und er wird vor Wonne krähen; versuchen Sie ihn zum Essen zu bringen, wenn er keinen Hunger hat, und er wird wahrscheinlich so wütend auf Sie, daß er, hätte er ein Gewehr bei der Hand, wie ein Verbrecher handeln würde. Doch weil das Kind in allen seinen Lebensbedürfnissen von den Eltern abhängt, unterdrückt es seine Feindseligkeit sehr rasch und verdrängt sie ins Unbewußte. Es versucht gewöhnlich, sie gar nicht merken zu lassen, was ihm allerdings nicht immer gelingt.

Eine junge Mutter berichtete uns, daß sie mit ihrem fünfjährigen Sohn am Kaminfeuer gesessen und ihm eine Gute-Nacht-Geschichte erzählt habe. Als er den Schürhaken ergriff und mit diesem in die Scheite stieß, sagte sie: »Tom, wenn du das tust, fallen die Scheite vom Rost, und Rauch kommt ins Zimmer.« Er stocherte weiter, und sie nahm ihm schließlich den Schürhaken weg. Einen Moment lang schwieg er, dann sah er sie an und sagte rachsüchtig: »Ich zerhacke *dich* und werfe *dich* ins Feuer.«

Infolge einer langen Reihe aufeinanderfolgender Enttäuschungen, von denen viele unvermeidlich und notwendig sind, entwickelt das Kind aus erlittenen Enttäuschungen und Versagungen die Fähigkeit zu starker

Abneigung, dann allmählich zu so glühendem Haß, daß es sogar jenen Menschen, die es am meisten liebt. den Tod wünscht. Dies ist eine kritische Phase im Leben des kleinen Menschen, denn in dieser Zeit prägt sich seinem Unbewußten das verhängnisvolle Liebe-Haß-Muster ein, und dieses kann unter gewissen Umständen so geartet sein, daß es ihn zeitlebens zum seelischen Krüppel macht.

Werden einem Kind vermeidbare Enttäuschungen erspart und empfängt es ein angemessen angebrachtes Maß an Liebe, halten sich auch seine Haßgefühle in Grenzen und werden weitgehend von seiner Liebe absorbiert. Doch welches Maß an Liebe ist angemessen? Diese Frage ist nicht leichter zu beantworten als die mittelalterliche Frage, wie viele Engel auf einer Nadelspitze tanzen könnten! Den meisten Eltern fehlt, eben weil sie Menschen sind, die nötige Weisheit und Kraft für solche Angemessenheit.

Das Übliche ist, daß auf die Kinder ein entnervendes Sperrfeuer von »Tu dies!« und »Laß das!« niederprasselt, daß sie zuwenig Liebe erhalten oder – was genauso schadet – zuviel. Als Folge davon werden ihre Gefühle der Animosität und des Hasses nicht durch die stärkeren der Liebe neutralisiert. Im Gegenteil: Neurotischer Haß staut sich in ihrem zeitlosen Unbewußten an, in dem jeder Gedanke und jedes Gefühl nach zehn oder fünfzehn Jahren noch verheerender schwären können als am Tag ihres ersten Auftretens. Im späteren Leben brechen diese im Unbewußten eingepferchten tödlichen Haßgefühle immer wieder in höchst verwirrender, bestürzender Weise hervor.

Dies war der Fall bei einem erfolgreichen Anwalt, der wegen jenem Leiden zu uns kam, mit dem wir in den vergangenen Jahren am häufigsten zu tun hatten: Depression. Er sagte, kein einziger Tag in seinem Leben beginne ohne ein quälendes Gefühl von Niedergeschlagenheit schwärzester, bedrohlichster Art. Dabei rechtfertigte, soweit er hatte feststellen können, keine einzige konkrete Tatsache diese Niedergeschlagenheit.

Es gab nur einen Weg zur Lösung dieses paradoxen Problems. »Erkenne dich selbst!« lautet eine einst am Apollontempel in Delphi eingemeißelte Forderung, die so alt ist wie philosophisches Denken überhaupt. Spinoza sagte, man müsse sich bemühen, »des Menschen Tun weder zu belachen noch zu beweinen, noch zu verabscheuen, sondern zu begreifen«. Doch der junge Anwalt konnte die Dynamik seines Unbewußten ohne fachmännische Hilfe genausowenig begreifen wie ein Kind, das den winterlichen Nachthimmel betrachtet, die göttliche Logik des Laufs der Gestirne erfassen könnte. Darum mußte ihn auf dem Weg der Selbsterforschung ein fachmännisch geschulter Berater führen.

Der Vater des Anwalts, zu seiner Zeit ein großer Broadway-Star, war immer schon ein launischer, sprunghafter Mensch gewesen, der seinen kleinen Sohn entweder übertrieben liebevoll oder übertrieben kühl behandelt hatte; vor allem aber war er immer unberechenbar gewesen. Natürlich waren die beiden nicht gut miteinander ausgekommen, und auch jetzt noch stritten sie bei jedem Zusammentreffen.

Der Sohn erinnerte sich an eine Begebenheit, die sich in seinem siebten Lebensjahr zugetragen hatte. Sein Vater wurde nach mehrmonatiger Abwesenheit, in der er mit einer Gastspieltruppe auf Tournee gewesen war, zu Hause zurückerwartet. Der Junge, der sich nach ihm sehnte, lief ihm glückselig durch den Vorgarten entgegen, um sich in seine Arme zu stürzen. Doch der Vater, müde von der Reise und schlecht gelaunt, schob ihn brüsk beiseite. Der Anwalt erinnert sich heute noch, daß für ihn damals »die Welt zusammenbrach«.

Oberflächlich betrachtet handelte es sich um einen dummen kleinen Zwischenfall, eine Kindheitsenttäuschung, die zwar traurig war, aber sicher ohne große Konsequenzen bleiben sollte. Der Psychotherapeut sah es anders. Im Lichte zahlreicher weiterer Fakten, die er nach und nach aufdeckte, wurde bald erkennbar, daß sich dieser Zwischenfall zu einem zersetzenden Muster im Unbewußten des Jungen verhärtet hatte. Der kleine Bursche hatte sich verzweifelt nach der Liebe seines Vater gesehnt, hatte sie gebraucht. Als Reaktion auf die eine abweisende Geste des Vaters, die symbolisch war für viele Verweigerungen und Enttäuschungen, war die ganze unterdrückte Wut des Sohnes explodiert und sein Haß aufgelodert wie eine gewaltige Stichflamme; ironischerweise jedoch hatte sich dieser Haß gegen ihn selbst gerichtet, nicht gegen den Vater.

Selbstverständlich hatte der Anwalt seine Feindseligkeit von Kind an unterdrückt. Doch in seinem Unbewußten schürte der alte kindliche Haß, den eine zersetzende Angst vor Strafe niederhielt, lebenslangen unterschwelligen Groll auf den Vater. Solcher neurotischer Groll läßt den Strom jedweder Liebe zu einem kläglichen Rinnsal eintrocknen. Die natürlichen Gefühle der Zuneigung eines Sohnes gegenüber dem Vater waren bei dem Anwalt so reduziert, daß er weder sich selbst noch die Menschen seiner Umgebung richtig lieben konnte, noch Gott – obwohl er ein praktizierender Christ und ein aktives Mitglied der Kirche war. Kein Wunder, daß er Depressionen hatte!

Der Geistliche riet ihm, sich ganz bewußt zu bemühen, seine Einstellung zum Vater zu ändern. Er solle doch einmal bedenken, sagte der Geistliche, daß der Vater, soweit ihm das bei seinem sprunghaften Temperament möglich gewesen sei, sicher sein Bestes getan habe. Dann nannte ihm der Geistliche den Wortlaut eines Gebets und empfahl ihm eine Methode zu beten, weil sie – zusammen mit seinem besseren Verständnis des eigenen inneren Gefühlslebens – von wundersamer Wirkung sei. Mehrmals täglich sollte er nachstehende Glaubensbekräftigungen laut sprechen:

»Dank Gottes Güte ist mit mir alles in Ordnung bis auf mein falsches Denken, das jetzt korrigiert wird.

Gott erfüllt jetzt meinen ganzen Körper, meinen ganzen Geist und meine ganze Seele mit Mut und Kraft.

Ich überantworte mich vollkommen Gott, vertraue auf ihn und glaube an seine liebevolle Güte. Ich weiß, daß er mir meine langaufgestauten Gefühle des Grolls und des Hasses verzeiht. Diese Verzeihung erlange ich jetzt, in diesem Augenblick.

Gott wird mir die Kraft geben, ein befriedigendes, ein erfülltes Leben zu führen, und ich glaube fest, daß dies möglich ist.«

Mit der Zeit ließen seine Depressionen nach, und parallel dazu erfüllten sich zu seiner großen Freude die in seinem Gebet geäußerten Wünsche.

Damit wir die emotionalen Muster besser verstehen, die sich in der Kindheit dem Unbewußten einprägen und später alle zwischenmenschlichen Beziehungen entscheidend beeinflussen können, müssen wir einen der faszinierendsten Geistesprozesse erörtern. Er wird als »Übertragung« gekennzeichnet und kann für unsere Zwecke hier definiert werden als Verlagerung der Merkmale und Eigenschaften jener Menschen, mit denen wir in unseren ersten Lebensjahren verbunden waren, auf andere Personen. Unsere Gefühle und Einstellungen, unsere Liebe und unser Haß gegenüber diesen anderen Personen werden, sofern sie nicht korrigiert werden, zweifellos ähnlich gelagert sein wie die gegenüber jenen Menschen, die uns in den ersten Lebensjahren geprägt haben. Aufgrund des Phänomens der Übertragung sind wir fähig, Gefühlsbindungen herzustellen, die für uns in unserer Eigenschaft als soziale Wesen unerläßlich sind. Das Gefühlsleben eines Kindes weitet sich infolge des Kontakts mit neuen Menschen ständig aus. Und die Emotionen, die es aus seinen früheren Beziehungen auf sie überträgt, sind von der Art der von ihm gegenüber seinen Eltern empfundenen frühkindlichen Liebes- und Haßgefühle.

Der gleiche Prozeß vermittelt dem Kind vor allem auch die erste Vorstellung vom Allerhöchsten. Wenn das Kind erkennt, daß sein irdischer Vater nicht das allmächtige Geschöpf ist, für das es ihn bislang so gern hielt, sondern ein Mensch mit Schwächen und Mängeln, sucht es anderswo nach einem solchen Wesen. Es überträgt seine Sehnsüchte und seine Hingabe auf ein wirklich vollkommenes Bild eines Allmächtigen, auf das Bild Gottes. Dies ist der Beginn seines religiösen Lebens.

Die Übertragung unserer Gefühle von unseren Eltern auf andere Personen und auf den Schöpfergott ist ein natürlicher und zutiefst bereichernder Prozeß. Leider aber kann er auch einen falschen Verlauf nehmen. Da unsere frühesten im Antagonismus von Liebe und Haß eingeschliffenen Gefühle gegenüber den Eltern die Prototypen unserer sämtlichen späteren Gefühlsäußerungen sind, wird im Erwachsenenleben die Übertragung von

Liebe und Haß, wenn diese Gefühle in der Kindheit durch Enttäuschungen und Verweigerungen beeinträchtigt wurden, zu einem schmerzlichen, große Schwierigkeiten verursachenden Vorgang.

Ein Mensch, dessen Unbewußtes explosiven Haß beherbergt, ist kaum einer heiteren, fruchtbaren oder liebevollen Beziehung zu irgendeinem anderen Menschen fähig, denn er erschafft sich seine Welt nach dem Bild der verwirrenden familiären Situation seiner Kindheit. Ihm erscheint Gott als tyrannisch und strafend. Infolge einer verzerrten Form der Übertragung macht er zwangsläufig seine Arbeitgeber, seine Freunde und Bekannten zu Symbolen von Vater, Mutter, Bruder oder Schwester. Und nachdem er seine Mitmenschen auf diese Weise mit Eigenschaften ausgestattet hat, die ihnen in Wirklichkeit gar nicht anhaften, lenkt er gemäß dem alten Schema seinen neurotischen Haß auf sie.

Unsere Aufzeichnungen enthalten zahllose Berichte über Menschen, die sich diese so häufig zu findende psychologische Falle gestellt haben. Lassen Sie uns vier Fälle kurz untersuchen.

Ein Mann mit guten Managerfähigkeiten fühlte sich in den vergangenen elf Jahren viermal gezwungen, die Firma zu wechseln. Wir fanden heraus, daß sein Verhalten immer nach dem gleichen, seltsam starren Schema abgelaufen war. Jedesmal hatte er seinen Vorgesetzten mit geradezu übermenschlicher Freundlichkeit und Güte ausgestattet. Ohne sich dessen bewußt zu sein, hatte er in seinem Vorgesetzten stets einen Vater gesehen, wie er ihn sich gewünscht, aber nicht gehabt hatte. Die übertriebenen Ansprüche dieses Mannes, der eine liebevolle, väterliche Behandlung erwartete, konnte natürlich kein Arbeitgeber erfüllen. Doch eine solche Behandlung verlangte der Mann unbewußt, und infolgedessen erlitt er ständig bittere Enttäuschungen.

In seiner letzten Stellung hatte er sich bei seinem Vorgesetzten, dem stellvertretenden Generaldirektor der Firma, darüber beschwert, daß die Abmachungen in seinem Anstellungsvertrag nicht eingehalten würden. Nachdem der Vorgesetzte ihm bedeutet hatte, er wolle den Vertrag mit nach Hause nehmen und in Ruhe durchgehen, hatte ihm der Mann naiverweise den Vertrag ausgehändigt, obwohl er vor den radikalen Methoden des hartgesottenen Managers gewarnt worden war. Am nächsten Tag hatte er feststellen müssen, daß der Vorgesetzte den Anstellungsvertrag einfach zerrissen hatte. Wie die Dinge lagen, war der Mann machtlos und konnte nichts dagegen unternehmen. Diese Katastrophe, die den Höhepunkt einer langen Reihe von Fehlschlägen bildete, hatte den Mann in einen Zustand mitleiderregender Depression und Angst versetzt.

Der zweite Fall betraf einen Jugendlichen, der in großer Bedrängnis zu uns kam. Er war zweimal vom College ausgerissen und fürchtete sich nun, dorthin zurückzukehren. Der intelligente Bursche hätte das Zeug gehabt, alle Examen spielend zu bestehen, doch er ertrug die Schuldisziplin nicht. Er gab zu, daß er gegenüber seinen Professoren eine derartige Feindseligkeit an den Tag zu legen pflegte, daß Schwierigkeiten nicht ausbleiben konnten.

Viele Menschen reagieren automatisch negativ auf Autoritätspersonen. Traf dies auch in diesem Fall zu? Der Junge hatte mit vier Jahren die Mutter verloren und bald nach ihrem Tod eine Stiefmutter bekommen. Sein Vater, ein strenger, reizbarer Mann, hatte ihn von morgens bis abends gnadenlos kritisiert: seine Tischmanieren, sein

Aussehen, seine Freunde, seine Redeweise, seine Ideen, kurz, einfach alles an ihm. Später dann sah der Junge in allen Autoritätspersonen einschließlich seinen Professoren Symbole seines harten Vaters und entlud auf sie die ganze Wut, die er seinem wirklichen Vater gegenüber nicht zu äußern gewagt hatte. Auf dem College hatte das für ihn so schmerzliche Auswirkungen, daß er es nicht ertrug. Also rannte er weg.

Der dritte dieser Fälle betrifft einen gescheiten jungen Chemiker, der eine verbesserte Formel für einen neuen Kunststoff ausgearbeitet hatte. Er war eine Partnerschaft mit einem Mann eingegangen, der den Verkauf des Kunststoffs übernehmen sollte. Eine Zeitlang war alles glattgelaufen; dann hatte der Chemiker ohne erkennbaren Anlaß zunehmend das Gefühl bekommen, sein Partner widme dem Geschäft zuwenig Zeit. Er hatte sich darüber so aufgeregt, daß er einen Anwalt aufgesucht und Vorkehrungen getroffen hatte, die Partnerschaft aufzulösen.

Wie wir ihm schließlich bewiesen, handelte er aus infantilen Impulsen, nicht nach Kriterien der Wirklichkeit. Sein Handeln hatte natürlich einen tieferen Grund. Die Kindheit des jungen Mannes war von schwerer Enttäuschung überschattet gewesen, die er durch eine überaus enge Bindung an seinen Bruder zu kompensieren versucht hatte; er hatte dem Bruder übermäßige Liebe entgegengebracht. Vor einiger Zeit nun war sein Bruder gestorben, und seither versuchte er, andere Männer – unter anderen seinen Partner – so weit zu bringen, daß sie die Stelle seines Bruders einnehmen sollten. Dazu war natürlich niemand in der Lage. Und weil sein Partner ihn nicht wie ein liebevoller Bruder behandelte, sondern als der, der er war, als Geschäftspartner, erfaßte den jungen Chemiker eine abgründige Enttäuschung. Sein ungerechtfertigter Zorn machte ihn krank an Geist und Gemüt.

In einem anderen Fall ging es um einen Geschäftsmann, der plötzlich in Panik geraten war und an so heftigen Kopfschmerzen litt, daß er kaum mehr arbeiten noch schlafen konnte. Im Laufe des ersten Interviews erwähnte er zufällig einen Umstand, der ihm viel Ärger verursachte: Seine Sekretärinnen blieben nie länger als ein paar Monate bei ihm. Die letzte hatte sein Ansinnen, persönliche Dinge für ihn zu erledigen, beispielsweise seine Wäsche waschen zu lassen und Hemden oder Krawatten für ihn zu kaufen, entschieden abgelehnt, dann hatte sie ihm gehörig die Meinung gesagt und war gegangen. Das war der Beginn der Panik und der Kopfschmerzen gewesen.

Der Geschäftsmann war Junggeselle. Er hatte bei seiner Mutter gewohnt, die ihn von Kind an mit Liebe überschüttet hatte und von der er bis zu ihrem Tod, das heißt bis zu seinem fünfunddreißigsten Lebensjahr, vollkommen abhängig gewesen war. Wie wir bereits sagten, kann zuviel Liebe eines Elternteils genauso katastrophale Folgen haben wie zuwenig. Der Tod der Mutter war für den Geschäftsmann ein schwerer Schlag gewesen, und seither versuchte er unbewußt, andere Frauen so weit zu bringen, daß sie ihn zärtlich bemutterten. Er war sich nicht über das Einmalige jeder Mutter im klaren, das darin besteht, daß sie unersetzlich ist. Darum suchte er weiter nach einem Muttersatz, besonders bei seinen Sekretärinnen. Und als eine von ihnen ziemlich grob ablehnte, die Mutterrolle zu übernehmen, machte ihn seine ungerechtfertigte Erbitterung über diese Tatsache krank.

Die Ursache von Übertragungen, die solche Schwierigkeiten nach sich ziehen, sitzt sehr tief, und die Heilung ist alles andere als einfach. Doch wir haben oft erlebt, daß geistige Einsicht viel bewirkt. Der erste Schritt zu ihr ist Selbsterkenntnis. Die verwirrten, unglücklichen Betroffenen müssen wirklich begreifen, wie und wann die grausame Verflechtung von Liebe und Haß im eigenen Ich stattfand. Sie müssen einsehen daß sie selbst an ihren schädlichen Feindseligkeiten, Abneigungen und Haßgefühlen schuld sind, nicht die Menschen, gegen die sich diese richten.

Ein wichtiger Teil der Therapie besteht darin, die Einstellung der Betroffenen möglichst weitgehend zu ändern; man muß sich sogar bemühen, ihren destruktiven Haß gegenüber den Personen, auf die sie wütend sind, in positiver Weise in Liebe zu verwandeln. Das ist nicht leicht, aber manchmal gelingt es.

Vor allem muß man ihnen klarmachen, wie befriedigend und weise es ist, die natürliche Sehnsucht nach einem vollkommenen Freund nicht auf unvollkommene menschliche Wesen zu richten, sondern auf das einzige Wesen, das solchen Maßstäben gerecht wird, auf Gott. Die Geistlichen unseres Instituts fördern in solchen Fällen die Genesung, indem sie den Patienten helfen, zu einer natürlichen und somit befriedigenden Beziehung zu Gott zu finden. Den Patienten wird geraten, sich an die alte Richtlinie zu halten: »Gebet dem Kaiser, was des Kaisers ist, und Gott, was Gottes ist!« Der Preis, den ein Mensch für die unrichtige Steuerung seiner Liebe und seines Hasses bezahlt, ist sehr hoch. Bei einem Menschen in dieser Lage stellt man als typisch fest, daß er zwischen unbegründeter Hoffnung und finsterster Verzweiflung hin und her schwankt. Schon geringfügige Ärgernisse enttäuschen ihn maßlos; er neigt dazu, den geringsten unangenehmen Zwischenfall zu einer ungeheuren Kränkung aufzubauschen. Es gelingt ihm so gut wie nie, eine dauerhafte, befriedigende Beziehung zu irgendeinem Menschen zu unterhalten. Er fühlt sich von Gott und den Menschen verlassen.

Andererseits aber erntet der reichen Lohn, der sich auf Gott einstellt. Ein Mensch, der dies tut, fühlt sich kraft Glaubens an Gott als den Inbegriff des Wohlwollens und des Schutzes gestärkt. Es ist schwer, ihn zu enttäuschen. Er gerät nicht leicht in Wut oder Verzweiflung und genausowenig in übertriebene, wirklichkeitsferne Begeisterung, sondern er geht seinen Weg in vernünftigem Gleichmaß. Da er die Schwächen der anderen und auch seine eigenen kennt und mit einer gewissen Toleranz betrachtet, erwartet er weder das Beste noch das Schlimmste; ihn erfüllt vielmehr ein gesunder Optimismus. Ein gewisses Maß an Aggressivität ist für ihn das Salz, das dem Leben mehr Würze verleiht. Abscheu, ein anderes Wort für Haßgefühle, beschränkt er auf Dinge, die solche Gefühlsintensität verdienen: jedes nicht etwa nur eingebildete, sondern wirkliche Unrecht wie Grausamkeit oder Bigotterie. Weil er nicht ständig voll Mißtrauen die Motive und das Handeln seiner Mitmenschen zu ergründen versucht, kann er seine Liebe großzügig und weise verteilen, und er empfängt dafür seinerseits viel Liebe. Außerdem ist er überzeugt, daß für ihn, wenn er sein Bestes gibt, alles gut verlaufen wird, zumindest in den Grenzen unserer unsicheren und alles andere als vollkommenen Welt. Wenn ihn unvermeidliche Schläge in Form von Niederlagen oder Enttäuschungen treffen, kämpft er nicht unerbittlich und verbissen gegen Chimären, sondern er lernt es, Hiebe zu nehmen wie ein erfahrener Boxer.

Derart verhält sich, kurz zusammengefaßt, ein Mensch, der seine Liebe und seinen Haß beherrscht, der fähig ist, die Wirklichkeit zu akzeptieren. Er sieht die Welt und seine Mitmenschen, wie sie wirklich sind, und nicht, wie sie aufgrund seiner neurotischen Wünsche sein sollten.

Zu einem so ausgewogenen, glücklichen Leben führt natürlich ein leichter, müheloser Weg nicht. Doch aus unserer langjährigen Erfahrung können wir nachstehende einfache Regeln anbieten, deren Beachtung Sie auf den richtigen Weg führt:

1. Machen Sie sich den Gedanken zu eigen, daß Gefühle heftigen Zorns oder sogar der Feindseligkeit gegenüber Ihren Lieben weder schockierend noch unmoralisch, noch unnatürlich sind. Sie können sich von solchen Gefühlen nur durch Selbsterkenntnis befreien, nicht aber, wenn Sie sie verleugnen.
2. Prüfen Sie, ob Ihre Gefühle gegenüber Ihren Mitmenschen durch wirkliche Umstände gerechtfertigt sind. Hassen Sie beispielsweise keinesfalls eine Person, weil sie jemandem ähnelt, der Ihnen Unrecht zugefügt hat. Halten Sie eine Person nicht für ehrlich und gütig, weil sie jemandem ähnelt, den Sie lieben.
3. Bemühen Sie sich, die Menschen objektiv zu behandeln als das, was sie tatsächlich sind. Versuchen Sie nicht, einen Freund zum Bruder, Ihre Frau oder Sekretärin zur Mutter, Ihren Ehemann oder Arbeitgeber zum Vater zu machen.
4. Verlangen Sie von einem Menschen nicht, jemand zu sein, der er nicht ist. Stellen Sie an einen Menschen keine übertriebenen Forderungen und setzen Sie keine Erwartungen in ihn, die er nicht erfüllen kann.
5. Geben Sie Ihren Angehörigen die Liebe, die ihnen in ihrer Unvollkommenheit als Menschen mit Schwä-

chen und Fehlern zusteht. Behalten Sie Ihre Liebe für das Vollkommene für Gott auf und seien Sie sich bewußt, daß Gott die einzige unwandelbare, nie versagende Stütze ist, die es gibt, eine Stütze, auf die Sie voll und ganz vertrauen können.

6. Wählen Sie als Motto: »Ist Gott für uns, wer mag wider uns sein?« Wenn Sie das tun, werden Sie die Würde und Kraft einer Persönlichkeit besitzen, dank deren Sie jeder Situation gewachsen sein werden.

Niemand kann den inneren Kampf zwischen Liebe und Haß ganz vermeiden. Wir alle müssen da hindurch. Die Frage für uns alle lautet nicht, ob wir unsere Gefühle des Hasses und der Aggression ausmerzen können, sondern ob wir sie nachhaltig zu verändern vermögen. Wir glauben, daß die Liebe den Haß überwinden kann. Nach unserer Erfahrung erringen viele Männer und Frauen mit Hilfe der Erkenntnisse und Lehren, die wir in diesem Buch vertreten, in ihrem persönlichen Leben glorreiche Siege, die ihnen den Zugang zu innerem Frieden und echtem Glücklichsein eröffnen.

Kapitel 3

Wie Sie zu echtem Seelenfrieden finden

Vor kurzem suchte der Verkaufsleiter einer Importfirma bei uns Hilfe, weil er, wie er sagte, krank war vor Sorgen um sich selbst. Er hatte jede Selbstachtung verloren und war überzeugt, zum Dieb geworden zu sein. Die Gründe, aus denen er ein Dieb zu sein glaubte, muteten höchst seltsam an. Er beschuldigte sich, durch die Fälschung seines Spesenkontos seine Firma bestohlen zu haben. Auf entsprechende Fragen antwortete er, daß seitens der Firma keinerlei Kritik oder Beschwerden erhoben worden waren. Daraufhin ging sein Berater die Spesenabrechnungen mit ihm durch und fand heraus, was wir bereits vermutet hatten: In dem Bemühen, jede Unehrlichkeit zu vermeiden, hatte der Mann nicht die Firma, sondern sich selbst betrogen. Man sollte meinen, daß diese Feststellung ihn ungeheuer erleichterte. Doch keinerlei logische Argumente konnten den Mann von seiner Schuldlosigkeit überzeugen; die Vorstellung, ein Dieb zu sein, war bei ihm zu einem unerschütterlichen, quälenden Wahn ausgeartet.

Der Schlüssel zu diesem rätselhaften Verhalten fand sich erst nach vielen langen, geduldig geführten Interviews. Vor etwa zehn Jahren hatte der Mann seine Frau betrogen. Er hatte sich damals eingeredet, daß niemand je von dem Seitensprung erfahren würde; er hatte ihn sich selbst gegenüber irgendwie gerechtfertigt und dann vergessen.

Das dachte er zumindest. Aber der Psychotherapeut erkannte bald, daß die augenblicklichen Schuldgefühle von dieser alten Sache herrührten. Aus irgendeinem Grund hielt sich der Mann in seinem Unbewußten lieber für unehrlich in Gelddingen als für einen Ehebrecher; er hatte das anhaltende Schuldgefühl über die außereheliche Beziehung auf seine Handhabung der Spesenrechnungen übertragen.

Als er dies begriff und die einstige Untreue ehrlich bereute, empfand er endlich Erleichterung. Sein Schuldgefühl verschwand, ebenso seine morbide Angst wegen der Spesenabrechnungen.

Unser Unbewußtes kann uns verblüffende, geradezu tückische Tricks spielen; doch nichts verursacht eine so große Beklemmung wie ein Schuldgefühl, das sich in verschleierter Form äußert.

Es ist uns als Menschen beschieden, uns selbst zu beurteilen. Das Gefühl für Recht und Unrecht, Gut und Böse bildet einen ebenso grundlegenden Bestandteil unserer Natur wie die Kraft der Liebe und jene des Hasses. Wir müssen akzeptieren, daß ein Unterschied zwischen Recht und Unrecht besteht. Genauso unausweichlich, wie ein Fluß zum Meer fließt, zwingt uns eine innere Notwendigkeit, irgendeinen Moralkodex anzuerkennen. Doch als Menschen neigen wir auch zu moralischen Entgleisungen. Wir sind nicht fähig, allen Versuchungen zu widerstehen, in die wir geraten, und wir entrinnen nicht der Selbstverurteilung, wenn wir gefehlt haben. Niemand kann gegen seine eigenen ethischen Prinzipien verstoßen, gegen die Gebote seiner Religion, ohne Schuldgefühle zu haben, seien sie nun bewußt oder unbewußt.

Einer der wichtigsten Beiträge zur Heilung gefühlsbedingter wie auch organischer Krankheiten muß darin bestehen, den Menschen zu helfen, zu den verborgenen Wurzeln verdrängter und deshalb ungelöster Schuldgefühle vorzudringen.

Eine unabdingbare Voraussetzung für ein erfolgreiches Leben ist der Glaube, daß begangene Fehler oder Missetaten verziehen werden, wenn man Gott und sich selbst um Verzeihung bittet und die Fehler aufrichtig bereut. Um mit einem von Schuldgefühlen freien Geist voranschreiten zu können, muß man der Zeit erlauben, den Mantel über die Vergangenheit zu breiten, und man muß seine Energien auf die Gegenwart konzentrieren. Nur so gelingt es uns, mit uns selbst in Frieden zu leben.

In der Bibel heißt es, wir würden »gerettet durch den Glauben«. Dies bedeutet, daß uns Rettung zuteil wird, wenn wir aufgrund unseres Gottvertrauens um Vergebung bitten und dann den Glauben haben, daß sie uns zuteil wird; andernfalls werden unsere Fehler und Verirrungen zu einer unerträglichen Last, die uns so niederdrückt, daß wir unsere besten Energien, mit denen wir eigentlich die täglichen Probleme in Angriff nehmen sollten, auf das Bereuen der Fehler von gestern verschwenden.

Vor vielen Jahren hielt Sir William Osler, ein großer Pionier der medizinischen Wissenschaft, einen Vortrag über die richtige Lebensweise. Zu Beginn seiner Ausführungen sagte er seinen Zuhörern, als allererstes, bevor sie irgend etwas anderes zu lernen versuchten, müßten sie lernen, immer nur einen Tag auf einmal zu leben.

Er beschrieb, wie ein Ozeandampfer gebaut ist, und erklärte, der Kapitän könne vermöge eines simplen Knopfdrucks Stahltüren schließen, die ein wasserdichtes Schott gegen das nächste verschließen. Wird bei einer Katastrophe der Rumpf aufgerissen, behält das Schiff deswegen seine Schwimmfähigkeit. Auf der Lebensreise müsse man lernen, sagte Osler, Türen zuzumachen und das Gestern mit all seinen Irrtümern und Fehlern auszuschließen.

Lernen Sie auch, das ungeborene Morgen auszuschließen, damit Sie einzig für den jeweiligen Tag leben können. Und wenn Sie weitergehen ins nächste Schott, in den nächsten Tag, sollten Sie dafür sorgen, daß die Türen hinter Ihnen und vor Ihnen zu sind, damit sowohl die Vergangenheit als auch die Zukunft ausgeschlossen bleiben.

In unserem Institut haben wir ständig mit Menschen zu tun, die nicht fähig sind, diesen weisen Rat zu befolgen. Sie lassen zu, daß ihre vergangenen Fehler die Gegenwart verdunkeln und ständige Angst vor der Zukunft erzeugen. Sie erlangen vor sich selbst und vor Gott keine Verzeihung, sondern schleppen ihr ganzes Leben lang sämtliche Fehler mit sich herum, die sie je begangen haben, weil sie an Verzeihung nicht glauben.

Im allgemeinen bereuen sie diese belastenden Fehler immer wieder, doch vergebens. Sie geißeln sich weiterhin, aus der alten und scheinbar unausrottbaren Überzeugung, Unrecht getan zu haben. Bezeichnenderweise halten sie ihre Sünden für so groß, daß weder Gott noch die Menschen ihnen vergeben können, noch sie sich selbst. Oft bauschen sie geringfügigste Vergehen zu Todsünden auf. Sie leiden an qualvoller Angst und verabscheuen sich selbst, finden sich minderwertig und ehrlos. Manchmal stoßen ihnen sogar Unfälle zu, mit denen sie sich unbewußt selbst bestrafen.

Ihre Schwierigkeiten liegen darin begründet, daß ihrem Bewußtsein die wirkliche Ursache ihrer Schuldgefühle verborgen bleibt. Bei ihnen ist darum das harmonische Zusammenwirken von religiöser Einsicht und psychologischer Aufklärung besonders wichtig. Die Tiefenpsychologie hat in allen Einzelheiten die feine Dynamik aufgezeichnet, die verhindert, daß Schuldgefühle ins Bewußtsein dringen. Wenn der Psychotherapeut einer hilfesuchenden Person die wirkliche Ursache ihrer Schuldgefühle erläutert, setzt er sie oft in die Lage, etwas zu tun, das ihr bis dahin unmöglich war, nämlich sich direkt mit ihren Schuldgefühlen auseinanderzusetzen. Die ins Vergessen verdrängte Schuld wird ans Licht geholt. Danach kann religiöse Führung durch einen Geistlichen von großem Nutzen sein. Endlich wird die heilende Vergebung möglich, die der hilfesuchenden Person so quälend lange verwehrt worden war.

Wir wollen dies an einem Beispiel veranschaulichen. Eine allem Anschein nach fromme Frau, verheiratet und Mutter zweier Söhne, litt jahrelang an immer stärker werdenden Schuldgefühlen. Sie kreisten um ein Erlebnis, das mehr als fünfundzwanzig Jahre zurücklag. Die Frau war vor ihrer Heirat mit einem anderen Mann verlobt gewesen, den sie verzweifelt geliebt hatte. In einem Moment der Schwäche hatte sie sich ihm hingegeben. Wenig später hatte der Mann die Verlobung abrupt und ohne jede Erklärung gelöst.

Die Erinnerungen an diese frühe, von einem sexuellen Erlebnis begleitete Liebe hatten sie zu verfolgen begonnen. Sie hatte bei ihrem Geistlichen gebeichtet, er hatte mit ihr gebetet und ihr gesagt, Gott habe ihr vergeben. Doch das hatte nichts geholfen, weil sie sich selbst nicht vergeben konnte. Sie hatte die Beichte mehrmals wiederholt, aber das Schuldgefühl hatte unvermindert angehalten. Sie war immer nervöser geworden, hatte stark abgenommen und nicht mehr geschlafen.

Die psychoanalytische Untersuchung deckte ihr Problem auf. Die Frau achtete ihren Mann, liebte ihn aber nicht so sehr wie den Mann, mit dem sie zuerst verlobt gewesen war, oder sie bildete sich das zumindest ein. Ohne sich dessen bewußt zu sein, liebte sie immer noch den ersten Mann und wünschte sich ihn zurück. Hier liegt der entscheidende Punkt: Wie ihre Phantasien und Träume zeigten, beging sie im Unbewußten die gleiche alte »Sünde« wie früher.

Weil sie dies nicht wußte, konnte sie keine echte Reue empfinden, und weil sie nicht bereute, konnte sie natürlich nicht das Gefühl haben, ihr sei vergeben worden. Doch als sie den Mechanismus begriff, der ihr Glück so stark beeinträchtigte, hatte dieser auf einmal keine Macht mehr über sie.

Nun konnte ihr der Geistliche helfen. Er gab ihr ein genaues »Rezept«, das sie anwenden sollte. Dreimal täglich sollte sie sich vergegenwärtigen, daß der Mann, mit dem sie verlobt gewesen war, sie im Stich gelassen hatte; er verdiente deshalb ihre Liebe zweifellos nicht; darum mußte sie sich im Geiste von ihm trennen. Darüber hinaus sollte sie bedenken, daß der Mann, den sie vor Jahren gekannt hatte, heute bestimmt ganz anders aussah und vielleicht sogar auch ganz anders war; würde sie ihm jetzt begegnen, würde sie vielleicht gar nicht mehr verstehen, daß sie einst Liebe für ihn empfunden hatte. Ferner sollte sie sich sooft wie möglich vergegenwärtigen, daß sie ihren Mann, mit dem sie nun seit Jahren zusammenlebte, von Herzen liebe. Schließlich sollte sie sich ins Gedächtnis rufen, daß Gott, wenn ihn ein Mensch aufrichtig und reumütig um Vergebung bittet, immer verzeiht; deshalb, so sagte ihr der Geistliche, sei ihr vergeben worden, ob sie es empfinde oder nicht, und in ihr verbleibe keine Schuld; zur Bekräftigung dieser Gewißheit solle sie sich zwei Passagen aus der Bibel vergegenwärtigen:

»Er handelt nicht mit uns nach unseren Sünden und vergilt uns nicht nach unsrer Missetat. Denn so hoch der Himmel über der Erde ist, läßt er seine Gnade walten über die, so ihn achten. So ferne der Morgen ist vom Abend, läßt er unsre Übertretungen von uns sein.« Und: »Wenn eure Sünde gleich glutrot ist, soll sie doch schneeweiß werden.«

Und weiter erklärte ihr der Geistliche, sie solle dem Herrn dafür danken, daß er den anderen Mann von ihr fortgeführt und ihr einen so verständnisvollen Ehemann zugeführt hatte. Sie solle Gott ständig dankbar sein, weil sie einen Mann habe, der sie achte und liebe und nur für ihr Wohlergehen arbeite.

Als die Frau nach einem längeren klinischen Aufenthalt heimging, war sie ein neuer, selbstsicherer Mensch. Ihre Geschichte beweist einmal mehr, daß Selbsterkenntnis der erste Schritt zur Steuerung des eigenen Lebens ist. Als ihr klargeworden war, daß sie unbewußt Gedanken und Wünsche gehegt hatte, die ihren Idealen zuwiderliefen, konnte sie erst aufrichtig um Vergebung bitten und bewußt empfinden, Vergebung erlangt zu haben. Erst in diesem veränderten Zustand ihres Denkens und Glaubens vermochte sie auch sich selbst zu vergeben.

Schuldgefühle, die verborgen und deshalb ungelöst bleiben, können sich Jahr für Jahr mit unverminderter Hartnäckigkeit geltend machen und die Seele vergiften. Sucht man nach dem Grund dieses seltsamen Phänomens, so findet man ihn meist in der Erziehung, in der ein Mensch seine frühesten Vorstellungen von Recht und Unrecht erhält.

Unsere Moralvorstellungen beginnen praktisch schon bei der Geburt zur Geltung zu kommen. Wir haben die angeborene, gottgegebene Fähigkeit der Selbsterkenntnis, die anfänglich, im Kind, freilich nur ein Same, eine vorhandene Möglichkeit ist. Die Entfaltung dieser Fähigkeit unterliegt im Laufe des Säuglingsalters und der Kindheit entscheidenden Einflüssen.

Ein kleines Kind hat eine scharfe Antenne für die Haltungen seiner Eltern und für deren Kritik ihm gegenüber. Es möchte vermeiden, gescholten und bestraft zu werden oder, schlimmer noch, die Zuneigung der Eltern zu verlieren. Also möchte es ihnen gehorchen. Doch seine starken Wünsche und seine brennende Neugier auf die neue Welt rundum verleiten es zu Aktivitäten, die in krassem Gegensatz zu dem Verhalten stehen, das seine Eltern von ihm erwarten.

Nur weise Eltern können dem Kind helfen, diesen Konflikt – es ist ein tiefgreifender Konflikt – erfolgreich lösen. Dazu ist freilich eine Engelsgeduld vonnöten – und über diese Tugend verfügen nur wenige Menschen. Oft haben Eltern außerdem den Eindruck, strenge Disziplin sei eine weitaus einfachere Methode als geduldiges Verständnis.

Nehmen wir einmal an, ein Kind stelle unverblümte Fragen über Sex oder befriedige seine körperlichen Bedürfnisse auf sehr primitive Art. Wenn die Eltern darauf mit barschen Befehlen oder autoritär verhängten Verboten reagieren, vielleicht weil sie selbst nervös oder gereizt sind, vielleicht auch aus ehrlicher Bestürzung, dann kann das Kind Angst bekommen oder zumindest unsicher werden. Es kann von einer von den Eltern sicher nicht gewünschten Gefühlsverwirrung über sein eigenes Verhalten erfaßt werden, besonders was bestimmte Körperfunktionen angeht, die Gegenstand strengster und einem Kind oft unverständlicher Verbote sind.

Selbst heute noch impfen manche Eltern – durchaus in guter Absicht – ihren Kindern die Vorstellung ein, daß Sex etwas Unrechtes oder gar Schlechtes sei. Als Folge davon kommt es sehr oft zu sexuellen Hemmungen oder Störungen. Nicht wenige Ehen scheitern an sexuellen Problemen, deren Ursachen schon in der Kindheit, und zwar meist ungewollt, von den Eltern herbeigeführt wurden.

Sehr verwirrend kann für ein Kind auch die Art sein, in der die Eltern seine kindlichen Phantasien aufnehmen. Ein fünfjähriger Junge beispielsweise erklärte seinem Vater, er komme zu spät zum Abendessen, weil er auf dem Heimweg im Wald einem Bären begegnet sei.

»Und«, fragte der Vater, »was hast du gemacht?«

»Nun, ich machte einfach den Mund auf und verschluckte ihn!«

Der Junge wurde ohne Abendessen ins Bett geschickt. Damit wollte der Vater ihn lehren, »nicht zu lügen«. Doch aufgrund dieses Zwischenfalls und ähnlicher Vorkommnisse leitete der Junge die Vorstellung ab, Phantasie jedweder Art sei schlecht – eine Vorstellung, die er zeitlebens nicht mehr loswurde.

Wenn ein heranwachsendes Kind eine, sagen wir, strenge Auffassung von Recht und Unrecht erhält, wird es zu sich selbst sagen: »Ich war böse, mein Vater wird mich bestimmt bestrafen.« Es lernt also die Bedeutung von Schuld in der Verknüpfung mit der Angst vor Strafe seitens einer unerbittlichen Autorität kennen. Es billigt das Urteil seiner Eltern gleichsam blind.

Seine sich eben erst entfaltende Fähigkeit der Kritik des eigenen Verhaltens wird aufgrund der Wirkung, die von der elterlichen Kritik ausgeht, geschärft und geformt. Tatsächlich aber wird das Kind von den kritischen Haltungen seiner Eltern unbewußt geprägt. Diese werden zu einem dauerhaften Bestandteil seines inneren Mechanismus der Selbstbeurteilung. Während seines ganzen späteren Lebens wird, wann immer es eine Entscheidung zu treffen hat, aus der Vergangenheit wie ein Echo eine warnende elterliche Stimme aufklingen; besser gesagt: Inhalte werden aus dem Unbewußten aufsteigen, die sich dort für immer eingenistet haben.

Die vernünftigen, richtig verstandenen Vorstellungen, die das Kind von seinen Eltern übernimmt, werden selbstverständlich ebenfalls Bestandteil seiner eigenen Selbstbeurteilung; leider aber ist das Kind viel stärker von all seinen falschen, mißverstandenen Ansichten über Recht und Unrecht geprägt. Und wenn es seine Eltern als streng und strafend sieht, wird es unfehlbar aufgrund seiner eigenen kritischen Fähigkeiten, in die nun die Haltungen der Eltern eingegliedert sind, sich selbst gegenüber so streng und unerbittlich sein, wie dies die Eltern in seiner Einbildung sind.

Die Moralvorstellungen des heranwachsenden Kindes müssen, parallel zu seinen Erfahrungen in einer sich ständig ausweitenden Welt, die eine Welt der Erwachsenen ist, zwangsläufig immer wieder Änderungen und Umdeutungen erfahren, vor allem aber reifen. Zu dem, was es von seinen Eltern lernt, kommen Belehrungen seitens anderer Autoritäten. Freunde und Bekannte – deren Meinungen der Heranwachsende besonders schätzt – sowie die Schule und die Kirche üben einen großen Einfluß aus.

Ein Mensch, dessen Unbewußtes mit mißverstandenen Anschauungen oder Einstellungen belastet ist, mag als Erwachsener durchaus einen dementsprechenden Moralkodex hochhalten, wird aber schwerlich danach leben können. Er akzeptiert diesen Moralkodex zwar verstandesmäßig, jedoch nicht in den tiefsten Schichten seines Geistes. Er versucht sein Leben widersprüchlich zu steuern: nach den Kriterien der von Erwachsenen etablierten Regeln und zugleich nach den Kriterien der von Kindern postulierten Regeln.

Bestimmte Gefühle können in solchem Maß mit alten Schuldassoziationen überladen sein, daß der strenge innere Beurteiler des betreffenden Menschen ihr Auftauchen ins Bewußtsein verhindert; trotzdem aber leidet dieser Mensch unter diesem Zustand. Charakteristisch für ihn ist, daß er sich Gott genauso streng und unversöhnlich vorstellt, wie seine Eltern es einst waren.

Ein solcher Mensch gerät unweigerlich, aber keineswegs hoffnungslos in Schwierigkeiten. Die verdrängten Gefühle und Gedanken können an die Oberfläche geholt und im Lichte vernünftigen Urteils neu bewertet werden. Danach ist es dann möglich, in dem Betreffenden Versöhnlichkeit zu wecken, ihm eine neue Vorstellung von Gott zu vermitteln, von einem liebevollen, mitfühlenden Gott.

Einem jungen Mann, der zu uns kam, war von Kindheit an ein Gefühl der Angst vor der Sexualität eingeimpft worden. Seine Mutter hatte ständig warnend gesagt, er dürfe nie Schande über die Familie bringen. Die größte Schande bestand für sie darin, des Auslebens »unanständiger« Sexualität geziehen zu werden. Dies war für sie zu einer regelrechten Zwangsvorstellung geworden. Warum?

Sie war in einer Kleinstadt aufgewachsen, und dort hatte sich der Vater einer ihrer besten Freundinnen einer skandalösen außerehelichen Affäre schuldig gemacht. Da in dem Städtchen auf strenge Moralmaßstäbe Wert gelegt wurde, fühlte sich die ganze Familie der Freundin öffentlich gedemütigt. Die Frau konnte nicht vergessen, welches Leid der Mann über seine Angehörigen gebracht hatte, und sie wurde die Angst nicht los, daß es eines Tages in ihrer eigenen Familie zu einem ähnlichen Skandal kommen könnte. Etwas Schlimmeres gab es ihrer Ansicht nach nicht. Die Zwangsvorstellung von einem derartigen Skandal beherrschte sie in ihrer Jugend und beherrschte später ihre Beziehungen zu ihren Kindern.

Wie zu erwarten war, reagierte ihr Sohn abweisend gegenüber ihren reichlich neurotischen Ratschlägen. Er ging schließlich von zu Hause weg und stürzte sich in ein Abenteuer nach dem anderen. Eines Tages aber kam er zur Besinnung und dachte: »Jetzt hast du genau das getan, wovor deine Mutter dich gewarnt hat! Du bist tatsächlich im Begriff, Schande über deine Familie zu bringen.« Von da an quälte ihn die Angst, daß seine Eskapaden aufgedeckt und er bloßgestellt werden könnte.

Er suchte einen Geistlichen auf und beichtete, bat immer wieder um Vergebung, fand jedoch keinen inneren Frieden. Bewußtsein, Verstand und religiöser Glaube sagten ihm zwar, daß ihm vergeben werden könne, aber sein Unbewußtes, der durch sein Gewissen sprechende »innere Kritiker«, sagte ihm, daß seine Sünden zu schrecklich seien, als daß sie einfach so ausgelöscht werden könnten.

Der junge Mann fand keinen Ausweg aus diesem Konflikt und geriet zunehmend in Panik. In seiner Phantasie malte er sich die schlimmsten Strafen aus. Er fürchtete, einen tödlichen Unfall zu erleiden, sein ganzes Geld zu verlieren oder plötzlich an einem Herzinfarkt zu sterben.

Sein kindliches Schuldgefühl äußerte sich in vielen Formen; doch alle diese Äußerungen gingen auf die quälende Angst zurück, daß die Schlechtigkeiten, die er begangen hatte, entdeckt würden.

Er ließ sich schließlich überzeugen, daß sein Problem in seinem Unbewußten begraben lag, daß seine Mutter ihm ungewollt ihre eigenen neurotischen Einstellungen über Sex vermittelt hatte und daß diese tiefverwurzelten Einstellungen noch immer unterschwellig in ihm wirkten. Der Berater sagte ihm, er dürfe seine Mutter deswegen nicht weniger lieben noch weniger achten und müsse sie als Mensch und Mutter zu verstehen versuchen. Dank fachkundiger Hilfe verlor der junge Mann nach und nach seine verdrehten Ansichten und entwickelte in bezug auf die Sexualität eine gesunde, christlich durchaus vertretbare Einstellung.

Ein Geistlicher öffnete ihm die Augen dafür, daß die Menschen oft eine falsche, geradezu morbide Ansicht über die »fleischlichen Sünden« haben. Besonders Frauen werden zu dem Glauben erzogen, dies seien die größten und ärgsten Sünden. »Doch wenn wir die Lehren Jesu beherzigen«, sagte der Geistliche, »so stellen wir fest, daß er den Sünden wider den Geist nicht weniger Gewicht beimaß als den fleischlichen.«

Der Geistliche fuhr fort: »Bestimmt erinnern Sie sich an die schöne Geschichte vom verlorenen Sohn. In diesern Gleichnis bat der Sohn seinen Vater um das Erbe, das ihm zustand, und ging in ein fernes Land, wo er alles verpraßte. Schließlich stand er mittellos da, er zog durch die Gegend, aß vom Futter der Säue und schlief in Ställen. Dann ›schlug er in sich‹. Er sah ein, daß er falsch gehandelt hatte, und kehrte nach Hause zurück. Sein Vater sah ihn von weitem kommen, lief ihm entgegen und begrüßte ihn voll Liebe und Mitleid. Er sagte: ›Mein Sohn war tot und ist wieder lebendig geworden; er war verloren und ist gefunden worden.‹ Der Vater schalt den Sohn nicht und hielt ihm auch seine Missetaten nicht vor. Hatte der Junge doch auf harte Weise am eigenen Leib zu spüren bekommen, daß sein Handeln nicht richtig gewesen war. Allein schon die Tatsache, daß er demütig heimkam, zeigte die Tiefe und Aufrichtigkeit seiner Reue. Also verzieh ihm der Vater aus liebevollem Herzen.«

Der Geistliche fügte hinzu, ein Schuldgefühl solle zwar nicht ignoriert werden, doch wenn man Vergebung erlangt habe, sei es sehr töricht, weiterhin seiner Schuld nachzugrübeln und unter ihr zu leiden. Er empfahl dem jungen Mann, mehrmals am Tag zu sich zu sagen: »Gott war sehr gut zu mir. Er hat mir jedes Unrecht verziehen, das ich je begangen habe. Gott erinnert sich nicht mehr an meine Sünden; deshalb vergesse auch ich sie.« Dies sollte er sich täglich vorsagen.

Eines Tages merkte der junge Mann, daß er seit Wochen vergessen hatte, sich den suggestiven Gebetstext zu vergegenwärtigen und daß ihn der Gedanke an seine Verfehlungen längst nicht mehr beunruhigte! Die Erinnerungen an das Vergangene wurden immer blasser und versanken schließlich im zeitlosen Raum der Vergessenheit. Sie hatten ihre Macht über den jungen Mann verloren.

Ein Mensch, der von infantiler, quälender innerer Ablehnung seiner Gefühle und seines Handelns beherrscht wird, kann sich – dies sei noch einmal betont – nicht selbst verzeihen. Durch solche Härte verstößt er gegen die Lehren Christi, denn er stellt sich außerhalb der heilenden und stets rettenden Gnade Gottes. Höchstwahrscheinlich wird er nicht nur geistig-seelisch leiden, sondern sich für seine Sünden, seien es wirklich begangene oder seien es nur eingebildete, auch körperlich bestrafen. Diese Strafe kann seltsame Formen annehmen.

Er kann sich sogar zu asozialen Verhaltensexzessen hinreißen lassen. Beim Studium der Kriminalität fanden die Forscher – Psychologen, Psychiater und Soziologen – viele Hinweise darauf, daß das wirkliche, wenn auch verborgene Motiv eines Verbrechens häufig ein überwältigender Drang nach Bestrafung ist. Wenn Kinder beispielsweise stehlen, stehlen sie nicht selten nur darum, weil sie lieber für den Diebstahl bestraft werden möchten als für ihre »heimlichen Sünden«, mit denen sie sich nicht auseinanderzusetzen wagen.

Verbrecher neigen oft dazu, unabsichtlich irgendeinen Beweis am Tatort zu hinterlassen, der zu ihrer Festnahme und Bestrafung führt. In nicht wenigen Fällen zeichnet sich ziemlich klar ab, daß sie gefaßt und für ihre Taten bestraft werden wollen. Auf diese verdrehte Weise suchen sie Befreiung von inneren Schuldgefühlen, mit denen sie sich nicht direkt und jedenfalls nicht offen zu befassen vermögen.

Ein geistig-seelischer Mechanismus ähnlicher Art verursacht viele Unfälle, wenn nicht sogar die meisten. Nach Ansicht der Fachleute sind Unfälle, bei denen der Urheber des Unfalls verletzt wird, zumeist als eine selbstauferlegte Strafe für ein unbewußtes Schuldgefühl anzusehen.

Während des Vietnamkrieges wurde ein Neunzehnjähriger mit einer Mehrfachfraktur des rechten Beines in ein Krankenhaus eingeliefert. Er war mit dem Fahrrad in falscher Richtung und ohne zu schauen auf eine Hauptstraße eingebogen und von einem Lastwagen erfaßt worden. Der junge Mann konnte sich seine Unaufmerksamkeit nicht erklären. Er behauptete, sonst immer sehr vorsichtig zu sein, und sagte, dies sei der erste Unfall, den er je erlitten habe.

Ein Psychiater brachte schließlich aufschlußreiche Fakten ans Licht. Einige Wochen vor dem Unfall hatte der junge Mann auf Drängen seiner Mutter die Armeebehörde ersucht, ihn freizustellen, weil er auf der Farm gebraucht werde, da sein Vater nicht die ganze Arbeit allein machen könne. Die Behörde hatte seiner Bitte stattgegeben.

Obwohl die Freistellung durchaus rechtmäßig erfolgt war, empfand der junge Mann sie als nicht berechtigt. Sein Bruder, der Mariner war, hatte eine schwere Verwundung erlitten, und der junge Mann wollte ebenfalls bei der Marine dienen. Unbewußt hatte er das Gefühl, sein Verhalten sei falsch und unstatthaft. Ohne zu wissen, was er tat, hatte er den Unfall herbeigeführt, um sich zu bestrafen; und weil seine Mutter ihn jetzt versorgen mußte, war auch sie, nämlich für ihre »Beihilfe« zu seiner Freistellung, bestraft.

Ein anderer diesbezüglicher Fall betraf eine Frau, die sich innerhalb von fünf Jahren zweimal die Hüfte brach. Nach dem zweiten Mal wurde sie von Unbehagen und Depressionen erfaßt, weil sie das unbestimmte Gefühl hatte, an diesen Unfällen sei irgend etwas Seltsames. Das Gefühl wurde so stark und beunruhigend, daß sie in unserem Institut Hilfe suchte.

Sie erzählte dem Berater, ihr Mann sei nach dreißigjähriger Ehe erkrankt und bald darauf zum Invaliden geworden. Eine Krankenschwester konnten sie sich nicht leisten, also mußte die Frau fast ständig für ihn sorgen. Eines Tages fand sie heraus, daß seine Krankheit eine Folge der Syphilis war, die er sich vor der Heirat zugezogen hatte. Diese Entdeckung bedeutete einen ungeheuren

Schock für sie, erfüllte sie mit Bitterkeit und Haß. Sie war so verbittert, daß sie ihrem Mann sogar den Tod wünschte. Doch statt ihre Gefühlsanwandlungen zu äußern, statt mit ihrem Arzt, einem Psychologen oder vielleicht ihrem Geistlichen über ihren Konflikt zu reden, bemühte sie sich, ihre Haßgefühle aus ihrem Inneren zu verbannen: sie verdrängte sie.

Etwa fünf Jahre nach der Erkrankung ihres Mannes kniete sie eines Morgens im Wohnzimmer auf dem Boden und wachste ihn ein. Plötzlich läutete es an der Tür, sie sprang auf, um zu öffnen, rutschte auf dem frischgewachsten Boden aus und brach sich die Hüfte. Ungefähr ein Jahr später starb ihr Mann. Kurz darauf wiederholte sich der Unfall in genau der gleichen Weise. Sie wachste den Wohnzimmerboden ein, es klingelte an der Tür, sie lief los, fiel und brach sich die gleiche Hüfte an der gleichen Stelle.

Die Frau begriff die Erklärung des Beraters, daß sie die Unfälle wegen ihres Hasses auf ihren Mann und der unschönen Erinnerungen an ihn erlitten hatte, sehr schnell. Sie war eine seltsame Mischung aus treuer und haßerfüllter Ehefrau und konnte ihren inneren Konflikt nur durch Selbstbestrafung lösen. Für sie ging es darum, dies ganz klar zu erkennen und sich dann von den falschen, so gefährlichen selbstzerstörerischen Einstellungen zu befreien.

Ihr Geistlicher erläuterte ihr: »Sie haben keinen Grund, sich zu hassen. Wären Sie nicht ein so gütiger Mensch, hätten Sie Ihren Mann vielleicht sofort verlassen, als sie den Grund für seinen Zustand entdeckten. Doch Sie haben es nicht getan. Sie haben sich von Ihrem Pflichtgefühl ihm gegenüber leiten lassen und liebevoll für ihn gesorgt. Stimmt das nicht?«

Ihre bekümmerte Miene hellte sich ein wenig auf. »Doch«, räumte sie ein. »Das habe ich getan.«

»Mit anderen Worten: Sie haben Ihre christliche Pflicht voll und ganz erfüllt, nicht wahr? Sie haben in einer schwierigen Situation Ihr Bestes getan.«

Sie gab zu, daß sie ihren Mann trotz ihrer Verbitterung fürsorglich und mitfühlend gepflegt hatte. Ihr dämmerte, daß sie eine bessere Christin war, als sie gemeint hatte. Dies vermittelte ihr ein neues Gefühl der Selbstachtung und öffnete in ihrem Geist die Tür zu einer besseren Meinung über sich selbst. »Was soll ich jetzt tun?« fragte sie. »Mein Rat ist einfach«, antwortete der Geistliche. »Bitten Sie Gott, Ihnen jedes Unrecht zu vergeben, das Sie begangen haben oder glauben, begangen zu haben. Und wenn Sie Gott um Vergebung gebeten haben, glauben Sie ganz fest, daß er sie Ihnen gewährt, sofort gewährt. Tatsächlich liegt das alles bereits in der Vergangenheit, aber Sie müssen auch glauben, daß es Vergangenheit ist und Sie nicht mehr berührt. Wiederholen Sie für sich täglich ein halbes dutzendmal das weise Bibelwort: ›Ich vergesse, was da hinten ist, und strecke mich zu dem, was da vorne ist.‹ Sagen Sie sich jeden Morgen beim Aufstehen: ›Mein Leben hat neu begonnen, und ich danke Gott für seine Güte, dafür, daß er mir einen neuen, glücklichen Start in ein Leben geschenkt hat, das ich für alle jene, mit denen ich zusammenkomme, nützlich gestalten werde.‹«

Eine andere Maske, in der verdrängtes Schuldgefühl oft zutage tritt, ist das chronische Gefühl, nichts wert zu sein; diese allzu verbreitete Krankheit des Geistes ist allgemein als »Minderwertigkeitskomplex« bekannt. Jedermann kennt die Symptome. Ein Mensch, der an einem Minderwertigkeitskomplex leidet, setzt sich selbst ständig herunter, macht sich schlecht, unterschätzt seine Fähigkeiten und ist überzeugt, daß er das, was von ihm verlangt wird, nicht schafft. Bisweilen versucht er seinen Komplex durch übertriebenen Dünkel zu kaschieren oder durch Arroganz zu kompensieren; doch meist merkt man ihm die Minderwertigkeitsgefühle deutlich an.

Bekommt er eine Stellung angeboten oder eröffnet sich ihm eine Chance, wird er wahrscheinlich das sagen, was wir einmal konkret zu hören bekamen: »Oh, lieber nicht! Ich möchte den Versuch gar nicht machen. Ich bin dem sowieso nicht gewachsen. Suchen Sie sich jemanden, der mehr Erfahrung hat als ich.«

Diese Selbsterniedrigung geht so lange weiter, bis sein Unbewußtes die abschätzige Bewertung der eigenen Person voll und ganz akzeptiert hat. Und wenn dies geschehen ist, wird er es im Leben schwerlich zu etwas bringen; denn jeder leistet oder erreicht nur, was er selbst für möglich hält. Wie es in der Bibel heißt: »Euch geschehe nach eurem Glauben.« Niemand vermag mehr zu vollbringen, als er vollbringen zu können im innersten Herzen glaubt.

Ein an einem Minderwertigkeitskomplex leidender Mensch ist sich selbst gegenüber überkritisch, zugleich aber auch überempfindlich gegenüber jeglicher Kritik anderer. Er hat eine heilige Scheu vor Autoritätspersonen, denn er lebte einst in ständiger Furcht vor Kritik oder Bestrafung seitens der ersten Autorität, die er kennenlernte, und das waren seine Eltern.

Der bekannte Karikaturist John Webster schuf eine Witzblattfigur von Menschen dieses Typs, den Kaspar Hasenfuß. Einmal zeichnete er Herrn Hasenfuß mit einem Weihnachtsgeschenk in der Hand; das Päckchen trug zwei Aufschriften: »Verderblich!« und: »Erst zu Weihnachten öffnen!« Herr Hasenfuß, der aufgrund dieser widersprüchlichen Anweisungen außer sich war, ist ein Symbol für sehr viele Menschen. Ein übertriebenes Minderwertigkeitsgefühl läßt ihn glauben: »Ich bin verloren, wenn ich es tue, und genauso verloren, wenn ich es nicht tue.« Dies lähmt ihn regelrecht, macht ihn unfähig zu handeln und beraubt ihn all dessen, was er erreichen könnte, würde er seine vorhandenen, aber gefesselten Fähigkeiten freisetzen.

Seine Minderwertigkeitsgefühle verleiten den Komplexbehafteten zu perfektionistischen Maßstäben, weil seine Selbstkritik so groß ist. Da diese Maßstäbe auf unrealistischen Kindheitsvorstellungen basieren, meint er natürlich, perfekt sein zu müssen, um der Bestrafung oder gar der Verdammung zu entgehen. Hundertprozentige Perfektion ist selbstverständlich nicht erreichbar; daher erreicht er seine übertrieben hochgesteckten Ziele nie. Dies wiederum verstärkt in ihm das Gefühl der Wertlosigkeit, und der Teufelskreis nimmt kein Ende.

Das Verständnis eines solchen komplexbeladenen Perfektionisten setzt voraus, daß man die ganze Theorie über die Auswirkungen verdrängter Emotionen versteht. Der Mensch ist das Opfer seiner Übung in übertriebener Selbstkritik und das Opfer unmöglich hochgeschraubter Verhaltensmaßstäbe. Vielleicht wird er von unbewußtem Haß gequält, vielleicht von mißverstandenen Ansichten über die Sexualität in der Ehe, so daß er seine normalen Instinkte für bestialisch hält. Dazu kommt, daß er infolge seines destruktiven Denkens ein krankes, fehlgesteuertes Bewußtsein hat, das seine Gefühle und Triebregungen unterdrückt, aber nicht zu beseitigen vermag, denn sie schwären in seinem Unbewußten weiter. Die Folge davon ist, daß er sich schuldig fühlt, sich selbst abwertet, sich verabscheut und sich weitgehend nicht nur seiner Leistungsfähigkeit beraubt, sondern auch seines Glücks.

Die Urteile, die ein solcher Mensch über sich fällt, gehen von einer kindlichen Basis aus, weil es ihm nicht gelungen ist, ein reifer Mensch zu werden. Dieses Versäumnis bringt ihn in Konflikt mit der biblischen Lehre, wie sie der heilige Paulus formulierte: »Da ich ein Kind war, da redete ich wie ein Kind und war klug wie ein Kind und hatte kindische Anschläge; da ich aber ein Mann ward, tat ich ab, was kindisch war.« Zweifelsohne ist er unfähig, Christi Gebot »Du sollst deinen Nächsten lieben wie dich selbst« in dessen richtiger Bedeutung zu erfüllen, denn wenn die Selbstachtung eines Menschen kläglich ist, wird seine Liebe zum Nächsten keine Spur besser sein.

Wir wollen hier natürlich nicht einer blinden, arroganten Selbstliebe das Wort reden. Diese ist genauso ungesund wie ein Minderwertigkeitskomplex und hat übrigens oft die gleichen Wurzeln. Erstrebenswert ist eine angemessene Selbstachtung, also eine bescheidene, aber realistische Einschätzung des eigenen Werts. Übertreibungen in der Einschätzung seines Selbst in dieser oder jener Richtung sind fast nie durch Tatsachen gerechtfertigt.

Eines Tages erschien bei uns Herr Claus, ein vorzeitig gealterter, geschlagener Mann, vor allem weil ihm jeder Glaube an sich selbst fehlte. Seine Leistungen und seine guten Eigenschaften straften jedoch seine geringe Meinung von sich selbst Lügen. Typischerweise war mit Logik bei ihm wenig auszurichten. Er war ein gutaussehender Mann, intelligent, sogar sehr gescheit, aber trotzdem von einem starken Gefühl der Unsicherheit und Unzulänglichkeit beherrscht. In seinem Beruf leistete er gute Arbeit und war auch finanziell erfolgreich. Als Notar hatte er meistens nur mit ein oder zwei Personen zu tun. Mußte er jedoch vor einem größeren Personenkreis sprechen, zitterte und stotterte er, der kalte Schweiß brach ihm aus, und er verlor regelmäßig den Faden.

Männer scheute er noch mehr als Frauen. Er fühlte sich ihnen unterlegen und war zugleich wütend, wenn sie ihn in irgendeiner Weise übertrafen. Es ärgerte ihn beispielsweise, wenn ein anderer Mann ein schöneres Auto oder ein luxuriöseres Haus besaß. In seiner eigenen Kanzlei fühlte er sich unbehaglich, und er war überzeugt, daß seine Kollegen gegen ihn intrigierten. Er fürchtete ständig, daß wichtige Verträge annulliert werden könnten, und glaubte grundsätzlich von jeder Sache, sie werde schlecht ausgehen.

Kurz, trotz seines beruflichen Erfolges und der materiellen Vorteile, die dieser ihm brachte, empfand er sein Leben als fehlgeschlagen und unerträglich schwierig.

In seiner Kindheit hatte Herr Claus vor seinem Vater, einem seinerzeit berühmten Strafverteidiger, große Angst gehabt und ihn voll Schrecken betrachtet. Seine am weitesten zurückreichenden Erinnerungen hatten zum Inhalt, daß ihn der Vater tyrannisierte und lächerlich machte. Vermutlich hatte der Vater nur den Egoismus des Kindes dämpfen wollen, dabei aber übertrieben. Er hatte dem Jungen beispielsweise vorgeworfen, zuviel zu reden – oder zuwenig, und oft behauptet, der Junge sei dumm – oder er gebärde sich, als wisse er alles. Der Junge gelangte schließlich zu der Überzeugung, daß es keinen Weg gebe, dem Vater zu gefallen; was er auch tat, alles war irgendwie falsch.

Er erinnerte sich, und ein Zittern erfaßte ihn dabei, daß er mit vier Jahren einmal ins Bett gemacht hatte. Der Vater hatte ihn gescholten, verprügelt und ihm solche Angst eingejagt, daß die unbewußte Erinnerung an den

Vorfall später bei dem erwachsenen Mann die natürliche Funktion des Urinierens blockierte, sobald andere Männer zugegen waren. Zweifellos beherrschte ihn noch immer die unbewußte Furcht, sein Vater könnte, wie vor so langer Zeit, mit zornigem Blick und rotem Gesicht auftauchen und ihn bestrafen.

Herr Claus war sich darüber klar, daß er seinen Vater haßte, doch er hatte keine Ahnung von der Heftigkeit seiner Gefühle. Sie waren so erschreckend, daß sein innerer Zensor sie in den Tiefen seines Geistes verschlossen hielt. Das Schuldgefühl, das sie erzeugten, und die Angst vor Strafe wegen des wilden Hasses auf seinen Vater erreichten sein Bewußtsein nur als Beklemmung und Überzeugtheit von der eigenen Wertlosigkeit.

Der Mensch muß die Möglichkeit haben, solche Gefühle der Aggression in spezifischer Weise zu äußern, denn nur durch deren Abreaktion kann er sich von ihnen befreien. Deshalb wurde Herrn Claus geholfen, in langen Stunden die Erinnerungen an seine frühe Kindheit auszugraben, bis er sich schließlich seiner Emotionen bewußt wurde. Dann endlich war er fähig, ohne Furcht und ohne Scham die Wut herauszuschreien, die er so lange in sich aufgestaut hatte. Diese geistig-seelische Katharsis brachte nach und nach seinen ganzen Zorn zutage und ließ ihn verebben, so daß nun vernünftig über den Vater und ihn selbst gesprochen werden konnte.

Es war wie in der Bibelgeschichte, der zufolge ein Mensch von bösen Geistern besessen war und diese ausgetrieben wurden. Doch in der Bibel heißt es, daß diese Geister, sofern nicht etwas anderes ihren Platz ausfülle, wieder zurückkämen. Herr Claus mußte jetzt seinen leergemachten Geist mit schöpferischen und erfreulichen Inhalten füllen. Die einzige Methode, die ihn wirklich heilen konnte, war eine Therapie der Liebe. Er mußte seinem Vater vergeben, sich von jedwedem Groll und Haß befreien und dann dem Vater in christlicher Liebe begegnen. Wir empfahlen ihm, für den Vater bestimmte liebevolle Dinge zu tun: ihn zu besuchen, für ihn zu beten, ihm Geschenke zu schicken. Wir schlugen ihm vor, eine Liste all der guten Dinge aufzustellen, die sein Vater für ihn getan hatte. Vor allem sollte er seinen Vater ganz bewußt so behandeln, wie ein Erwachsener einen anderen Erwachsenen behandelt, und nicht wie ein Kind einen Erwachsenen behandelt.

Wir erklärten ihm, daß er auf diese Weise die Wunde in seiner eigenen Seele heilen könne, und wenn ihm seine neue Geistes- und Gefühlshaltung erst einmal zur zweiten Natur geworden sei, würde er seinen Vater in anderem Licht sehen, nämlich so, wie dieser wirklich sei. Vielleicht würde er erkennen, daß sein Vater auch nur ein fehlbarer Mensch war, der sich in seiner eigenen Kindheit möglicherweise genauso unglücklich gefühlt hatte wie er.

Herr Claus wandte die von uns empfohlene Technik an, und allmählich änderten sich seine Gefühle gegenüber seinem Vater. Mit der neuen Einstellung zum Vater gewann er auch eine neue Einstellung zu sich selbst. Die Befreiung von Wut und Haß brachte auch die Schuld- und Minderwertigkeitsgefühle zum Erlöschen.

Man sollte niemals zulassen, daß vergangene Fehler die Gegenwart beeinträchtigen oder die Zukunft überschatten. Es ist eine wunderbare Tatsache, daß wir immer wieder neu anfangen können. Ein kluger Mensch wird natürlich versuchen, Schuldgefühle zu vermeiden, indem er all das unterläßt, was Schuldgefühle zu erzeugen pflegt. Er wird vor dem Handeln erst einmal seine moralische Urteilsfähigkeit prüfend einsetzen. So entwickelt er für seine Person die Fähigkeit, sein Verhalten im Lichte dessen zu sehen, was nach seinem Wissen Recht und Unrecht ist. Wenn er trotz allem ein Unrecht begeht, muß er es sich offen eingestehen und sich bemühen, Gottes Verzeihung zu erlangen. Er sollte fähig sein, wenn vielleicht auch nur mit fremder Hilfe, seinen Fehler klar zu erkennen, um Verzeihung zu bitten und den Schaden möglichst wiedergutzumachen. Dann kann er seinen Weg ruhigen Gemüts fortsetzen.

Bleibt gleichwohl ein Gefühl der Schuld oder unbegründeter Minderwertigkeit zurück, sollte er fachlichen Rat suchen. Sehr wahrscheinlich hat er entweder sein Unbewußtes nicht hinlänglich umgeprägt, oder ihm ist die Ursache seiner Gefühle nicht klar. Solange die tiefsitzenden und gewöhnlich nur in verhüllter Form zum Ausdruck kommenden Schuldgefühle nicht aufgedeckt und im Lichte der Vernunft behandelt werden, zersetzen sie Geist und Seele an den Wurzeln. Sie verhindern, daß der Mensch in sein Geburtsrecht auf Gottes Liebe und Vergebung eintritt.

Der Weg eines Menschen, der schuldig wurde, ist zweifellos hart und mühselig. Weil dem so ist, zeigte uns Christus, was sich dagegen tun läßt. Wenn ein Mensch seine Sünden bekennt, widerfährt ihm etwas Großartiges: die Last wird von ihm genommen, und er wird leben wie nie zuvor.

»Ich lebe ... doch nun nicht ich, sondern Christus lebt in mir.« Die Verfehlungen der Vergangenheit sind ausgelöscht, verschwunden, vergessen. Der Mensch wird ein neues Geschöpf. Dies ist das wunderbarste aller auf Erden möglichen Wunder.

Den Menschen, die zu uns kommen, weil sie sich ihre

vergangenen Fehltritte nicht verzeihen können, erzählen wir manchmal die Geschichte des heiligen Paulus. Vor seiner Bekehrung zum Christentum war Paulus ein erbitterter Gegner der Anhänger Christi gewesen. Er hatte es sich zur Aufgabe gemacht, sie zu jagen, zu martern, zu steinigen. In der Bibel heißt es ja, daß er »die Gemeinde Gottes verfolgte und sie verstörte«. Eines Tages jedoch sah er das Licht und bekehrte sich. Der grausame Verfolger der Christen wandelte sich zum Anhänger Christi. Als er seine Sünden bereut hatte – es waren ihrer viele und schreckliche –, erlangte er Gottes Vergebung und vermochte sie auch aus ganzem Herzen anzunehmen. Nach einem an Tumulten reichen Leben erfüllte ihn Frieden, denn er war mit Gott und sich selbst im reinen. Paulus' Beispiel aber zeigt, daß jeder Mensch Vergebung finden kann, wenn er sie erbittet.

Wir dürfen unter keinen Umständen zulassen, daß vergangene Verfehlungen uns quälen und niederdrücken. Gott will nicht, daß wir alte Missetaten mit uns herumschleppen wie Mühlsteine um den Hals. Wir brauchen ihretwegen keine Schuldgefühle zu haben. Wir können mit klarem Blick, fröhlichem Herzen und heiterem Gemüt einer erfolgreichen Zukunft entgegengehen. Die erschütternde und begeisternde Geschichte des heiligen Paulus macht uns Mut und gibt allen, die schwer an ihren Sünden tragen, die Gewißheit, daß sie sich von ihrer Last befreien können.

Kapitel 4

Wie Sie sich körperlich und geistig entspannen

Gilbert Dodds, einer der großen Mittelstreckenläufer seiner Zeit, duckte sich an der Startlinie des Wanamaker-Meilenlaufs. Der »fliegende Pfarrer«, wie ihn die Sportreporter nannten, benutzte diesen kurzen Moment, um ein stummes Gebet zu sprechen. Als Vorbereitung auf die vor ihm liegende ungeheure Anstrengung entspannte er seinen Körper und betete: »O Herr, ich bitte dich, daß du mich in diesem herrlichen Sport gut laufen läßt. Hilf jedem Mann, der gegen mich läuft, auch sein Bestes zu geben. Geleite jeden von uns. Amen.« Er flehte Gott nicht an, ihn siegen zu lassen. Er betete für alle Läufer, für seine Konkurrenten genauso wie für sich selbst.

Beim Knall der Startpistole lief Dodds los. Wie immer bestach er das Publikum durch den rhythmischen Ablauf seiner Bewegungen. Alle Nerven und Muskeln seines Körpers schienen in vollkommener Harmonie zusammenzuwirken. Man hatte den Eindruck, daß er, wenn er gefordert wurde, Kraftreserven besaß, die über das übliche Maß hinausgingen. Scheinbar mühelos setzte er sich an die Spitze des Feldes, enteilte seinen Konkurrenten und siegte mit großem Vorsprung. Gil Dodds wußte, daß ein entspannter Körper und ein ruhiger, auf Gott ausgerichteter Geist tatsächlich Kraftreserven freisetzen können, wenn diese dringend benötigt werden. Das ist eine Erfolgslektion, die viel zu wenige von uns gelernt haben.

Frau Dr. Flanders Dunbar, eine Autorität auf dem Gebiet der psychosomatischen Medizin, hat nachhaltig auf die Tatsache hingewiesen, daß die Unfähigkeit, sich zu entspannen, eine der Hauptursachen für zahlreiche weitverbreitete Krankheiten unserer Zeit sei. Unsere Erfahrungen bestätigen ihre Behauptung. Es scheint nur sehr wenige Menschen zu geben, die wissen, daß Entspannung eine absolute Notwendigkeit ist, und die diese regenerierende Kunst auch beherrschen.

Wir haben in unserem Institut einige einfache, leicht anwendbare Entspannungsmethoden ausgearbeitet. Sie bescherten Hunderten besorgter, bekümmerter Männer und Frauen Seelenfrieden und Freude. Diese erprobten Techniken können bei anderen Menschen das gleiche bewirken.

Ratsuchende, die mit ihren Problemen zu uns kommen, behaupten oft jammernd, der Mensch habe noch nie in einer so ermüdenden, verrücktmachenden Zeit leben müssen. Der Streß, der Leistungsdruck, die Komplikationen des täglichen Lebens, so klagen sie, bringen sie schier um den Verstand. Die Schilderungen ihrer fast ununterbrochenen Sorgen und Ängste scheinen Henry David Thoreau recht zu geben, der vor langem schrieb: »Die Masse der Menschen lebt in stummer Verzweiflung.«

Es ließe sich darüber debattieren, ob die Schwierigkeiten, denen sich unsere Generation gegenübersieht, schlimmer sind als die unserer Vorfahren. Fest steht jedoch, daß wir die Probleme unserer Zeit so hautnah miterleben wie nie zuvor. Unsere bemerkenswert leistungsfähigen Massenmedien wie Rundfunk, Fernsehen und Presse informieren uns gut, doch sie versetzen uns auch täglich mit zahllosen unerfreulichen, erschütternden und deshalb an die Nerven gehenden Berichten in Aufregung.

Mancher Morgen, der angenehm begann, wird durch die Zeitungslektüre beim Frühstück verdorben. Ausführliche Reportagen über Verbrechen, Katastrophen, Krisen, Streiks, Aufstände, Kriege zerstören jäh die Ruhe. Die Nerven werden erregt, die Muskeln angespannt. Und noch bevor man den letzten Schluck Kaffee getrunken hat, kommt einem der alte Verdacht wieder: Das eigene Land, ja die ganze Welt ist im Begriff, vor die Hunde zu gehen!

Fügen Sie diesen Aufregungen die quälenden, ungreifbaren Ängste hinzu, die durch feindselige Gefühle und aus dem Unbewußten aufsteigende Schuldgefühle verursacht werden, und fügen Sie die Beunruhigungen und Irritationen des persönlichen und beruflichen Lebens hinzu, dann haben Sie alles beisammen, vor lauter Sorgen krank zu werden.

Warum aber machen wir uns so viele Sorgen? Obwohl Sorgen meistens kaum etwas bewirken, außer daß sie uns aufregen, fällt es uns sehr schwer, sie aufzugeben. Der amerikanische Humorist Frank Sullivan verkündete einmal sein Rezept, wie man leicht einen Nervenzusammenbruch zustande bringt:

»Finden Sie heraus, welche Art von Sorgen Ihrem Temperament am meisten entspricht, und halten Sie daran fest«, empfahl Sullivan. »Ich persönlich liebe es, irgendeine absurde kleine Widerwärtigkeit aufzuspüren, sie zu hätscheln und zu einer schönen, aufregenden Katastrophe aufzubauschen. Den schöpferischen Künstler in mir reizt es, einen Brief in den Kasten zu werfen und dann zu überlegen, ob ich überhaupt eine Marke aufgeklebt oder ob ich ihn richtig adressiert habe – bis ich vor Aufregung und Sorge ein nervliches Wrack bin... Übersehen Sie nicht etwa Ihre Gesundheit als geeignete Quelle ständiger Sorgen. Sie mögen zwar glauben, daß es Ihnen im Augenblick gutgeht, aber die Chancen sind groß, daß Sie gerade jetzt irgendeine Krankheit aufschnappen.« Schließlich erteilt er voll feierlichem Ernst den Rat: »Lassen Sie keinen Tag verstreichen, ohne irgendeiner verpatzten Gelegenheit nachzutrauern, selbst wenn Sie erst eine verpatzen müssen, um ihr nachtrauern zu können.«

In seiner humorigen Art zeigt Sullivan eine große Wahrheit über die menschliche Natur auf: Die meisten von uns scheinen finster entschlossen, irgend etwas zu finden, über das sie sich Sorgen machen können. Wir stellen uns ängstliche Fragen wie: Habe ich bei der Versammlung einen schlechten Eindruck gemacht, oder wird mir das bei der nächsten passieren? Wird mein Sohn das Klassenziel erreichen? Ist mein Mann in seiner Stellung gefährdet? Was tun, wenn es zu einer noch schlimmeren Konjunkturkrise kommt? Wie soll ich meine Hypothekenzinsen bezahlen, wenn ich keine Gehaltserhöhung kriege?

Es gibt zahllose Dinge, die sich ereignen oder die passieren *könnten*, wozu es aber nicht kommt. Natürlich beruhen viele Sorgen auf echten Schwierigkeiten, die in irgendeiner Weise gelöst werden müssen. Doch der eingefleischte Sorgenmacher verwendet im allgemeinen mehr Energie darauf, sich über seine Probleme zu grämen, als auf den Versuch, sie aus der Welt zu schaffen.

Es gibt auch eine ganze Reihe kleiner Irritationen, die unsere Nerven strapazieren. Wir ersuchten einmal einen

Mann, der über ständige Müdigkeit klagte, obwohl er sich »ausruhte«, sämtliche Vorkommnisse aufzuschreiben, die ihm im Laufe einer Woche auf die Nerven gingen. Er brachte uns eine vier Seiten lange Liste, die unter anderem folgende Punkte enthielt:

Ein im Verkehr aufgehaltenes Auto hupte ... Ein Telefongespräch wurde mitten im Satz abgebrochen ... Er fand seine Lieblingskrawatte nicht ... Das Garagentor ging nicht auf ... Seine Frau kritisierte sein Bridgespiel ... Ein Busschaffner weigerte sich, einen Fünfdollarschein zu wechseln ... Auf der Speisekarte war der von ihm gewünschte Nachtisch gestrichen ... Auf der Straße vor dem Haus brüllten Kinder ... In der Nebenwohnung plärrte das Radio ... Ein Verkäufer war zu beschäftigt, um ihn zu bedienen ... Ein Paar, das im Kino hinter ihm saß, redete die ganze Zeit, und die Frau drei Reihen vor ihm hatte einen Hut mit großem Federbusch auf ... Ein Freund war nicht so treu, wie er erwartet hatte ... Ein Polizist schnauzte ihn an, weil er die Parkzeit überzogen hatte... Ihn langweilte, was eine Frau ihm erzählte, und sie hörte sich nicht an, was er zu erzählen hatte ...

Obwohl der Mann keineswegs besonders reizbar war, ging seine Liste schier endlos weiter, und als er sie nun betrachtete, erschien auf seinem Gesicht ein klägliches Lächeln. Er wunderte sich darüber, wie oft ihn an einem einzigen Tag Umstände geärgert hatten, die nach seinem Urteil unbedeutend waren, ihn aber dennoch, wie er sich ausdrückte, »fast verrückt machten«.

Glücklich wäre der Mensch, der sich über alle kleinen Ärgernisse des Alltags hinwegsetzen könnte; und doppelt glücklich wäre der Mensch, der alle Enttäuschungen samt dem mit ihnen einhergehenden Ärger und Zorn vermeiden könnte, indem er die angestrebten Ziele erreicht oder sich nichts daraus macht, wenn er sie nicht erreicht.

Dies gelingt leider sehr wenigen von uns! Die meisten sind in größerem oder geringerem Maße wehrlose Opfer ihrer Besorgnis und Angst, womit eine ermüdende, auf die Dauer erschöpfende Muskelspannung einhergeht. Ohne daß wir uns dessen richtig bewußt sind, verlangt uns genauso sehnlich nach Erlösung von diesem schmerzlichen Zustand, wie ein Wüstenwanderer nach Wasser dürstet. Dabei kann jeder das Geheimnis kennenlernen, wie man selbst erlösende Abhilfe schafft.

Ein junger Mann von Mitte Zwanzig kam in einem bedauernswerten Zustand der Erschöpfung zu uns. Er fühlte sich schuldig wegen seiner Vergangenheit und hatte Angst vor der Zukunft. Vor kurzem war – als »Krönung« mehrerer unglücklicher Ereignisse in seinem Leben – seine Ehe zerbrochen. Im Augenblick litt er an sehr schmerzlichen Gefühlen der Wut auf seine Frau, weil sie ihn verlassen hatte, und auf sich selbst, weil er spürte, daß die Schuld nicht sie allein traf.

Der Geistliche gewahrte sofort, daß der Mann sehr verwirrt, unruhig und reizbar war. Darum redete er mehrere Minuten beruhigend auf ihn ein und forderte ihn dann auf, sich in seinem Sessel bequem zurückzulehnen. »Stellen Sie sich vor«, sagte er, »Sie wiegen drei Zentner und sind so schwer, daß Sie Ihr eigenes Gewicht nicht tragen können. Lassen Sie Ihren Körper auf den Sessel drücken, sinken Sie schwer hinein. Lassen Sie Ihren Kopf zurückfallen, schließen Sie die Augen und legen Sie die Hände locker auf die Armlehnen. Und jetzt, wenn Sie ganz entspannt sind, holen Sie fünf- oder sechsmal tief Luft. Beeilen Sie sich nicht. Machen Sie es ganz langsam. Immer locker und mit der Ruhe.«

Dann trug er dem jungen Mann auf, sich vorzustellen, daß sein Geist, seine Seele ganz ruhig und still würden. »Solange Sie an der Oberfläche Ihres Geistes erregt sind«, erläuterte er, »können die seelischen Impulse, die Sie beruhigen würden, nicht emporsteigen. Wenn Sie erreichen, daß sich die Wogen Ihres Denkens und Fühlens an der Oberfläche Ihres Geistes nur für ein paar Minuten glätten, daß Sie also bewußt heiter sind, dann werden aus der Tiefe Ihrer Seele, Ihres Unbewußten, Impulse und Gedanken aufsteigen, die Frieden über Sie ausbreiten.«

Als der Geistliche sah, daß der Körper des jungen Mannes entspannt war, begann er aus der Bibel zu zitieren. Mehrmals wiederholte er die beglückenden Worte aus Jesaja: »Wer festen Herzens ist, dem bewahrst du Frieden.« Dann sprach er über diese wunderbare Tatsache und erklärte dem jungen Mann, daß er Frieden finde, wenn er Seele und Geist fest auf Gott ausrichte und nicht auf seine Probleme. Anschließend zitierte der Geistliche einen weiteren Bibelvers: »Kommet her zu mir alle, die ihr mühselig und beladen seid; ich will euch erquicken.« Und: »Den Frieden lasse ich euch, meinen Frieden gebe ich euch ... Euer Herz erschrecke nicht und fürchte sich nicht.«

Der junge Mann gab sich diesen besänftigenden, heilenden Worten hin und spürte sich geradezu magisch angerührt von einer inneren Strömung starken Friedens. Die Hand des »großen Arztes«, wie der Geistliche es ausdrückte, ruhte auf ihm und zog alle beunruhigenden Gedanken und störenden Gefühle von ihm ab. Dies brachte ihm die Befreiung von innerer Erregung; er erlebte die Wohltat inneren Friedens!

Der junge Mann erklärte, er fühle sich ausgeruht und erfrischt. An ihm bewahrheitete sich, was der dreiundzwanzigste Psalm verspricht: »Er erquickt meine Seele.« Genau das war geschehen. Seine Seele – also er selbst – war erquickt worden.

Der Geistliche erzählte ihm, daß der angesehene Statistiker Roger Babson einmal erklärt habe, er wende eine besondere Atemtechnik an, und zwar atme er den Frieden Gottes ein und atme alle Spannungen und Sorgen aus. »Das können Sie auch lernen«, sagte der Geistliche; er riet dem jungen Mann, dreimal am Tag die Entspannungsübung, die er eben gemacht hatte, zu wiederholen und sich dabei vorher auswendig gelernte Bibelstellen wie die eben zitierten laut vorzusagen.

Später berichtete der junge Mann, daß er das »Rezept« seines geistlichen Beraters getreulich angewendet habe. Als Folge davon hatte sich seine ganze Lebensauffassung geändert. »Ich habe das Geheimnis des Seelenfriedens kennengelernt«, sagte er dankbar, »und bin sicher, daß ich jetzt vorwärtsgehen und meine Probleme selbst lösen kann.«

Entspannung von Geist, Seele und Körper gehen Hand in Hand, denn sie beeinflussen einander, wie uns die Neurologen bestätigen, wechselseitig ununterbrochen. Wenn beispielsweise jemand ein Verlangen nach irgend etwas hat, stimulieren Impulse, die das Gehirn an bestimmte Nerven sendet, entsprechende Muskeln, damit das Verlangen befriedigt wird. Die Gefühle wiederum hängen davon ab, ob die Muskelaktivität ihren Zweck erfüllt.

Ein einfaches Beispiel soll dies veranschaulichen. Ein hungriger Säugling spitzt den Mund und bewegt die Hände zur Flasche hin. Dann befördern andere Muskeln die Milch durch seine Kehle und sein ganzes Verdauungssystem. Bei einem Erwachsenen laufen kompliziertere

Muskelreaktionen ab, wenn er Hunger hat. Seine Beine tragen ihn zum Tisch, seine Arme und Hände führen die Nahrung zum Mund, dann schluckt und verdaut er.

Ist der Hunger gestillt, entspannen sich alle tätig gewesenen Muskeln, und ein angenehmes Gefühl der Zufriedenheit setzt ein. Der gesättigte Säugling gurgelt glücklich. Ein Erwachsener, der gut gegessen hat, zeigt seine Befriedigung und Entspannung, indem er sich zurücklehnt und ein zwar nur allgemeines, aber grundsätzlich wohlwollendes Einverständnis mit der Welt erkennen läßt. Übrigens wird ein kluger Mann geschäftliche Angelegenheiten, die beim Essen besprochen werden, erst bei diesem Stand der Dinge aufs Tapet bringen, nicht früher.

Bleibt das Hungergefühl unbefriedigt, sind die Folgen ganz anders. Wenn die Muskeln die Bewegung nicht durchführen können, die durch Nervenimpulse eingeleitet wurden, spannen sie sich in gewissem Maße. Und mit dieser Spannung gehen Enttäuschung und Ärger einher. Ein Säugling, dessen Hunger nicht gestillt wird, schreit seinen Groll energisch hinaus. Ein hungriger Erwachsener, der auf sein Essen warten muß, zeigt seinen Ärger durch Nervosität und Gereiztheit.

Ein ganz ähnlicher Prozeß läuft auch dann ab, wenn unsere Sehnsüchte oder Anliegen viel komplizierter gelagert und vielschichtiger sind als Hunger und Durst. Wir möchten in unserem Beruf erfolgreich sein, ein Buch schreiben, auf einen Berg steigen; wir möchten geliebt werden, eine Rede halten, Arzt werden, irgend etwas tun, woran unser Herz hängt. Hierfür gilt das gleiche. Ehrgeizige Ambitionen lösen, genau wie simple Triebregungen, komplizierte Aktivitäten von Nerven und Muskeln aus. Wenn uns das Angestrebte gelingt, setzen Entspannung und Zufriedenheit ein. Wenn wir jedoch scheitern, sind wir enttäuscht; es kommt zu Muskelspannungen, Verärgerung und ängstlicher Besorgnis. Die drei Emotionen Liebe, Haß und Angst, ungefähr vergleichbar den drei Primärfarben, aus denen alle Schattierungen des Regenbogens gemischt sind, bilden die Grundbestandteile sämtlicher Gefühle des Menschen.

Im Laufe der Jahre entwickelt jeder Mensch eine mehr oder weniger charakteristische Art, auf Situationen zu reagieren, und die Spannungen prägen sich aufgrund ständiger Wiederholung seinem Körper auf. Diese Muskelspannungen und seine typischen emotionellen Reaktionsmuster läßt der Mensch in seiner Haltung erkennen, in der Art, wie er geht und sitzt, in den Gesichtsfalten und der Lage sowie der Lautstärke seiner Stimme.

Wir sind uns nicht immer unserer eigenen grundlegenden Spannungen bewußt, aber wir reagieren fast instinktiv auf diejenigen anderer Leute, denn diese Spannungen offenbaren sich nicht nur im Gesicht, sondern auch im ganzen Körper. Sie widerspiegeln tatsächlich die emotionellen Einstellungen. Oft bilden wir uns mittels unserer instinktiven Reaktion ein Urteil darüber, wie ein anderer Mensch wirklich ist.

Der Personalchef einer Firma kann beispielsweise einen Bewerber ablehnen, der durchaus die für den Posten geforderten Qualifikationen besitzt, aber auf ihn den »Eindruck« macht, unzuverlässig zu sein. Manchmal begegnen wir einem Menschen, der nett, höflich und rücksichtsvoll zu sein scheint, und doch vermitteln uns seine Muskelspannungen das Gefühl, daß er sich verstellt und in Wirklichkeit von unterdrückter Feindseligkeit und gefährlicher Erbitterung erfüllt ist. Niemand kann seine grundlegenden Spannungen oder das emotionelle Muster, das in ihnen sichtbar wird, ganz verbergen. Die seit

Jahren bestehenden tiefverwurzelten Muskelspannungen bewirken eine gewisse körperliche Erstarrtheit und auch die ihr entsprechende geistige Steifheit.

Wenn wir der Beziehung zwischen Geist und Körper weiter auf den Grund gehen, erkennen wir, welch hohen Preis wir in Form körperlicher Energie für die unbestimmte, vage Form der Furcht bezahlen, die man generell als Angst bezeichnet.

Unser Nervensystem bestand zu Beginn der Evolution aus nicht mehr als einer um das Rückenmark angeordneten Gruppe von Fasern. Dann entwickelte sich das Hinterhirn, später das Mittelhirn und schließlich das Vorderhirn. In dem großen Vorderhirn befindet sich die Steuerungszentrale aller Nervenzentren. Wird die Steuerung durch das Vorderhirn unterbrochen, wie beispielsweise bei einem Schlaganfall, können die Arm- und Beinmuskeln sich versteifen. Werden die vom Vorderhirn ausgehenden Nerven geschädigt, wie etwa bei auftretender Paralyse, tritt eine Lähmung des Körpers ein, das Gesicht wird maskenhaft, die Stimmbänder ziehen sich zusammen, und die Finger verkrampfen sich. Wird die Kontrolle der unteren Nervenzentren durch das Vorderhirn in irgendeiner Weise physisch beeinträchtigt, kommt es zu Steifheit, Muskelkontraktur, mangelnder Koordination der Muskeln und krampfhaften Bewegungen.

Eine ähnliche Wirkung hat die Angst. Auch sie blockt die lebensnotwendige Steuerung seitens des Vorderhirns teilweise ab. Die primitiveren Nervenzentren übernehmen die Steuerung, worauf der ganze Körper verspannt und steif werden kann. Dies läßt sich beispielsweise an einem Mann beobachten, der Autofahren lernt. Wahrscheinlich neigt er sich nervös vor, tritt heftig auf die Bremse oder dreht das Lenkrad wild hin und her. Aus Angst setzt er jeden Muskel seines Köpers ein. Nachdem er um ein paar Häuserblöcke gefahren ist, fühlt er sich ausgepumpt und schlaff. Ein routinierter Fahrer, der frei von Angst ist, benutzt nur die Muskeln, die er wirklich braucht, und kann mit weit geringerem Energieaufwand als der Anfänger, mit lockerer Hand am Steuer, ohne Ermüdung dreihundert Kilometer weit fahren.

Ständige Spannung, die in Angst, Verärgerung, Gereiztheit und Enttäuschung ihren Ursprung nimmt, führt häufig zu körperlichen Krankheiten. Aber auch wenn es nicht soweit kommt, auf jeden Fall wirkt der Spannungsstreß, von dem nur wenige ganz frei sind, ermüdend und zerstört die innere Ruhe, den Seelenfrieden. Wir müssen eine Möglichkeit finden, auszubrechen aus dem verheerenden Kreislauf: Gemütserregung, Spannung, heftigere Emotionen, größere Spannung und so fort, bis schließlich der Punkt erreicht ist, an dem es zum Zusammenbruch kommt.

Natürlich ist oft psychotherapeutischer Beistand notwendig, damit man Einblick in die Ursachen erlangt, die übertriebener Angst zugrunde liegen; und vielleicht kann man sich von dieser Angst auf die Dauer nur mit Hilfe psychotherapeutisch wirksamer Methoden befreien. Doch der Heilvorgang läßt sich jedenfalls beschleunigen, wenn man lernt, sich zu entspannen. Jeder Mensch – auch einer, der sich vollkommen frei von Konflikten und Spannungen wähnt – profitiert von regelmäßig angewandten Entspannungsübungen.

Einer der wichtigsten Schritte zur Entspannung besteht darin, daß man lernt, großzügig und aufrichtig zu denken. Gedanken und Gefühle der Feindseligkeit, der Angst und angestauten Schuldbewußtseins rufen im

Geist und im Gemüt einen Tumult hervor. Gedanken und Gefühle der Freundlichkeit, des Vertrauens, der Zuversicht und Güte hingegen schenken uns nicht nur geistig-seelische Ruhe, sondern auch körperliche Entspannung. Weil aber Gedanken, also die Inhalte unseres Denkens, sich unserem Unbewußten einprägen und von da aus, sozusagen autonom, weiterwirken, werden gesunde, heilende Gedanken, die wir mit beharrlicher Regelmäßigkeit bewußt wiederholen, für uns zu etwas ganz Natürlichem und unser Gemüt ständig mit Frieden erfüllen.

Ein prominenter Rechtsanwalt aus einer Stadt des amerikanischen Mittelwestens erzählte uns, wie er diese große Wahrheit entdeckte. »Ich war auf einer Geschäftsreise«, sagte er, »und kam am späten Nachmittag ziemlich durchgedreht in mein Hotelzimmer. Nachdem ich mich gewaschen hatte, setzte ich mich hin und versuchte ein paar Briefe zu schreiben, doch ich konnte mich nicht auf die Arbeit konzentrieren. Ich ging im Zimmer auf und ab, setzte mich wieder hin, versuchte Zeitung zu lesen, aber das alles ödete mich einfach an! Also beschloß ich, wegzugehen und etwas zu trinken, irgend etwas zu tun, um von mir selber fortzukommen!

Als ich an der Kommode stand, fiel mein Blick zufällig auf die dort liegende Bibel. Ich war schon in vielen Hotelzimmern gewesen, hatte aber noch nie eine der Bibeln geöffnet, die dort auslagen. Diesmal tat ich es aus irgendeinem seltsamen Impuls. Zufällig schlug ich sie bei einem der ersten *Psalmen* auf, ich glaube, es war der siebzehnte oder achtzehnte. Ich las ein paar Zeilen, setzte mich dann und las weiter.

Bald kam ich zu dem schönen dreiundzwanzigsten Psalm, und ich las die Zeilen, die lauten: ›Er führet mich zum frischen Wasser. Er erquicket meine Seele ...‹ Irgendwie packte mich das. Es war genau das, was ich brauchte. Also las ich weiter, und ob Sie es glauben oder nicht, ich verlor mich ganz in dem, was ich las.

Schließlich klappte ich die Bibel zu und blieb lange still sitzen. Auf einmal merkte ich, daß ich vollkommen entspannt war. Ein seltsames Gefühl des Friedens und der Ruhe hatte mich überkommen. Ich fühlte mich ausgeruht, als hätte ich eine ganze Nacht lang gut geschlafen. Die Spannung war wie durch Zauber von mir gewichen. Zuvor war ich wie ein bis an die Grenze gespanntes Gummiband gewesen. Jetzt fühlte ich mich behaglich und ruhig, im Gleichgewicht.

Und ich sagte mir: ›Wenn die Bibel das nach nur einmaligem Lesen bei mir bewirkt, könnte sie mich, wenn ich jeden Tag drin lese und sie wirklich zu einem Bestandteil meines Lebens mache, vielleicht ganz von meiner Nervosität befreien.‹ Und wissen Sie, was? Genau das passierte!«

Solche »biblische Medizin« kann auch Ihnen helfen, sich zu entspannen. Erfahrung im Bibellesen brauchen Sie nicht, Sie können einfach dem Beispiel des Mannes folgen, von dem wir Ihnen gerade erzählt haben. Die *Psalmen* eignen sich sehr gut als Beginn. Fangen Sie mit Psalm eins an und lesen Sie mehrere Psalmen, vielleicht nicht so viele wie der Anwalt. Lesen Sie jedoch am nächsten Tag weiter und machen Sie sich die Bibellektüre zur Gewohnheit.

Wenden Sie sich nach den Psalmen dem *Neuen Testament* zu und lesen Sie die Evangelien von Matthäus, Markus, Lukas und Johannes. Achten Sie dabei auf Textstellen, die von Frieden, Ruhe, Stille und der Gegenwart Gottes sprechen.

Schreiben Sie sich einige dieser Passagen auf Zettel

oder kleine Karten und stecken Sie diese in die Tasche. Wenn Sie dann ein paar freie Minuten haben, sollten Sie diese Passagen auswendig lernen. Vergegenwärtigen Sie sich den Inhalt der Bibelworte und lassen Sie sie in Ihr Unbewußtes sinken. Nach und nach werden Ihr Geist und Ihr Gemüt still und ruhig werden, und jegliche Nervenanspannung wird nachlassen.

Wir betonen es noch einmal, die biblische »Medizin« kann Ihnen helfen, sich zu entspannen. Aber gleich jeder anderen Medizin wirkt sie nur, wenn man sie einnimmt.

In jüngster Zeit herrschte verbreitet die Ansicht, daß die Religion nur für den Sonntag oder für besondere Festgelegenheiten am Platze sei. Die meisten Menschen, besonders Männer, sprachen und sprechen in ihren Unterhaltungen kaum über Religion. Das würde ihnen überspannt vorkommen und sie verlegen machen. Über Politik, Berufsprobleme, Sportereignisse oder ihre Nachbarn reden sie unbefangen; doch sie scheinen unfähig, den entscheidenden Faktor der menschlichen Existenz zu erörtern – die Beziehung des Menschen zu Gott. Hier vollzieht sich glücklicherweise eine Wandlung! Zunehmend mehr Menschen erkennen, daß die Religion, der sie angehören, von praktischem Nutzen und dazu bestimmt ist, ihnen in ihren Alltagssituationen zu helfen.

Manchmal finden wir an den überraschendsten Stellen Beweise für eine derartige Wandlung. Hier ein Beispiel: Seit vielen Jahren ist May Ferris Empfangsdame am Stammsitz der Bridgeport Brass Company in Bridgeport, Connecticut. Eines Tages ersuchte ein Angestellter darum, daß im Empfangsraum eine Bibel ausgelegt werde. May Ferris gab die Erlaubnis, und bald lag ein schönes Exemplar des »Buches der Bücher« auf dem Tisch.

Zu ihrer Freude stellte sie fest, daß Besucher erstaunlich oft nach der Bibel griffen statt nach Zeitschriften oder anderem Lesestoff. Sie berichtete, daß Besucher, die in der Lektüre infolge Abrufs in eines der Büros unterbrochen wurden, bei der Rückkehr oft die angelesene Bibelstelle noch einmal suchen und zu Ende lesen.

»Sie haben ja keine Ahnung«, sagte Miß Ferris, »wie viele Menschen dankbar sind für die Gelegenheit, mitten an einem arbeitsreichen Tag in der Bibel lesen zu können. Ich sehe Veränderungen in ihrem Gesichtsausdruck, wenn sie das Buch schließen, aus ihren Augen verschwinden Ärger und Gereiztheit – es ist wie ein Wunder.«

Versuchen Sie täglich, wann und wo immer Sie Gelegenheit finden, etwas Zeit für ruhige Betrachtungen zu verwenden, die Ihr angespanntes Gemüt erfrischen und Ihr Leben erfreuen. Nehmen Sie sich Zeit, den Zauber der Heilkraft Gottes auf sich wirken zu lassen.

Ein Mann aus Mobile, Alabama, schilderte uns brieflich, wie er das macht. Bisweilen, wenn er besonders nervös und gereizt ist, fährt er an die schöne Bucht von Mobile. Doch nicht allein aus der Betrachtung der herrlichen Natur erwächst ihm echter Friede; er besitzt im Geiste ein »spirituelles Medizinschränkchen«, wie er es nennt, das er mit friedenbringenden Passagen aus der *Heiligen Schrift* angefüllt hat; diese Texte sagt er laut vor sich hin, während er an dem Küstenabhang über der Bucht sitzt.

Eine der von ihm bevorzugten Stellen lautet: »Ich will mit dir sein und will dich behüten.« Hat er dies mehrmals wiederholt, sagt er ruhig: »Gott Vater, der mir einen Frieden schenkt, der jedes Verständnis übersteigt, ist jetzt mit mir und wird den ganzen Tag über mit mir sein.«

Etwa eine halbe Stunde bleibt er sitzen, er spürt im Geiste die ruhige Berührung der Hand Gottes – auf seinen Nerven, seinem Körper, in seinem Geist, seinem Herzen. Gestärkt und erfrischt wendet er sich dann wieder seinen Aufgaben zu.

Man braucht sich jedoch nicht ans Meeresufer zurückzuziehen! Auch inmitten der Hast und Geschäftigkeit des Alltagslebens in der Großstadt oder auf dem Lande können Sie Entspannung finden. Wenn Sie auf der Straße gehen, vielleicht zu einem Arbeitsessen, vielleicht zu einem verabredeten Treffen, sollten Sie sich nicht mit Ihren Problemen befassen. Gewöhnen Sie sich vielmehr an, sich vertrauensvoll zu sagen: »Gott ist mit mir, er wird mir hier durchhelfen.« Und wenn Sie auf Hindernisse stoßen, sollten Sie unbedingt vermeiden, in die alte Gewohnheit zurückzufallen, nur das Negative daran zu sehen. Sagen Sie sich vielmehr: »Der Herr ist mit mir. Dank seiner Kraft werde ich diese Situation erfolgreich bestehen.«

Viele Maler, Schriftsteller, Musiker und andere Künstler schalten auf eine spezielle, persönliche Weise von den Anforderungen ihrer schöpferischen Arbeit ab. John Masefield beispielsweise, ein Barkeeper, der in Großbritannien den Ehrentitel Poeta laureatus erhielt, praktizierte »das Ruhigwerden«, wie er es nannte. Jeden Abend, wenn er nach Hause kam, legte er sich auf sein Bett, entspannte sich, sang eine Hymne oder rezitierte ein paar Verse. Und dann sagte er ruhig: »Gott ist mit mir, Gott wacht über mich.«

Es gibt viele Möglichkeiten, sein Bewußtsein – und somit auch das Unbewußte – mit der Überzeugung zu füllen, daß Gott gegenwärtig ist – so viele Möglichkeiten, wie es Menschen gibt, die ihrer bedürfen.

Im Zuge unserer Arbeit haben wir eine Entspannungstechnik entwickelt, die auf grundlegenden, für Geist und

Körper gültigen Gesetzen aufgebaut ist. Sie lindert Muskelspannungen und ermöglicht es, die tiefen, verborgenen Energien des Unbewußten anzuzapfen. Lesen Sie dieses Kapitel zu Ende, legen Sie dann das Buch beiseite und erproben Sie diese wunderbar wirksame Technik:

1. Strecken Sie sich auf Ihrem Bett oder auf einer bequemen Couch aus.
2. Ballen Sie die Hände zu Fäusten und öffnen Sie sie dann weit. (Denken Sie daran, daß Sie, wenn Sie einen Teil Ihres Körpers entspannen wollen, ihn zuerst bewegen müssen.) Legen Sie die Fäuste aneinander und beschreiben Sie Kreisbewegungen, um die Unterarmmuskeln zu betätigen.
3. Heben Sie die Fäuste an die Schultern und strecken Sie anschließend die Arme, um die Oberarmmuskeln zu betätigen. Machen Sie als nächstes Kreisbewegungen mit den Schultern.
4. Nun stellen Sie sich vor, die Nerven in Ihren Armen seien geschädigt und außer Funktion, so daß Sie keine Kontrolle mehr über sie haben. Ihre Arme sollten vollkommen schlaff sein, so daß ihr ganzes Gewicht, wenn jemand sie anhebt, in dessen Händen lastet. Mit diesem Test können Sie prüfen, ob Ihre Arme wirklich entspannt sind.
5. Biegen Sie die Zehen hoch, in Richtung Kopf, ohne die Beine zu bewegen, und strecken Sie sie dann. So wird die Unterschenkelmuskulatur betätigt.
6. Heben Sie ein Knie möglichst nahe an die Brust und strecken Sie anschließend das Bein. Wiederholen Sie die Übung mit dem anderen Bein.
7. Setzen Sie sich auf und legen Sie den Fuß auf einen Stuhl. Ziehen Sie den Fuß vom Stuhl und lassen Sie

den Unterschenkel locker hängen, als sei Ihr Knie ein Scharnier. Wiederholen Sie die Übung mit dem anderen Fuß.

8. Trainieren Sie Ihre Bauchmuskeln, indem Sie sich mehrmals aufsetzen und wieder hinlegen.
9. Heben Sie den Kopf vom Kissen und lassen Sie ihn nach hinten fallen.
10. Holen Sie nun mehrmals tief Luft und strecken Sie sich. Das Zwerchfell, die wichtigste Muskelplatte für das Atmen, ist das Sicherheitsventil des Körpers. Bei tiefem Einatmen zieht es sich zusammen; wenn die Luft rasch ausgeatmet wird, lockert es sich, und seine Spannung weicht.
11. Stellen Sie sich schließlich für eine kurze Weile vor, daß alle Ihre Ärgernisse, Ängste, Sorgen und feindseligen Gefühle verfliegen. Ersetzen Sie sie durch die beruhigendste, angenehmste Vorstellung, die es für Sie gibt. Erinnern Sie sich an die Berge oder an das Meer, an den Herbst auf dem Land – braune Felder, nebelumhüllte Hügel, das Zwitschern eines Vogels und gelegentlich das Pfeifen eines Zuges in der Ferne …

Bleiben Sie, nachdem Sie die vorstehend beschriebenen Übungen gemacht haben, eine Viertelstunde auf dem Bett oder der Couch liegen und denken Sie über jeden Körperteil, den Sie bewegt haben, so lange nach, bis Sie ein immer größeres Maß an Entspannung erreichen. Wenn Sie in diesen Zustand gelangen, können Sie sicher sein, daß Sie die schöpferischen Tiefen Ihres Unbewußten erreichen, die ein Meer der Stärke sind! Viele Menschen bringen in Krisenzeiten Unglaubliches fertig, indem sie diese Kraftreserve anzapfen. Es besteht jedoch kein Grund, sie nicht auch im Alltag zu nutzen.

Aldous Huxley sagt in seinem Buch *Die Graue Eminenz* (Piper Verlag, München, 1962), daß jene Menschen, die sich den schöpferischen Tiefen ihres Unbewußten überlassen, »einen außerordentlichen Zuwachs moralischer Stärke ernten«. Er erklärt, der Wille des Menschen, in dem Gott lebt, sei »entspannt und mühelos, weil es nicht sein eigener Wille ist, sondern ein großer Strom von Kraft, der ihn durchfließt und aus einem Meer von unterschwelligem Bewußtsein kommt«.

Viele Menschen, die unsere Entspannungstechnik anzuwenden lernten, berichteten uns, daß sie mit dieser Methode in wirksamer Weise ihre Schlaflosigkeit behoben. Tatsächlich führen Angst und Spannung ja oft zu Schlaflosigkeit. Angst und Spannung, diese Feinde des Schlafs, füllen Geist und Seele mit finsteren, beunruhigenden Inhalten, was zur Folge hat, daß man sich rastlos hin und her wälzt.

Wer an Schlaflosigkeit leidet, sollte natürlich als erstes versuchen, seine Sorgen künftig nicht mehr mit ins Bett zu nehmen. Bischof William A. Quayle predigte einmal humorvoll über Sorgen. Er sagte: »Eines Nachts gegen zwölf Uhr saß ich da, schlaflos vor Sorgen, und der Herr kam zu mir und fragte: ›Mein Sohn, was tust du?‹ Ich antwortete: ›Ich sitze da und mache mir Sorgen.‹ Und der Herr sprach: ›Nun, mein Sohn, geh zu Bett und schlafe. Ich will den Rest der Nacht über statt deiner dasitzen und mir Sorgen machen.‹«

Wenn Sie nicht schlafen können, sollten Sie nicht aufstehen und im Haus umherwandern, lesen, Radio hören oder sonst etwas tun, sondern im Bett liegenbleiben und versuchen, ganz bewußt Ihren Körper in der vorstehend empfohlenen Weise zu entspannen. Bemühen Sie sich nicht allzu sehr, störende Gedanken auszuschalten; ersetzen Sie solche Gedanken vielmehr bewußt durch friedliche, angenehme. Mit ein bißchen Übung und Geduld wird es Ihnen gelingen.

Sprechen Sie dann ein Gebet. Oder sagen Sie sich ein paar Verse aus einem Gedicht vor – vielleicht die folgenden von Publius Papinius Statius:

Schlaf
Komm zu uns, Schlaf. Nimm Sterbliche,
die glücklicher sind als ich,
In die Umarmung deiner Engelsflügel sanft
und weich:
Doch mich berühre mit deiner Zaubergerte
oder streife gleich,
Schwebst über meinen Lidern du, mit deiner
Schleppe mich.

Oder die weltweit bekannten, schönen Verse von Johann Wolfgang von Goethe:

Wanderers Nachtlied
Der du von dem Himmel bist,
Alles Leid und Schmerzen stillest,
Den, der doppelt elend ist,
Doppelt mit Erquickung füllest,
Ach ich bin des Treibens müde!
Was soll all der Schmerz und Lust?
Süßer Friede,
Komm, ach komm in meine Brust!

Ihre Gesundheit, Ihr Glück, Ihr Erfolg bei allen Ihren Unternehmungen hängen davon ab, daß Sie sich von Sorgen und Spannungen befreien. Genehmigen Sie sich jeden Tag eine kurze Zeit der Ruhe, eine Zeit, die frei ist von den Kümmernissen und den vielen kleinen Nadelstichen des Lebens. Stellen Sie sicher, daß wenigstens in dieser Zeit das Telefon und das Radio Sie nicht stören können. Machen Sie es sich in einem Sessel oder auf einer Couch bequem.

Nehmen Sie dann in der für Sie natürlichsten Weise Verbindung zu Ihrem innersten Ich und zu Gott auf. In solchen Momenten der Entspannung können Sie, wenn Sie es nur ehrlich versuchen, in sich freudige Kraft wecken.

Kapitel 5

Wie Sie trotz »Streß« gesund bleiben

Vor einiger Zeit wurde ein Geistlicher unseres Instituts in ein großes New Yorker Krankenhaus zu einem Patienten gerufen. Als er das Krankenzimmer betrat, stand er zu seiner Verwunderung einem ihm völlig fremden Mann gegenüber. »Sie haben mich rufen lassen?« fragte er ein wenig verwirrt.

»Stimmt.«

»Ich glaube nicht, daß ich Sie kenne.«

»Aber ich kenne Sie«, sagte der Patient. »Ich habe Sie mehrmals predigen hören. Ich bat Sie her, weil ich möchte, daß Sie mich hier herausholen.«

Die Verwirrung des Geistlichen wuchs: »Wollen Sie damit sagen, daß Sie gegen Ihren Willen hier sind?«

»Nein.« Der Patient schüttelte den Kopf. »Ich bekomme hier die ärztliche Behandlung, die ich brauche. Das weiß ich. Schließlich bin ich selbst Arzt. Aber nur ein Seelenarzt Ihrer Sorte kann mich ein für allemal hier herausholen.«

»Tut mir leid«, entgegnete der Geistliche, »ich verstehe Sie nicht.«

»Schauen Sie«, erklärte der Patient ernst, »ich habe ein Magengeschwür. Und wissen Sie, wem ich es verdanke?

Mir selbst – meinem Haß ! Ich möchte, daß Sie mir zeigen, wie ich mich von ihm befreien kann. Wenn Sie mich lehren können, Heiterkeit zu gewinnen, werde ich mit Hilfe der hier durchgeführten Behandlung gesund werden.«

Der Geistliche schwieg einen Augenblick, dann sagte er: »Wie ich sehe, haben Sie eine Bibel auf dem Nachttisch liegen. Benutzen Sie sie?«

»Oh, ich lese bald diese, bald jene Seite. Also könnte man wohl sagen, daß ich sie benutze. Mein Problem ist jedoch, daß ich nicht weiß, wie man die in der Bibel enthaltenen Lehren in die Praxis umsetzt. Fangen Sie an! Zeigen Sie mir, wie man das macht! Klären Sie mich auf!«

Der Geistliche willigte ein, diese einigermaßen ungewöhnliche Bitte zu erfüllen. Zunächst forderte er den Patienten auf, seinen Haß zu bekennen sowie jegliches Unrecht, das er begangen hatte, und dann um Vergebung zu bitten. »Glauben Sie nicht einfach, daß Gott Ihnen irgendwann verzeihen wird«, erläuterte er, »sondern glauben Sie, daß er Ihnen bereits verziehen hat, noch während Sie ihn darum bitten.«

Der Arzt hielt auch später, als er geheilt war und das Krankenhaus verlassen hatte, die Verbindung zu dem Geistlichen aufrecht. Er begann regelmäßig in die Kirche zu gehen. Nach und nach lernte er, wie er die christliche Heilslehre praktisch nutzen konnte; er fand heraus, wie weise es ist, sich aus der Ichversponnenheit zu lösen und einzusehen, daß man sich Gott überantworten kann. Er war glücklicher und gesünder als je zuvor.

Es ist einwandfrei bewiesen, daß unsere Gedanken und Gefühle entscheidenden Einfluß auf unsere Gesundheit haben. Die Theorie der psychosomatischen Medizin

(*Psyche* = Seele, Gemüt; *Soma* = Körper) beruht auf der Tatsache, daß zwischen unserer Gemütsverfassung und unserer körperlichen Verfassung ein enger Zusammenhang besteht. Unsere Einstellungen, unsere Lebensphilosophie, unsere Ziele, unsere ethischen Ideale – dies alles sind wichtige Faktoren, die unser körperliches Wohlbefinden unmittelbar beeinflussen.

Die psychosomatische Schule der Medizin hat darauf hingewiesen, daß ein hoher Prozentsatz aller Krankheiten, mit denen die Ärzte in ihrer Praxis zu tun bekommen, durch Angst, Ärger und Schuldgefühle verursacht wird. Diese drei Emotionen, die regelmäßig zu Depressionen führen, sind die drei großen Feinde unserer Gesundheit überhaupt. Und wenn sie ins Unbewußte verdrängt werden, schwären sie im Dunkeln weiter und greifen nicht nur unsere geistig-seelische, sondern auch unsere körperliche Gesundheit an. Erwiesenermaßen tragen sie wesentlich zu Leiden wie Asthma, Bluthochdruck, Herzkrankheiten, chronischer Erschöpfung, Magen- und Darmgeschwüren und vielen Hautleiden bei.

Der fatale Einfluß falscher Geistes- und Gefühlshaltungen auf die Gesundheit wurde in einem vor der American Medical Association gehaltenen Referat hervorgehoben. Darin hieß es unter anderem:

»Beim Durchschnittsmenschen, der hart arbeitet, um es zu etwas zu bringen, treten zahlreiche undefinierbare Krankheiten mit sehr akuten Symptomen auf. Ungewöhnlich viele Menschen, die gesellschaftlich hochzusteigen oder hochzustürmen versuchen, klagen über Magengeschwüre und eine Überfunktion der Schilddrüse. Viele Patienten mit Brechreiz sind keineswegs Opfer verdorbener Lebensmittel; sie können eine persönliche oder familiäre Situation, vor der sie stehen, nicht ›verdauen‹.

Vielleicht wird diese ›unverdauliche‹ Situation von einem trinkenden Ehemann verursacht, von einem untreuen Partner, einem zerbrochenen Liebesverhältnis; was immer es sein mag, es verursacht eine tiefe, um sich greifende Unzufriedenheit. Bei nicht wenigen Patienten, die über Hautausschläge klagen, lassen sich keine Infektionen feststellen; sie lassen zu, daß ihnen emotionelle Sorgen ›unter die Haut gehen‹. Unzählige Menschen sind krank, weil sie rein verstandesmäßig nach bestimmten opportunistischen Gesichtspunkten handeln und es unterlassen, nach ihrer moralischen Überzeugung zu handeln.«

Der Mediziner unserer Zeit sieht den Menschen als eine einzige Einheit, die auf verschiedenen Ebenen funktioniert. Es gibt beispielsweise die biochemische Ebene, wozu unter anderem die Verdauung der aufgenommenen Nahrung gehört. Die mechanische Ebene betrifft die Bewegung der verschiedensten Körperteile wie etwa der Arme und Beine. Auf der physiologischen Ebene arbeiten die Drüsen, der Blutkreislauf und so fort. Schließlich gibt es noch die psychologische Ebene, auf der das Gesamtwesen Mensch funktioniert. Die vier Ebenen überschneiden sich natürlich; sie können nicht voneinander getrennt werden.

Lange Zeit war die Medizin kaum mehr als ein Aberglauben; sie beruhte weitgehend auf dem, was einstige »Autoritäten« gemeint und gesagt hatten. Bevor sie zu der heute postulierten umfassenden Sicht des Menschen gelangen konnte, mußte sie die autoritären Anmaßungen überwinden, von denen sie jahrhundertelang beherrscht worden war. Als dies gelungen war, begann eine Zeit des Experimentierens. Ärzte entdeckten neue Arzneimittel. Sie entdeckten den Blutkreislauf. Und das Mikroskop enthüllte ihnen, daß der menschliche Körper aus winzigen Zellen besteht.

Die Entwicklung der experimentellen, aber immer noch rein materialistischen Medizin erfuhr eine unerhörte Beschleunigung. Früher hatte man gemeint, Keime seien die Ursache fast aller Krankheiten. Um 1900 hatten die meisten Ärzte von der Krankheit eine ziemlich naive Vorstellung: Krankheit wird verursacht durch Veränderungen in den Körperzellen, ausgelöst hauptsächlich durch Keime, Verletzungen oder Gifte, die entweder vom Körper selbst erzeugt oder ihm von außen beigebracht werden.

Mittlerweile hat die psychosomatische Medizin einen überaus wichtigen neuen Gesichtspunkt aufgedeckt: Die Körperzellen können auch durch Angst, Ärger, Neid, Eifersucht, Haß und vor allem durch langdauernde, nicht nachlassende Spannung verletzt werden. Ein Neurologenteam am College für Ärzte und Chirurgen der Columbia-Universität gelangte nach gründlicher Untersuchung beispielsweise zu dem Schluß, daß chronische Kopfschmerzen in vielen Fällen auf Spannung und Sorgen zurückzuführen sind.

Die Gesundheit kann also sehr wohl von der Lebenseinstellung eines Menschen abhängen, von seinen Gefühlen im Hinblick auf das, was er tut oder nicht tut, und von der Art seiner Reaktion auf andere Menschen. Wichtig für die Gesundheit ist, wie man mit schwierigen Situationen im beruflichen und häuslichen Leben fertig wird. Oft wird die Gesundheit durch schon in der Kindheit entstandene Gefühlshaltungen beeinträchtigt. Welcher Körperteil jeweils betroffen ist, das wird zumindest in gewissem Maße von der körperlichen Konstitution bestimmt. Manche Menschen beispielsweise leiden unter einer

Schwäche der Nasenschleimhaut oder der Nebenhöhlen, andere unter einer Schwäche des Verdauungstraktes, der Lunge, des Herzens oder des Blutkreislaufs.

Doch immer mehr Menschen machen die Erfahrung, daß sie, wenn sie bestimmte Leiden vermeiden oder von ihnen genesen wollen, ihre Einstellung und ihre Lebensweise ändern müssen. Sie entdecken die Heilkraft, die darin liegt, daß man sich wirklich selbst erkennt und sich dann im richtigen Verhältnis zum Universum sieht.

Dies tat ein Mann, der von seinem Hausarzt zu uns gesandt wurde, weil er sich buchstäblich zu Tode arbeitete. Er hatte vor kurzem einen Anfall von Koronarthrombose (eine Herzkrankheit, die auf der Liste psychosomatischer Leiden ganz oben steht) erlitten. Sein Arzt hatte ihm eröffnet, wenn er nicht ruhiger werde und weniger arbeite, seien seine Tage gezählt. Der Mann war erschrocken, eine tiefe Furcht hatte ihn gepackt. »Ich habe Angst, im bisherigen Tempo weiterzumachen«, erklärte er verzweifelt, »aber ich weiß nicht, wie ich ruhiger werden und weniger arbeiten soll! Der Arzt sagt, ich müsse aufhören oder ich bringe mich um, aber ich weiß nicht, wie ich es anstellen soll aufzuhören!«

Das Herzleiden des Mannes war eine Folge fast ununterbrochener nervöser Hochspannung. Um die Ursache dieser Spannung aufzudecken und es ihm zu ermöglichen, sich von ihr zu befreien, mußten wir seine Lebensgeschichte untersuchen und herausfinden, warum er derart rastlos arbeitete.

Er war ein echter Selfmademan und hatte seine beruflichen Erfolge durch harte Arbeit errungen. Der Sohn verarmter Farmersleute aus den Südstaaten hatte während seiner ganzen Kindheit seinem Vater auf den Feldern geholfen. Er hatte sich durch die Schule und das College gekämpft. Später hatte er eine eigene Firma gegründet und diese zu einem bedeutenden, blühenden Unternehmen ausgebaut. Er versuchte jedoch weiterhin, das Unternehmen allein zu leiten; es ärgerte ihn, wenn er von irgend jemandem Rat oder Hilfe annehmen mußte. Die Krise war dadurch beschleunigt worden, daß seine Direktoren einen von ihm ausgearbeiteten Expansionsplan abgelehnt hatten. In seinem Streßzustand war dies mehr, als er verkraften konnte. Dieser Umstand löste den Herzanfall aus.

Der Mann vernachlässigte seit langem seine Gesundheit. Aus Mangel an körperlicher Betätigung war er schwabbelig geworden. Er rauchte zuviel und trank täglich zehn bis zwölf Tassen Kaffee. Er lud sich ständig ein mörderisches Arbeitspensum auf und prahlte damit, daß er nie Urlaub machte. Obwohl er seine Frau gern hatte und ein schönes Haus besaß, vergönnte er sich nie, das Familienleben zu genießen.

Seine Arbeitswut und sein maßloser Ehrgeiz waren zu einem Bestandteil seines Charakters geworden. Arbeit und Ehrgeiz stellten für ihn die großen Lebensziele dar, und er hielt sie für höchst löblich, über jede Kritik erhaben. Wie so viele seinesgleichen hatte er längst aufgehört, sich zu fragen, was er wirklich vom Leben haben wollte.

Es war, als trage er eine stark gespannte Feder in sich, die ihn gnadenlos antrieb. Wie ein aufgezogenes Spielzeug drehte er sich immer weiter. Was aber zog diese »Feder« in ihm auf? Ganz einfach: Er sah seinen Vater als Vorbild an – als Rivalen, sollte man wohl eher sagen – und war, ohne sich dessen bewußt zu sein, finster entschlossen, es dem Vater nicht nur gleichzutun, sondern ihn zu übertreffen. Er hatte vergessen, daß sein Vater von blanker Armut zu harter Arbeit gezwungen worden war. Darum trieb er sich, obwohl es ihm finanziell ausgezeichnet ging, auch jetzt noch unerbittlich an, als nagte er am Hungertuch.

Im Zuge unserer Behandlung wurde ihm zu Bewußtsein gebracht, daß ihn ein kindlicher Ehrgeiz, ein von Rivalitätsdenken geschürter Konkurrenzdrang beherrschte, der in keinem Verhältnis zu seinen derzeitigen Lebensbedürfnissen stand. Dann erklärte ihm einer unserer Geistlichen, daß er seine Lebensweise grundlegend ändern müsse, wenn er das wiederholte Auftreten von Herzattacken, unter Umständen einen völligen Zusammenbruch, vermeiden wolle.

Zufällig war der Mann in seiner Jugend eine Zeitlang nebenberuflich Sozialhelfer gewesen. »Vielleicht wußten Sie damals mehr über das Leben als heute«, sagte der Geistliche zu ihm.

»Ich fürchte, ich hätte gar nicht weniger wissen können«, entgegnete der Mann trübselig.

»Sie hatten nicht soviel Geld wie jetzt, aber auch keine Koronarthrombose, nicht wahr! Vielleicht sollten Sie zu den Weggabelungen Ihres Lebens zurückkehren und schauen, was Sie dort verloren haben und aus welchen Gründen. Warum setzen Sie sich nicht hin und fragen sich in aller Ruhe, fern von den üblichen Ablenkungen, was Sie eigentlich zu erreichen versuchen?

Planen Sie jede Woche eine bestimmte Zeit für vollkommene Entspannung ein. Dies kann lebenswichtig für Sie sein, kann über Leben oder Tod entscheiden.«

Um dem Mann bei der Planung zu helfen, schilderte er ihm, wie ein Sonntag zum echten Ruhetag wird: »Sehen Sie zu, daß Sie in der Nacht zum Sonntag reichlich Schlaf bekommen. Gehen Sie am Sonntag morgen zur

Kirche. Kommen Sie nicht zu spät, sonst finden Sie keinen Platz mehr. Nur weil Sie in letzter Zeit nicht in die Kirche gegangen sind, dürfen Sie nicht glauben, daß andere es auch nicht tun. Setzen Sie sich hin und sagen Sie zu sich: ›Ich bin im Hause Gottes. Was bei mir nicht stimmt, rührt daher, daß ich lange nicht im Hause Gottes war. Ich versuchte um jeden Preis etwas aufzubauen, das ich ganz sicher einmal nicht mitnehmen kann. Ich habe dabei lediglich meine Gesundheit beeinträchtigt. Jetzt bin ich an der Stätte des Friedens.‹

Bleiben Sie still auf Ihrer Bank sitzen, und denken Sie über den Frieden Gottes nach. Regen Sie sich nicht zu sehr über Ihre Sünden auf. Bitten Sie Gott, Ihnen Ihre Ichbezogenheit und alle anderen Fehler oder Verfehlungen zu vergeben. Sagen Sie dem Herrn, daß Sie Reue darüber empfinden, und fragen Sie ihn, wie Sie sich in Ihrem Leben wertvoller erweisen können. Spielen Sie jedoch in dem Gespräch mit Gott das, was Sie getan haben, nicht herunter, weder das Schlechte noch das Gute.

Lassen Sie sich von den Lobgesängen anstecken; nehmen Sie das von ihnen ausgehende Gefühl des Glaubens und Vertrauens in sich auf. Bemerken Sie die Menschen in der Kirche, den Ausdruck echten Glücks in vielen Gesichtern. Und sagen Sie sich, daß Sie das gleiche Glück auch verspüren können. Versuchen Sie, der Predigt etwas für Sie Beglückendes abzugewinnen.

Gehen Sie dann ohne Eile nach Hause. Tun Sie am Sonntag nachmittag nichts Geschäftiges. Unterhalten Sie sich mit Ihrer Frau. Vergessen Sie Ihre Firma. Vergessen Sie die Schlagzeilen in Ihrer Sonntagszeitung. Es wäre gut, wenn Sie in der Bibel läsen; falls Ihnen dies für den Anfang zuviel ist, lesen Sie ein Gedicht. Suchen Sie sich das kürzeste heraus, das Sie finden, das kürzeste und einfachste. Lesen Sie es. Welchen Zweck dies hat, sagt Ihnen der folgende Vers:

Ach, lies mir doch rasch ein Gedichtchen vor,
Ein paar einfache, innige Zeilen,
Damit sich die Unrast in mir beruhigt
Und des Tages Gedanken enteilen …

Machen Sie einen kleinen Spaziergang und gehen Sie früh schlafen. Verzichten Sie auf die Mitternachtsnachrichten des Fernsehens oder des Radios.«

Der Geistliche lächelte und fragte: »Glauben Sie, daß Sie das schaffen?«

»Ich werde es probieren«, antwortete der Mann. »Es ist eines Versuches wert. Ich werde es ehrlich versuchen.«

»Tun Sie das«, sagte der Geistliche. »Lernen Sie, den einen von sieben Tagen ganz entspannt zu verbringen. Und behalten Sie das bei. Wenn Sie wieder zu Ihrem Hausarzt gehen, wird er Ihnen bestimmt sagen, daß Ihr Herz sich in besserem Zustand befindet und Ihr Blutdruck sich gesenkt hat.«

Einige Herzleiden, wie Koronarthrombose, sind sehr eng mit dem Gemütszustand verbunden. Wir wollen darum noch ein zweites, ähnliches Beispiel anführen, bei dem jedoch die Ursachen anders liegen.

Einen leistungsbesessenen Unternehmer, der hohen Blutdruck hatte, befielen plötzlich heftige Schmerzen in der Brust und im Arm. Ihm schwanden die Sinne, und als er wieder zu sich kam, lag er zwischen den kühlen Laken eines Krankenhausbettes. Im Halbdunkel des Raumes hörte er nichts als die leisen Schritte mehrerer Krankenschwestern.

Dieser Mann hatte einen riesigen Industriekonzern aufgebaut, weitgehend »mit eigenen Händen«, wie er gern sagte. Er war überzeugt, nur er könne alles richtig machen, und niemand außer ihm hätte je etwas ganz richtig gemacht. Er delegierte zwar dem Schein nach die einen und anderen Aufgaben, in Wirklichkeit aber tat er es nicht; denn er blieb immer auf dem Sprung, beobachtete, machte Vorschläge, kritisierte und korrigierte, damit die delegierten Aufgaben auch bestimmt gemäß seiner Vorstellung durchgeführt wurden. Ohne Zweifel hatte er sich mehr aufgeladen, als er oder irgend jemand anderer bewältigen konnte. Und jetzt, mit Sechsundvierzig, schien er am Ende seines Weges angelangt zu sein. Obwohl er ruhig zwischen den Laken lag, kochte es in ihm. Er redete ungehalten auf den zur Visite angekommenen Arzt ein: »Was soll aus der Firmengruppe werden? Wenn ich weg bin, wird sie vor die Hunde gehen. Sie gehört zur Schlüsselindustrie. Wenn sie zumacht, müssen auch andere Firmen schließen; Hunderte werden ihre Arbeitsplätze verlieren, Tausende, vielleicht Hunderttausende! Und wenn so was schon passieren mußte, warum ausgerechnet mir? Ich habe ein anständiges Leben geführt, ein beispielhaftes Leben. Das sage ich in aller Bescheidenheit.« Nach einer kurzen Pause fügte er hinzu: »Ein paar tausend Männer sind in unserer Stadt ganz sicher entbehrlicher als ich. Ich muß mich um den Betrieb kümmern, ich muß unbedingt wissen, was wird und werden soll!«

Der Arzt war ein geduldiger Mann; er reagierte auf diesen Ausbruch an Eitelkeit eher amüsiert als gereizt. Mit einiger Strenge in der Stimme sagte er: »Uns hier im Krankenhaus ist Ihr Betrieb ziemlich gleichgültig. Was uns Sorgen macht, ist Ihr eigener physischer Betrieb, Ihr Körper. Um den anderen Betrieb kümmern wir uns nicht, und Sie sollten ihn für eine Weile ebenfalls vergessen, sonst werden Sie nicht mehr lange in unserer Mitte sein.«

Nachdrücklich fügte er hinzu: »Sie sollten lieber Ihren Frieden mit Ihren allzu irdischen Wünschen machen und einige derselben aufgeben – oder gleich Harfe spielen lernen! Aber ich rate Ihnen eher, Ihren Frieden zu machen! Übrigens, Sie werden sogar auf den Luxus verzichten müssen, wütend auf mich zu sein, weil ich Ihnen das sage.«

Als der Arzt auf dem Krankenblatt sah, daß der Unternehmer angegeben hatte, zu unserer Pfarrei zu gehören, bat er uns, bei dem Patienten vorbeizuschauen – obwohl dieser überzeugt war, »niemandes Hilfe zu brauchen«.

Folgende Geschichte kam ans Licht: Der Unternehmer war das einzige Kind intelligenter, liebenswerter und liebevoller Eltern. Aus den äußeren Gegebenheiten hätte man folgern können, daß er eine geradezu ideale, glückliche Kindheit verlebt hatte. Doch er bekannte, wenn auch sehr zögernd, daß dies nicht der Fall gewesen war. Seine Mutter hatte von ihm erwartet, daß er in seiner Klasse immer der Beste sei, und sein Vater hatte ihn bereits zu Schulzeiten im Weißen Haus gesehen. Wenn er nun auf seine Kindheit zurückblickte, erkannte er, daß er eigentlich nie ein Kind gewesen war, sondern eine Art Symbol, etwas, das in die ordentliche, aber eintönige Welt seiner Eltern hätte Glanz bringen sollen.

»Zur Erläuterung nur zwei der Dinge, die für mein Leben charakteristisch waren: Jeden Morgen, wenn ich zur Schule aufbrach, kontrollierte meine Mutter in letzter Minute mein Taschentuch, um sicherzugehen, daß es blütenweiß war. Und jeden Abend, bevor ich ins Bett ging, hörte mein Vater mich ab, um sicherzugehen, daß ich meinen Schulkram einwandfrei beherrschte.«

Sogar die Dienstboten, ein älteres Ehepaar, kontrollierten und erzogen ihn. Das alles geschah gutgemeint im Namen der Liebe. Einerseits störte es den Jungen und quälte ihn, andererseits aber gab es ihm ein Gefühl der Wichtigkeit, das in keinem Verhältnis zur Wirklichkeit stand. So war er herangewachsen. Dann waren seine Eltern gestorben. Er hatte ein hübsches Mädchen geheiratet, das in seinem Leben kaum mehr als ein liebenswerter Schatten war. Das alte Dienerpaar führte ihm weiterhin den Haushalt.

Wir begannen nach dem Anlaß zu suchen, der unmittelbarer Auslöser des Herzanfalls gewesen war, und fanden zu einer sehr simplen Erklärung: Er hatte im Betrieb gehört, wie einer seiner Untergebenen etwas über ihn gesagt und ihn »den Alten« genannt hatte. Natürlich wußte er, daß dieser Ausdruck durchaus üblich für einen Firmenchef ist, doch für ihn hatte er einen vernichtenden Beiklang! Er hatte die Tür seines Büros zugemacht, Order gegeben, ihn nicht zu stören, und sich in eine regelrechte Rage hineingesteigert, denn er fühlte sich in seiner Jugendlichkeit und seiner Bedeutung für die Firma, ja für die ganze Welt zutiefst gekränkt. Als er zwei Stunden später aus dem Büro getreten war, hatte er befriedigt festgestellt, daß alle Köpfe tief über die Schreibtische gebeugt waren. Er hatte gedacht: »Ich werde denen zeigen, wer hier ›der Alte‹ ist! Und ich werde ihnen zeigen, ohne wen sie nicht zurechtkommen!« In diesem Augenblick hatten die Schmerzen eingesetzt, die ihn ins Krankenhaus brachten.

So, wie es aussah, hatten wir es hier mit einem Menschen zu tun, der, wenn überhaupt, nur langsam zur Einsicht kommen würde. Doch der Unternehmer war von zu scharfer Intelligenz, um sich weiter selbst zu belügen. Nicht lange, dann grinste er kläglich und sagte: »Na, denen habe ich es schön gezeigt, was? Und wenn der Tod es jetzt nicht mir zeigt, werde ich mich wohl bessern müssen.«

Bald darauf wußten wir, daß er den Kampf halb gewonnen hatte, denn er sagte fast heiter: »Ich glaube an Gott. Warum ist mir nie klargeworden, daß Gott mir diesen Betrieb nicht gegeben hat, damit ich herumstolziere und meine Wichtigkeit beweise? Was würde passieren, wenn ich meinen Direktoren wirkliche Macht gäbe und zuließe, daß sie sie auch ausüben? Ich meine nicht: Was würde im Betrieb passieren?! Das weiß ich, dort würde alles genauso funktionieren, wenn nicht besser. Ich meine vielmehr: Was würde mit mir passieren? Würde nicht auch bei mir alles besser ›funktionieren‹?«

Eines Tages begrüßte er den Psychotherapeuten mit einem Grinsen und sagte: »Herr Doktor, ich habe beschlossen, nicht Präsident der Vereinigten Staaten von Amerika zu werden, selbst wenn man mir den Posten anbieten sollte! Und Sie können dem Geistlichen sagen, daß ich die ganze Nacht hindurch versuchte, mich an den Vers zu erinnern, in dem es heißt, daß es besser sei, sich selbst zu besiegen, als ein Königreich zu besiegen.«

Mit dieser Fallgeschichte soll natürlich nicht gesagt werden, angestrengtes Arbeiten und Ehrgeiz seien gefährlich oder falsch. Viele Männer und Frauen arbeiten unter starkem Druck, leisten Ungeheures und bleiben gesund. Doch zu solcher Leistung sind sie nur fähig, weil ihr Leben ausgewogen ist und auf solider geistig-seelischer Basis steht. Sie wissen, wann und wie sie Pause machen und sich erholen müssen. Diese Menschen fordern sich aufs äußerste, aber nie über die Grenze ihres Leistungsvermögens hinaus.

Vor kurzem wurde uns von einem Arzt ein Diplomchemiker geschickt, der ein Magengeschwür hatte. Trotz seiner beruflichen Erfolge war der Mann, wie sein Verhalten zeigte, ein sehr abhängiger, unselbständiger und dazu griesgrämiger Mensch.

Immer wieder sagte er: »Sie müssen etwas für mich tun. Sie müssen sofort etwas tun.«

Der Psychotherapeut entgegnete ihm: »Sie stehen in ärztlicher Behandlung, und Ihr Arzt tut, was er kann, um Ihre Schmerzen zu lindern. Auch wir tun, was wir können, um Ihnen zu helfen. Sie müssen Geduld haben, müssen uns Zeit lassen.« Doch ihn hätte wohl nur ein Wunder zufriedengestellt. Seine beharrlichen, anklagend erhobenen Forderungen verwiesen klar auf eine infantile Persönlichkeit. Was seine Gefühlsreaktionen anbelangte, war der Mann noch ein Kind.

Seine ausgeprägte Abhängigkeit hatte, wie wir herausfanden, einen eindeutigen Ursprung. Als eines von sieben Kindern hatte er nie das Gefühl gehabt, von seiner Mutter genügend Zuneigung zu erhalten. Um die Angst zu vertreiben, nicht richtig geliebt zu werden, hatte er ihr ein Übermaß an Aufmerksamkeit abverlangt.

Wie häufig in solchen Fällen konzentrierten sich seine Angst und übermäßige Abhängigkeit auf das Essen. Den einzigen Beweis für wirkliche Liebe sah er darin, richtig und gut verköstigt zu werden. Darum heiratete er eine Frau, die gern und so ähnlich wie seine Mutter kochte. Mußte er verreisen, fühlte er sich immer sehr unbehaglich und war überzeugt, stets die falschen Speisen vorgesetzt zu bekommen.

Der Mann hatte die Abhängigkeit von der Mutter schlicht auf seine Frau übertragen. Er meinte tatsächlich, ohne ihre ständige Fürsorge nicht leben zu können. Doch auf diese Abhängigkeit – von der er dunkel spürte, daß sie ungesund war – reagierte er mit dem vehementen unbewußten Wunsch, vollkommen unabhängig von seiner

Frau und sämtlichen anderen Menschen zu sein. Deshalb lud er sich immer neue Arbeit und Verantwortung auf, bis er es körperlich nicht mehr schaffte. Der Konflikt zwischen seiner infantilen Abhängigkeit und seinem wirklichkeitsfremden, glühenden Ehrgeiz äußerte sich in Form von beklemmender Angst.

Bei Menschen, die übermäßig abhängig sind – ein zweifellos neurotischer Zustand – und die darüber hinaus eine neurotische Einstellung zum Essen haben, wirkt sich die Angst meist besonders nachteilig auf das Verdauungssystem aus. Infolge der Stimulierung bestimmter Nerven löst solche Angst einen übermäßigen Zustrom von Salzsäure in den Magen aus, und gleichzeitig verursacht sie eine heftige Muskelspannung. Diese und die überhöhte Säuresekretion wiederum verschlimmern die kleinste Verletzung der Magenschleimhaut und rufen so ein Geschwür hervor.

Der Diplomchemiker brauchte zur Heilung seines Leidens ärztliche Behandlung. Doch man konnte seine Genesung beschleunigen, indem man ihm half, sein Leben in vernünftigere Bahnen zu lenken. Um gesund zu werden und zu bleiben, mußte er sich aus der neurotischen Abhängigkeit von seiner Frau befreien und lernen, reifere Beziehungen zu ihr zu knüpfen.

»Sie können nicht erwarten, daß Ihre Mutter oder Ihre Frau ewig leben und ständig an Ihrer Seite sind«, sagte der Geistliche zu ihm. »Es ist nicht klug, in übergroße Abhängigkeit zu Fleisch und Blut zu geraten. Sie sollten auf Gott den Allmächtigen vertrauen, nicht auf die schwache menschliche Natur.«

Und er riet dem Mann, sich Gott als große Mutter vorzustellen, eine Idee, die ihn verblüffte, aber auch tröstete. Heißt es doch in der Bibel: »Ich will euch trösten, wie einen seine Mutter tröstet.« Und: »Sie werden weder hungern noch dürsten.« Von diesen Worten geht eine Geborgenheit aus wie von einer Mutter, die ihr Kind abends zu Bett bringt, es zudeckt, küßt und ihm leise zuflüstert: »Dir wird nichts geschehen. Hab keine Angst.«

»Unsere Mütter müssen uns eines Tages verlassen«, fügte der Geistliche hinzu, »aber Gott verläßt uns nie. Auf ihn können Sie bauen, von ihm können Sie abhängig sein. Er wird nie falsch zu Ihnen sein. Gott wird Sie nie enttäuschen.«

Er empfahl dem Mann, jeden Tag um die gleiche Zeit eine fünfzehnminütige Ruhepause einzulegen. In dieser Pause solle er sich, sagte er, durch nichts stören lassen und über Gott als große, gütige, wachsame Mutter meditieren. Außerdem solle er sich aus der Bibel möglichst viele Passagen heraussuchen, die von Gottes Schutz sprechen, und sie auswendig lernen. So könne er sich die Vorstellung von Gottes schützender Fürsorge zu eigen machen und seinem Unbewußten einverleiben.

»In dieser Ruhepause müssen Sie üben, nichts zu tun«, erklärte ihm der Geistliche. »Das ist eine schwere Aufgabe, aber Sie müssen die Kunst erlernen, sich geistig von jedem Gedanken an Ihre Probleme zu entleeren. Lassen Sie Ihr Büro, Ihre berufliche Arbeit und die Ärgernisse des Tages aus Ihrem Geist entschwinden und sagen Sie dann zu sich: ›Mein Geist füllt sich jetzt mit dem Frieden Gottes.‹

Erinnern Sie sich zurück, soweit Sie können, und vergegenwärtigen Sie sich alle angenehmen Begebenheiten Ihres Lebens. Verweilen Sie in Gedanken bei dem Angenehmen und lassen Sie alles andere ruhen, wirklich ruhen. Sind Sie je im Mondschein am Strand entlang gegangen und haben gesehen, wie die Wellen das Ufer bespülen? Wissen Sie noch, wie Ihre Mutter, wenn Sie unglücklich waren, Ihnen die Hand auf den Kopf legte? Gottes Friede enthält dies alles und noch viel mehr.«

Als der Chemiker begriff, daß seine Arbeitswut eine Verteidigung gegen seine Angst vor Abhängigkeit war, und als es ihm gelang, sich in die vertrauensvolle Abhängigkeit von Gott zu begeben, mußte er sich nicht mehr so grausam antreiben. Er verlor bald das Gefühl der Unsicherheit und entwickelte eine normale Fähigkeit, sich zu entspannen. So wurde es ihm möglich, den Weg zu Frieden und Gesundheit zu finden.

Vom Herz, diesem wichtigen Organ, können wir etwas sehr Wertvolles lernen. Das Herz schlägt von unserer Geburt bis zu unserem Tod in der Minute durchschnittlich zweiundsiebzig Mal. Und doch ruht es sich insgesamt acht Stunden täglich aus. Dieser scheinbare Widerspruch entsteht daraus, daß nicht das gesamte Herz ständig arbeitet. Zuerst arbeitet der obere Teil, dann der untere, und dann ruht das ganze Herz. Die Ruheperiode beträgt etwa ein Drittel der Zeit seines Funktionierens.

Als entspannt bezeichnen wir einen Menschen, der es versteht, entspannt zu arbeiten. Er ist nicht nur weniger hastig, sondern arbeitet auch lockerer, weniger angespannt. Henry Kaiser, der bekannte amerikanische Erfinder und Großindustrielle, zählte zweifellos zu den mächtigsten Wirtschaftsführern der Welt. Er wappnete sich gegen Ermüdung, indem er auch in den geschäftigsten, hektischsten Stunden des Tages eine entspannte Haltung bewahrte. Erhielt er beispielsweise einen wichtigen Telefonanruf, griff er gelassen nach dem Hörer und führte das Gespräch ganz ruhig, obwohl es sich um eine Angelegenheit von größter Bedeutung handelte. Er hob nie die Stimme und regte sich nie auf, sondern nahm die Dinge einfach, wie sie kamen. Henry Kaiser war die Verkörperung ruhiger Macht.

Billy Rose, der Wirbelwind in der amerikanischen Unterhaltungsbranche, kennt ebenfalls die Bedeutung einer Ruhepause, wenn er in Spannung zu geraten droht. Er läßt sich dann in einer Kutsche durch den Central Park fahren. »Wenn wir schließlich umkehren und der Kutscher mit dem Zylinder mich vor dem Plaza Hotel absetzt, ist in der Regel alles bestens, und ich fühle mich topfit, statt angeschlagen zu sein.«

Ein Freund erzählte uns von einem Erlebnis, das er bei einem Arbeitsessen mit einer Gruppe von Geschäftsleuten hatte. Er wandte sich an seinen Nebenmann und fragte, um Konversation zu machen: »Verzeihung, was tun denn Sie?«

Der Mann hatte ruhig gegessen, ohne sich am Gespräch zu beteiligen. Jetzt hob er den Kopf und antwortete gelassen: »Oh, ich arbeite in einem Stahlwerk.«

»Und was arbeiten Sie dort?«

»Ich mache Büroarbeit.«

»Sind Sie ein leitender Angestellter?«

»Ja, das kann man sagen. Ich bin Präsident des Unternehmens.« Er nannte den Namen seiner Firma, eines großen, bekannten Stahlwerks.

Die Neugier unseres Freundes wuchs. »Sagen Sie«, fragte er, »was waren Sie, bevor Sie Präsident wurden?«

»Ich fing in einem unserer Werke als Puddler an.«

»Sie sind ein prächtiges Beispiel für den erfolgreichen Amerikaner! Doch Ihr Erfolg scheint Sie selbst nicht sonderlich zu beeindrucken.«

»Wissen Sie«, erwiderte der Mann ruhig, »ich habe mich fast kaputtgearbeitet, um soweit zu kommen.«

»Was war Ihr erster Gedanke, als Sie Präsident wurden?«

»Mein erster Gedanke war«, antwortete er mit leisem Lächeln, »daß ich jetzt zum Angeln gehen könne, ohne jemanden um Erlaubnis fragen zu müssen.«

Dieser Mann, der berühmt war für seine ungeheure Arbeitsleistung, hatte aus harter Notwendigkeit gelernt, nicht um einen Posten zu kämpfen. Er wußte, daß man, wenn man von Zeit zu Zeit ausspannt, mehr erreicht und länger lebt.

Ein Meister der Entspannung war auch William Jennings Byran, der politische Vortragsreisen unternahm, die die meisten Menschen beinahe umgebracht hätten; seine Begleiter waren jeweils zu Tode erschöpft. Byran mußte häufig um drei oder vier Uhr früh umsteigen, er konnte nur selten seine Kleider ausziehen und in einem Bett schlafen, doch er besaß die Fähigkeit, sich im Zug hinzusetzen und sofort in so tiefen Schlaf zu sinken, daß ihn nichts stören konnte. Er nahm alles gelassen und überstand regelmäßig sein strapaziöses Programm, das ihn von Rede zu Rede hetzte, vollkommen unbeschadet.

Doch nicht nur seine Fähigkeit, unter selbst ungünstigsten Umständen zu schlafen, bewahrte ihn vor gesundheitlichem Schaden, sondern auch seine Gewißheit der Gegenwart Gottes. Sie ermöglichte ihm, sich zu entspannen und neue Kraft zu schöpfen, so daß er sein unglaublich anstrengendes Leben durchzustehen vermochte.

Auf einer bestimmten Bahnstrecke gibt es einen Schlafwagenschaffner, der viele von uns lehren könnte, wie man schädliche Spannung vermeidet. Eines Nachts wurde infolge irgendeines Fehlers an seinen Zug statt eines Pullmanwagens mit Einbettabteilen ein altmodischer

Schlafwagen mit nur zwölf Abteilen angehängt. Die erbosten Passagiere bedrängten den Schaffner mit ihren Forderungen nach den bestellten Abteilen, natürlicherweise vergebens. Geduldig brachte der Schaffner die Passagiere in den Quartieren unter, die ihm zur Verfügung standen.

»Das war ein Abend für Sie, was!« sagte später einer der Fahrgäste zu ihm. »Die haben Ihnen ganz schöne Dinge an den Kopf geworfen. Aber Sie scheint das nicht berührt zu haben. Was für ein Geheimnis besitzen Sie, daß Sie so ruhig bleiben?«

»Mein Geheimnis ist ganz einfach«, antwortete der Schaffner. »Ich tue mein Bestes und lasse es dabei bewenden! Der Mann, der mich für diese Aufgabe schulte, gab mir drei Regeln mit auf den Weg. ›Erstens‹, sagte er, ›arbeiten Sie hart; zweitens, seien Sie höflich; drittens, und das ist das Wichtigste, vertrauen Sie auf Gott.‹ Mit Gottes Hilfe gelingt es mir, sogar in den schwierigsten Situationen Ruhe zu bewahren.«

Die meisten Menschen wissen mittlerweile, daß sie, um gesund zu bleiben, eine ausgewogene Kost brauchen; sie essen vitaminbewußt und geben ihrem Körper die Vielfalt an Nahrungsmitteln, die er benötigt. Weit weniger bewußt ist ihnen jedoch, daß sie für ihr Wohlbefinden auch eine ausgewogene Vielfalt an Aktivitäten brauchen, die den Bedürfnissen ihres Gefühlslebens entgegenkommen und die nötigen Ventile eröffnen.

Ein abgerundetes Programm von Arbeit, Unterhaltung und Erholung ist für das Gesamtbild unserer Gesundheit von gleicher Bedeutung wie die ausgeglichene Aufnahme von Fetten, Proteinen und Kohlehydraten. Der Mensch muß natürlich arbeiten, um zu leben. Doch er braucht auch Erholung in irgendeiner Form: Sport, Lesen, Theater- oder Kinobesuche, Spaziergänge, etwas, das ihm Freude bereitet und seine Gedanken von seinen Pflichten ablenkt. Die Ausschließlichkeit von Arbeit, ohne Unterhaltung, ohne Spiel, ohne Erholung, macht den Menschen nicht nur unlustig, sondern mit ziemlicher Wahrscheinlichkeit auch krank. Größte Bedeutung kommt jedoch der emotionalen Atmosphäre zu, in der man sich befindet, während man arbeitet oder sich erholt. Selbstverständlich kann ein Mensch nicht gedeihen, wenn seine Welt von Ärger und Haß erfüllt ist. Aber genausowenig – und dies ist eine gewichtige Erkenntnis – gedeiht man in einer gewissermaßen neutralen Welt, in der es weder Haß noch Liebe gibt. Es genügt einfach nicht, niemanden zu hassen; wir brauchen etwas Positiveres.

Eine der grundlegenden Lehren der Psychologie besagt, daß wir lieben müssen oder krank werden. Der Mensch benötigt Liebe und Wärme, das beglückende Geben und Nehmen echter Freundschaft. Wenn, wie wir wissen, Vitaminmangel in Extremfällen zu Krankheiten wie Skorbut oder Pellagra führt, ist jemand, der sich ein richtiges Maß an Gefühlsäußerungen verweigert, anfällig für eine Art »psychischen Skorbut«, wie man sagen könnte. Ganz bestimmt wird er ein Opfer chronischer Müdigkeit, einer körperlichen und geistig-seelischen Erschöpfung, die auch durch noch soviel Ausruhen nicht gelindert wird.

Ein interessanter Fall in dieser Hinsicht ist Joan, eine junge Lehrerin, die als Halbinvalide bei uns erschien. Sie war ständig sterbensmüde. Ihren Unterricht konnte sie zwar halten, doch wenn sie nachmittags nach Hause kam, legte sie sich ins Bett und blieb bis zum nächsten Morgen liegen. Ihr Hausarzt untersuchte sie, fand jedoch keine organischen Schäden. Auf seinen Rat hin nahm sie ein halbes Jahr Urlaub; doch als sie wieder zu unterrichten begann, war sie sogar noch erschöpfter als zuvor.

»Sie müssen mir helfen«, bat sie verzweifelt. »Ich halte es nicht mehr aus, mich ständig so abgeschlagen zu fühlen.«

Nach einiger Zeit wurde sie ruhig genug, um ihr Leben zu schildern. Sie hatte zwei ältere Schwestern, die beide ausnehmend schön waren. Als Kind und junges Mädchen schüchterte das gute Aussehen der beiden sie sehr ein. Sie fühlte sich außerstande, mit ihnen zu konkurrieren, also gab sie es auf. Es war, als hätte sie eines Tages die beiden angeschaut und zu sich gesagt: »Die sind einfach zuviel für mich. Sollen sie doch die Verehrer, die Verabredungen und das übrige haben. Weil ich aber mindestens so intelligent bin wie sie, werde ich mich auf anderes konzentrieren.« Sie steckte die Nase in ihre Bücher und ließ sie jahrelang drin. In der Schule und auch später am College hatte sie ausgezeichnete Noten, doch keine Freunde.

Unbewußt vertiefte sich ihr frühkindliches Minderwertigkeitsgefühl gegenüber den Schwestern zu der Überzeugung, es habe keinen Sinn, irgendwelche dauerhaften gesellschaftlichen Beziehungen zu knüpfen. Sie unterdrückte ihr natürliches Bedürfnis nach Zuneigung und Freundschaft von seiten der Frauen wie der Männer. Ihr Leben war leer.

Sie wurde schließlich Lehrerin, machte ihren Magister der freien Künste und dann den Doktor der Philosophie. Das Studium und der Unterricht waren für sie die einzigen Möglichkeiten, sich zu bestätigen.

Doch geistige Beschäftigung genügt nicht.

Nachdem der Berater ihr Vertrauen gewonnen hatte, sagte er: »Kein Mensch kann ein Programm durchhalten, das nur aus Arbeit besteht. Sie können nicht Freunde,

Liebe, Unterhaltung und Spiel aus Ihrem Leben ausschließen, ohne zu leiden. Bei einem solchen Ausschluß entsteht nicht etwa ein Vakuum, sondern Angst!« Intensive Angst verbrennt sehr viel Energie. Es kommt zu einer psychischen Wirkung ähnlich der, die auf der körperlichen Ebene durch Zittern hervorgerufen wird; Zittern verbraucht in fünf Minuten genausoviel Energie wie die körperliche Arbeit mehrerer Stunden. Joan war als Folge einer gefühlsmäßigen Aushungerung ständig müde und erschöpft.

Sie bedurfte dringend der Entspannung und der Neubelebung jener Teile ihrer Persönlichkeit, die infolge langer Vernachlässigung verkümmert waren.

Der Berater forderte Joan auf, als ersten Schritt in dieser Richtung ihre Schwestern vorübergehend zu vergessen und sich mehrmals täglich im Spiegel zu betrachten, damit sie sehe, daß sie eine sehr attraktive junge Frau sei. Er empfahl ihr, mit Verstand alles zu nutzen, was sie noch attraktiver machen könnte: ansprechendere, fröhlichere Kleider, eine Frisur, die ihr besser stand, Lippenstift und dergleichen mehr.

Sie nahm bald ein echtes Interesse daran, ihr Aussehen zu verbessern und auf diese Art Selbstvertrauen zu gewinnen. Nach einiger Zeit wurde sie zu gesellschaftlichen Veranstaltungen der Kirche eingeladen. Es wurde dafür Sorge getragen, daß sie in einen Kreis verständnisvoller junger Menschen kam. Bald entdeckte sie in sich die unvermutete Fähigkeit zu Freundschaft und sogar Fröhlichkeit. Das Interesse, das junge Leute an ihr nahmen, erweckte in ihr eine für sie völlig neue Lebensfreude. Zum erstenmal machte es sie glücklich, mit anderen Menschen beisammen zu sein. Und weil man ihr dies anmerkte, wurde sie immer beliebter.

Der letzte Schritt in diesem Entspannungsprozeß stellte ihre geistige Neubelebung dar. Sie lernte von dem Geistlichen, sich in Gottes Hände zu begeben und zu glauben, daß Gott sie mit Frieden und immenser Kraft erfüllt.

Mit Joan ging eine echte Verwandlung vor. Sie hatte nach diesem Zustrom belebender göttlicher Energie gehungert und nahm ihn fast so begierig auf wie trockener Boden den Regen. Bald begann sie regelrecht zu strahlen! In ihr glühte das, was zum Beispiel die Quäker sehr zu Recht als »inneres Licht« bezeichnen und was als Schönheit und Glanz nach außen dringt. Wegen ihrer Schwestern brauchte sie sich nie mehr Sorgen zu machen, denn sie hatte ihren höchstpersönlichen, unübertrefflichen Charme – von innen kommenden, echten Charme seelisch-geistiger Strahlkraft. Eines Tages erklärte sie uns voll Freude: »Sie sagen, daß ich wie ein neuer Mensch ausschaue – nun, ich fühle mich auch so!«

Joans Geschichte bestätigt, daß ein vernünftiges Gleichgewicht von Arbeit, Unterhaltung und Erholung in der Geborgenheit, die Freundschaft und Liebe sowie die Aufnahme göttlicher Energie verschaffen, wichtige Komponenten eines befriedigenden und sinnvollen Lebens sind. Ihnen entströmt geistig-seelische und körperliche Gesundheit. Ohne sie ist der Krankheit Tür und Tor geöffnet.

Sogar die größten Skeptiker wissen, daß der Glaube an etwas, das sich außerhalb des eigenen Selbst befindet – wie immer man es nennen mag –, lebensnotwendig ist. Denn stirbt in einem Menschen erst einmal der Glaube, beginnt er ichbezogen von seinen eigenen Reserven zu leben. Die Welt ist jedoch zu groß und wartet mit zu vielen Problemen auf, als daß ein Mensch ganz allein, aus eigener

Kraft, mit allen Problemen fertig würde. Seine Kraft reicht dafür einfach nicht aus.

Der Mensch denkt vielleicht, ohne Gottes Hilfe zurechtzukommen, doch dann holt ihn plötzlich das Leben ein; Sorgen und Enttäuschungen stellen an seinen Geist und seinen Körper Anforderungen, denen er nicht gerecht werden kann.

Sicherheit und Frieden existieren nur wirklich, wenn sie tief verwurzelt sind. Ein Leben ist nur erfolgreich, wenn es auf Glauben aufgebaut ist. Nur im Einklang mit Gott, der in uns ist, dürfen wir hoffen, ein erfülltes Leben zu führen.

Es gibt einige einfache Regeln, die man einhalten sollte, um seine Chancen auf psychische und physische Gesundheit zu steigern. Sie beruhen auf den gemeinsamen Erfahrungen verantwortungsbewußter Seelenärzte und Seelsorger und halfen schon vielen Menschen, auch unter großem Druck gesund und glücklich zu bleiben:

1. Sorgen Sie für ein Gleichgewicht zwischen Arbeit, Unterhaltung und Erholung beziehungsweise Ruhe.
2. Versuchen Sie sich selbst richtig einzuschätzen, damit Ihre Anforderungen nicht Ihre Kräfte übersteigen.
3. Stecken Sie sich Ziele und arbeiten Sie dann wirklich darauf hin, sie zu erreichen.
4. Legen Sie Ihre ganze Energie in Ihre Bemühungen und überlassen Sie alles übrige Gott.

Wenn Sie dies tun, ist kein Druck so groß, als daß Sie ihm nicht standhalten könnten. Wenn Sie dies tun, werden Sie feststellen, daß das Leben zu Ihnen strömt und nicht von Ihnen weg, daß Ihr Leben auf Gesundheit, Kraft und ein Ende jeder Beunruhigung ausgerichtet ist.

Kapitel 6

Die Befreiung von Angst und Depression

Angst und Depression sind Erzfeinde des Glücks. Depression kann man als ein Gefühl der Sinnlosigkeit und Hoffnungslosigkeit beschreiben, Angst als verzehrenden, chronisch gewordenen Zustand der Furcht. Erstaunlich viele Menschen leiden unter Angst und Depressionen: mit diesen beiden Leiden haben wir weitaus am häufigsten zu tun.

Ein angstvoller, depressiver Mensch ist immer traurig; er beginnt jeden Tag voll Furcht vor den Pflichten und Erlebnissen, die ihn erwarten. Für ihn ist das Leben öde, leer, nutzlos!

Viele depressive Menschen sind jung, intelligent und wären durchaus echter Leistungen fähig. Doch anstatt voll Vertrauen und Begeisterung vorwärtszugehen, vegetieren sie dahin als Opfer ihrer Stimmungen, die von Gereiztheit oder milder Langeweile bis zu heftiger Erregung und Wut oder auch echter Melancholie reichen. Sie neigen dazu, ihre Probleme auf äußere Umstände in ihrem Leben zurückzuführen, während in Wirklichkeit der Grund für die depressive Gemütsverfassung, die jede Heiterkeit zerstört, nicht in der Außenwelt zu suchen, sondern in der Innenwelt des Unbewußten begründet ist. Es handelt sich um echte Geistes- und Gemütskrankheiten, die aus inneren Konflikten entstehen und in die sich das Opfer zumeist wegen tatsächlicher oder eingebildeter Verfehlungen stürzt.

Ein Arzt, der in einem Lazarett Visite machte, blieb am Bett eines verwundeten jungen Leutnants stehen. Der Mann starrte apathisch, mit ausdruckslosem Gesicht an die Wand. Die Manschette seines linken Schlafanzugsärmels war hochgesteckt, denn man hatte ihm die Hand über dem Gelenk amputiert.

»Herr Leutnant«, sagte der Arzt ruhig, »möchten Sie mir erzählen, wie Sie Ihre Hand verloren haben?«

Der Leutnant schwieg lange. Dann antwortete er, ohne die Augen zu heben, mit leiser, bitterer Stimme »Weil ich ein dreckiger, nichtsnutziger Feigling war. Ich habe eine Handgranate aufgehoben und mir die Hand abgesprengt, um nach Hause zu kommen.«

Phantasie eines kranken Geistes! Tatsächlich war die Handgranate neben ihm und sechs weiteren Männern gelandet; er hatte sie aufgehoben, um sie zum Feind zurückzuwerfen, und sie war in seiner Hand explodiert. In Wahrheit hatte er sich für seine Kameraden geopfert, doch er verdrehte die Bedeutung seines Handelns. Er fühlte sich gezwungen, die nicht ganz freiwillige Heldentat im Lichte schärfster Selbstkritik zu sehen. Natürlich kamen diese Vorwürfe an die eigene Adresse nicht »von nichts«. Aber sie beruhten nicht auf Tatsachen, sondern auf Angst.

Der junge Mann hatte immer gefürchtet, feige zu sein, und in dem Sekundenbruchteil, bevor die Handgranate explodierte, hatte er gedacht: »Wenn ich jetzt die Hand verliere, kann ich heim.« Alle seine Kameraden hatten bezeugt, daß er keine Zeit mehr gehabt hatte, die Handgranate zu werfen; Aufheben und Explosion waren praktisch gleichzeitig erfolgt. Doch weil er diesen Gedanken gehabt und dann tatsächlich die Hand verloren hatte, bildete er sich ein, es absichtlich getan zu haben.

Hier lag ein Extremfall tiefster Depression vor. In milderer Form findet man diesen krankhaften Zustand bei vielen Menschen. Die wirkliche Ursache von Depression oder Angst ist gewöhnlich dem Bewußtsein vollständig entzogen. Sie läßt sich nur sehr mühsam freilegen, weil sie oft an eine Situation gebunden ist, die scheinbar einen berechtigten Grund zu Deprimiertheit liefert.

Charakteristisch für Depressionen sind meist Selbstkritik und ein Gefühl tiefer Trauer und Hoffnungslosigkeit; dazu kann ausgeprägte Angst kommen. Eine andere Form dieses quälenden Leidens ist ein generelles Gefühl der Beängstigung, für die es keinen bestimmten Anlaß gibt. Sie ist einfach da. Ein Mensch erwacht am Morgen mit, sagen wir, dem dunklen Gefühl einer ungreifbaren Bedrohung, das er dann bestätigt sehen muß. Also läuft er umher, bis er etwas Geeignetes findet – vielleicht ist seine Stellung in Gefahr, vielleicht seine Gesundheit oder die Welt schlechthin.

Angst dieser Art tritt in vielen Formen auf. Jemand fürchtet, einen Herzanfall zu erleiden. Oder er ist überzeugt, daß es eine Konjunkturkrise geben wird, daß er seine Stellung verliert, daß die Regierung ihn durch hohe Steuern um sein Geschäft bringt, daß seine Kinder krank werden … Menschen, die sich übermäßige Sorgen machen, neigen typischerweise auch dazu, unpraktisch und unfähig zu sein, die Umstände zu beseitigen, deretwegen sie sich Sorgen machen.

Es gibt natürlich Menschen, die ihre Angst in eine bestimmte Richtung lenken, die beispielsweise fürchten, von Trinkgläsern eine Infektion zu bekommen. In ihrem Wahn entwickeln Menschen mit solcher zielgerichteter Angst oft regelrechte Rituale, um sich gegen eingebildete Gefahren zu wehren. Sie waschen sich dutzendmal am Tag die Hände; oder sie fühlen sich gezwungen, ihre Kleider in einer bestimmten festen Reihenfolge auszuziehen; oder sie räumen ihren Schreibtisch immer in genau der gleichen Weise auf; oder sie vermeiden es, auf die Risse im Teerbelag des Gehsteigs zu treten. Meist suchen diese Menschen irgendwann ärztliche Hilfe.

Wir sprechen hier jedoch von den weniger klar erkennbaren Fällen, in denen jemand die Ursache seiner Angst in der gegenständlichen Alltagswelt vermutet, während ihn in Wirklichkeit irgendein verdrängter Konflikt beunruhigt. Er projiziert Emotionen, die durch innere Konflikte ausgelöst werden, auf die Außenwelt.

Ein Beispiel hierfür ist der Vizepräsident eines Industrieunternehmens, der für seine Konzerngruppe, aber auch für sich persönlich große materielle Erfolge erzielt hatte, trotzdem aber überaus besorgt war im Hinblick auf die Zukunft. Er besaß alles, was er sich wünschte, nur nicht Zufriedenheit.

Als er zu uns kam, konzentrierte sich seine Angst darauf, daß er einen Streit zwischen der Unternehmensleitung und einer großen Gewerkschaft beilegen sollte. Er war überzeugt, die Sache würde schlecht ausgehen, was immer er tue. Die anderen leitenden Angestellten sagten ihm, er solle aufhören, sich zu quälen, und losverhandeln; in einem Tag sei alles erledigt. Sie hielten es für sicher, daß er die Verhandlungen zu einem erfolgreichen Abschluß bringen würde.

Doch die Tatsache, daß seine Mitarbeiter seine Zweifel und Ängste nicht teilten, bedeutete keinen Trost für ihn.

Im Gegenteil: Dies schien seine Ängste noch zu vertiefen. Er war angespannt und gereizt, vertrug das Essen nicht mehr und fühlte sich bald so unglücklich, daß er, wie er sagte, am liebsten »von einer Brücke gesprungen wäre«. Auf den scherzhaft gemeinten Rat eines Kollegen kam er zu uns.

Nachdem er einem unserer Psychotherapeuten die Situation erklärt hatte, fragte er: »Nun, finden Sie nicht, daß meine Ängste berechtigt sind? Wenn nicht, warum bin ich dann so durcheinander?«

Die Antwort auf diese Frage lag nicht in der gegenwärtigen Situation des Mannes, sondern in seiner Vergangenheit. Im Gespräch mit ihm stellte sich bald heraus, daß der Vater des Mannes ein verantwortungsloser Mensch gewesen war, der gar nicht versucht hatte, Geld zu verdienen, und sich nur selten zu Hause hatte blicken lassen. Seine Mutter hatte für den Unterhalt der Familie arbeiten müssen und nur sehr wenig Zeit für ihren Sohn gehabt. Also hatte er weder vom Vater noch von der Mutter viel Liebe empfangen, obwohl die Mutter ihn zweifellos liebte.

Er sagte: »Ich erinnere mich sehr gut an das eine Mal in meiner ganzen Kindheit, da mir meine Mutter ihre Zuneigung wirklich zeigte. Ich war etwa zehn Jahre alt und weinte. Meine Mutter kam zu mir, legte die Arme um mich und zog mich fest an sich. Dieses eine Mal! Nur dieses eine Mal!«

Das Problem des Mannes war nicht die bevorstehende Verhandlung. Seinem Unbewußten – dort behalten vergangene Erinnerungen, insbesondere gefühlsbesetzte, ihre ursprüngliche Intensität – erschienen die Gewerkschaftsbosse als lieblose, unfreundliche Eltern, die keine Sympathie für ihn empfanden. Er hatte Angst, von ihnen nicht akzeptiert zu werden. Im Grunde war seine Angst die eines kleinen Kindes, das sich von seinen Eltern zurückgestoßen fühlt, das darauf zuerst mit Ärger und Wut auf sie, dann mit Entsetzen über seine Wut reagiert.

Was der Mann für eine schwierige, alarmierende Situation hielt, wäre einem besser angepaßten Menschen als reine Alltagsangelegenheit erschienen. Dieser Mann aber erweckte in seinem Erwachsenendasein eine alte Kindheitstragödie immer wieder zum Leben und vermochte gegenüber seinen augenblicklichen Problemen keine unvoreingenommene Haltung einzunehmen, weil er als Folge eines in der Kindheit erzeugten Konflikts, der bei Liebes- und Haßgefühlen angesiedelt war, verdrehte Ansichten hatte. Sobald er im Umgang mit Menschen Enttäuschungen erlebte, wurden der alte Konflikt und damit auch die alte Angst- und Wutreaktion automatisch wieder lebendig.

Bei solchen deprimierten, ängstlichen Menschen scheint immer ein Gefühl der Entbehrung im Spiel zu sein. Es ist, als befänden sich die Deprimierten oder Überängstlichen ständig in einem Zustand der Trauer wegen irgend etwas Kostbarem, das unwiederbringlich verloren ist.

Was bewirkt eine todtraurige Gemütsverfassung, ein abgründiges Unglücklichsein? Es kann – und wird oft – durch den Verlust eines Ideals verursacht werden oder durch die Unmöglichkeit, einen Jugendtraum zu verwirklichen. In der Kindheit erscheint dem Menschen die Welt voller lockender Versprechungen und voll Sicherheit; für den Erwachsenen sieht dann alles ganz anders aus! Vielleicht hat er ein Ziel, das er zu erreichen versucht, um das er kämpft, bis er den Mut verliert, weil es immer wieder in weite Ferne rückt. Weil er die Hoffnung verliert, seine

Träume verwirklichen zu können, beginnt ihn Niedergeschlagenheit zu erfassen. Oder sein Gemütszustand rührt daher, daß er die Liebe eines Menschen, ohne den ihm das Leben unerträglich scheint, verloren hat.

Eines Tages kam ein Unternehmer zu uns, für den das Leben so sinnlos geworden war, daß es ihn nicht mehr kümmerte, ob er lebe oder sterbe. Er hatte die üblichen Depressionssymptome: Gelangweiltheit, Lustlosigkeit und das Gefühl, überflüssig zu sein. Dazu gesellte sich Interesselosigkeit auf allen Gebieten. Seine Freunde brächten ihm keine Ablenkung, sagte er. Sein Beruf sei ein Job, sonst nichts. Anderen gegenüber war er zynisch und sehr hart; seine Haltung könnte man, salopp gesagt, so charakterisieren: »Gib einem Neuling nie eine faire Chance!« In geschäftlichen Dingen handelte er rücksichtslos und ging so weit, wie es die Grenzen der Anständigkeit gerade noch erlaubten. Seiner Frau und seinen Kindern gegenüber zeigte er sich gleichgültig. Er glaubte, niemanden zu lieben, und fühlte sich von niemandem geliebt.

Ein Mensch ohne Liebe wird unsicher, und sein Lebenswillen schwindet. Der Mann hatte den Eindruck, über seinem Leben liege ein Grauschleier. Dies ist charakteristisch für die verbreitetste Form leichter, aber hartnäckiger Depression. Der Mann war wie ein müder alter Schauspieler, der lust- und mutlos seine Rolle abspielt.

Vor einiger Zeit hatte er auf den Rat seines Arztes eine dreimonatige Ruhekur in einer Klinik gemacht, sich danach jedoch nicht besser gefühlt. Dann war er nach Florida gereist, war viel geschwommen, fischen gegangen und allein in seinem Wagen umhergefahren. Auch das hatte ihm nicht gutgetan. Daraufhin hatte ihn sein Arzt zu uns geschickt.

Es ergab sich der folgende Dialog: »Sie leben doch auf dem Land, was fangen Sie mit Ihrer Freizeit an? Arbeiten Sie im Garten, oder spielen Sie vielleicht Golf?«

»Oh, ich golfe ab und zu ein bißchen. Führe einfach die nötigen Bewegungen aus.«

»Hobbys, Interessen?«

»Nein, mir liegt wirklich an nichts etwas.«

»Ihr Betrieb?«

»Reine Routine. Ich weiß, was erforderlich ist, damit er floriert. Offen gesagt, es ist mir ziemlich egal, ob ich Geld verdiene oder verliere.«

»Sind Sie religiös?«

»Nein. Die Religion läßt mich kalt! Ich bin früher in die Sonntagsschule und in die Kirche gegangen, aber das gab mir nichts. Anderen mag es etwas geben, mir nicht.«

Seine Kindheitsgeschichte war in bestimmten wichtigen Punkten leider allzu typisch: Vollwaise mit sechs Jahren, aufgezogen von einer Tante, die pflichtbewußt, aber streng und lieblos zu ihm gewesen war. Sie hatte ihn zur Schule geschickt und ihm an materiellen Dingen gegeben, was er brauchte. Doch nie hatte er von ihr jene warme, liebevolle Fürsorge empfangen, die das Herz eines Kindes erfreut und stärkt.

Kein Wunder, daß seit frühester Jugend sein Wahlspruch lautete: »Jeder für sich, und den letzten sollen die Hunde beißen.« Dieses Motto hatte sein ganzes Leben beherrscht – und zerstört.

Sein Problem und dessen Lösung lassen sich in drei Punkten kurz zusammenfassen. Erstens: Der Hauptgrund für seine Depression war ein in der Kindheit erlittener Mangel an Liebe. Zweitens: Von anderen empfängt man nur Liebe, wenn man ihnen Liebe gibt. Drittens: Da er nie gelernt hatte, andere Menschen zu lieben, mußte man ihm helfen, es jetzt zu lernen.

Wir wußten, daß es sinnlos war, ihm zu erklären, er müsse die Menschen lieben lernen. Man mußte ihn vielmehr dazu anleiten. Wir sagten ihm, er solle als erstes herauszufinden versuchen, wie andere Menschen überhaupt sind, und mit dem Entschluß beginnen: »Ich lerne meine Frau Anna verstehen, und ich lerne meine Kinder John und Susanne verstehen.« Um ihm die Verwirklichung zu erleichtern, empfahlen wir ihm, mit diesen drei Menschen, auch wenn er sich dazu zwingen mußte, Dinge zu unternehmen, die ihnen Freude bereiteten. Außerdem sollte er alle guten Eigenschaften und erfreulichen Züge, die er an ihnen entdeckte, auf ein Blatt Papier schreiben. Diese Liste sollte er ständig bei sich tragen, immer wieder lesen und laufend ergänzen. Sobald er sich über sich selbst zu ärgern begann, sollte er die Liste herausziehen und über die vermerkten Pluspunkte nachdenken statt über seine eigene Person.

Er gab zu, seine Mitarbeiter ziemlich hart anzufassen. Darum forderten wir ihn auf, sich ihnen gegenüber um eine wärmere, menschlichere Haltung zu bemühen und sich vorzustellen, er steckte in ihrer Haut. Das sollte er tun, bis die Zahl derer, an denen er ein deutliches persönliches Interesse nahm, größer würde. Um sein Interesse zu fördern, rieten wir ihm, die Namen aller leitenden Angestellten seines Betriebes aufzuschreiben und unter jedem Namen sämtliche Fakten zu notieren, die er ermitteln konnte: Wie viele Kinder hatte der Betreffende? Wo wohnte er? Besaß er ein eigenes Haus? Was tat oder mochte er gern und was nicht? Welche Hobbys hatte er? Damit sollte er so lange fortfahren, bis er die Herren nicht mehr als bloße Schreibtischfiguren sah, sondern als Menschen mit charakteristischen menschlichen Zügen und Eigenschaften.

Wie sich bald zeigte, wurde dies für ihn zu einer fesselnden Beschäftigung. Er war ein intelligenter Mann, und um seine Studie zu vervollkommnen, beschloß er, die Herren zu Hause zu besuchen, ganz zwanglos, als Freund. Er trug immer mehr Fakten über sie zusammen, schrieb diese ordentlich in ein Notizbuch und studierte die Lebensgeschichten der Männer, wenn er morgens mit der U-Bahn ins Stadtzentrum fuhr. Er las die Namen, stellte sich die Gesichter der Männer vor, sann über sie nach.

Eines Tages ertappte er sich dabei, daß er dachte: »Bill ist ein großartiger Bursche. Einfach wunderbar, wie er seinen kleinen Jungen liebt. Die Geschichte von dem Boot, das er für ihn baut, hat mich wirklich gerührt.«

An diesem Tag, so erzählte er uns, erkannte er schlagartig, daß er über dem Berg war. Bald wurde ihm seine neue Denkweise zur Gewohnheit. Eines Tages rief er voll Begeisterung aus: »Wo war ich bloß mein ganzes Leben lang? Wo war ich bloß? Ich habe mir eingebildet, die Menschen seien langweilige, aufgeblasene Nullen. Welcher Irrtum! Sie sind interessant! Sie sind wunderbar!« Er hatte seinen depressiven Zustand halbwegs schon überwunden – durch das Verständnis für andere.

Vollends zur Besinnung brachten ihn die Worte eines Bekannten, der zu ihm sagte: »Sie können sich glücklich schätzen! Ich bin zeitlebens Junggeselle gewesen. Es muß wunderbar sein, eine Frau und Kinder zu haben, die einen so voller Liebe ansehen!«

Der nächste Schritt in seiner Behandlung war besonders wichtig. Menschen, die an Depressionen leiden, müssen unbedingt ihr Gefühl, überflüssig zu sein, durch das starke, positive Empfinden ersetzen, zu etwas Größerem, als sie selbst sind, zu gehören, von der Gesellschaft in einer ganz bestimmten Weise gebraucht zu werden. Vor allem aber muß man ihnen bewußtmachen, daß sie unter dem Schutz und im Dienst Gottes auf dieser Erde sind, um sich nützlich zu erweisen und so sich selbst und andere zu erfreuen.

Der beste Weg, jemandem einen Gedanken nahezubringen, besteht darin, ihn aufzufordern, diesen Gedanken anderen Menschen nahezubringen. Darum ersuchten wir den Unternehmer, unserer Hilfsorganisation zur Betreuung betagter Männer beizutreten. Wir sagten zu ihm: »Viele Männer sind scheu und unsicher, haben Angst, sich zu entspannen. Oft wirken sie uninteressiert, teilnahmslos. Sie versuchen aber nur, ihre Schüchternheit zu verbergen. Wir möchten, daß Sie uns helfen, diesen Männern zu helfen. Treten Sie dem Verein bei und übernehmen Sie die Rolle des ›Sprechers‹.«

»Ich? Als Sprecher?« Er war verblüfft, doch irgendwie freute ihn der Vorschlag.

»Halten Sie bei den Zusammenkünften nach schüchternen Männern Ausschau«, fuhren wir fort. »Suchen Sie sich die Schüchternen heraus. Gewöhnlich erkennt man sie an dem Zögern, mit dem sie sich einer Gruppe nähern. Widmen Sie sich einem dieser Männer, demjenigen, der am schüchternsten aussieht. Ergründen Sie, was ihn interessiert. Locken Sie ihn aus seiner Reserve.«

Anfangs war dies ein Spiel für ihn, wegen seiner eigenen zurückhaltenden Art jedoch kein leichtes. Trotzdem gefiel es ihm. Bald begann er seine neuen Freunde, »um ihnen zu helfen«, in den Gottesdienst zu führen. Er vergaß, daß ihn die Religion angeblich kaltließ, und gelangte allmählich zu einer neuen Vorstellung von Gott. Er sah

Gott endlich als Vater und Inbegriff der Liebe und Güte und nicht mehr als strengen, strafenden Herrn. Und genau wie er gelernt hatte, zu lieben und sich von den Menschen seiner Umgebung geliebt zu fühlen, lernte er nun, sich von Gott geliebt zu fühlen. Es war ein beglückendes, bereicherndes Erlebnis. An die Stelle seines morbiden Zynismus trat ein wachsendes Gefühl der Sicherheit. Er gewann immer mehr Vertrauen zu sich selbst und zu seiner Zukunft; seine Depressionen verschwanden im Lauf der Zeit vollkommen.

Chronische Angst zerstört den Seelenfrieden. Immer wieder begegnen wir Männern und Frauen, die vom Morgen bis zum Abend, von einem Tag zum anderen, von einem Jahr zum anderen immer das Schlimmste erwarten und deshalb in nie endender Qual leben. Ihre äußeren Lebensumstände sind meist durchaus geordnet und zufriedenstellend; doch typisch für sie ist, daß sie sich trotzdem Sorgen machen und das unbestimmte, überwältigende Gefühl haben, ihnen drohe eine Katastrophe. Dies erinnert an Shakespeares Wort von dem »gefährlichen Zeug, das auf dem Herzen lastet«. Bei diesen unglücklichen Menschen ist das »gefährliche Zeug« die Angst.

Wir meinen natürlich nicht jene Angst, die man als Reaktion auf eine unmittelbar drohende äußere Gefahr empfindet. Auf eine Bedrohung von außen reagiert der Mensch normalerweise, indem er die bedrohlichen Umstände ändert, sofern er das kann, oder sich ihnen anpaßt, wenn er sie nicht ändern kann. Wir sprechen hier von der chronischen Angst, die aus den Tiefen eines beunruhigten Gemüts aufsteigt.

Eine Frau in mittleren Jahren kam wegen quälender Depressionen zu uns. Das Leben hatte keinen Reiz für sie. In ihrer düsteren Stimmung empfand sie jeden Tag als reinste Marter, das Aufstehen am Morgen kostete sie unendlich Mühe. Mit gebrochener Stimme sagte sie, daß sie ihrem Mann das Dasein vergälle und ihre Kinder vernachlässige. Sie fühlte sich wertlos, von Gott verstoßen; sie haßte sich selbst.

Objektiv lag kein Grund zu einer so harten Selbstbeurteilung vor, dennoch hielt die Frau sie für richtig.

Hier ihre Geschichte: Sie war in den amerikanischen Südstaaten geboren worden; ihr Vater, den sie zutiefst liebte, hatte sich dort als Landarzt niedergelassen. Als kleines Mädchen hatte sie nur den einen Wunsch gehabt, in die Fußstapfen des Vaters zu treten und Ärztin zu werden. Ihr Vater starb, als sie fünfzehn war, und sie wurde der Großmutter anvertraut, die kein Verständnis für ihren Berufswunsch aufbrachte. Ein paar Jahre später heiratete sie und zog mit ihrem Mann nach New York. Irgendwann nach der Geburt ihres dritten Kindes verfiel sie tiefer Depression, an der sie schon fast ein Jahr litt, als sie uns aufsuchte.

Wie sich zeigte, hatte sie den Verlust des Vaters nicht überwunden; sie trauerte noch immer um ihn. Und sie hatte nicht überwunden, daß ihr Wunsch, Ärztin zu werden und sich so mit ihm zu identifizieren, nicht in Erfüllung gegangen war. Unbewußt hatte sie diesen Wunsch nie aufgegeben.

Weil Mann und Kinder ihr in gewissem Sinne den Weg zur Verwirklichung ihres Anliegens verbauten, grollte sie ihnen. Die ungerechte Wut auf ihre Familie wiederum erzeugte in ihr ein so starkes Schuldgefühl, daß sie depressiv wurde.

Ganz allmählich brachten wir sie zu der Erkenntnis, daß ein Verlustgefühl, wie sie es seit dem Tod des Vaters unvermindert empfand, starken seelisch-geistigen Schmerz verursachen konnte. Nach einer langwierigen, einfühlsamen Umerziehung vermochte sie endlich zu sagen: »Es ist wahr, daß ich etwas aufgeben mußte, das ich mir aus tiefstem Herzen wünschte. Aber ich glaube, das müssen die meisten von uns. Bei mir ist etwas anderes an dessen Stelle getreten – meine Familie. Ich sehe jetzt, daß ich meinem Mann und meinen Kindern keineswegs das Leben vergälle; in Wirklichkeit helfe ich ihnen, erfolgreiche Menschen zu werden.«

»Das ist richtig«, sagte der Psychotherapeut, »es besteht kein Anlaß für Ihre Selbstkritik, die Tatsachen rechtfertigen sie einfach nicht. Aber von Ihren Depressionen werden Sie nicht frei, wenn Sie diese Probleme rein intellektuell angehen. Ein derart starker Wunsch wie der Ihre, Ärztin zu werden, muß sich irgendwie äußern können. Wenn es Ihnen ein bißchen besser geht, werden wir dafür sorgen, daß Sie irgendeine Teilzeitbeschäftigung finden, die dieses emotionale Bedürfnis befriedigt.«

Tatsächlich fand sie bald Arbeit bei der Blutbank, einer äußerst wertvollen medizinischen Einrichtung, die übrigens von Nichtmedizinern betrieben wird.

Die Frau war tiefreligiös, und ihre endgültige Heilung erfolgte infolge behutsamer religiöser Führung. Der Geistliche sagte zu ihr: »Da Sie so deprimiert, so voll düsterer Gedanken über sich selbst und Ihre Familie sind, haben Sie offensichtlich die Gnade und liebevolle Güte Gottes noch nicht erkannt. Vielleicht kommt Ihnen in Ihrer Verzweiflung ab und zu der Gedanke an Gott, aber das genügt nicht. Sie müssen Gott, indem Sie sich ihn bewußt vergegenwärtigen, aus den dunklen Winkeln Ihres Gefühlslebens hervorholen und in die Mitte Ihres Bewußtseins rücken. Sie müssen üben, an Gott zu denken.

Und Sie müssen üben, Ihre Hoffnung auf Gott zu setzen. Ich unterstreiche das Wort *üben*.«

Er zitierte für sie eine Passage aus der Bibel, den 6. Vers des 42. Psalms, zweifellos eine der großartigsten Aussagen im Hinblick auf geistig-seelische Gesundheit: »Was betrübst du dich, meine Seele, und bist so unruhig in mir? Harre auf Gott! denn ich werde ihm noch danken, daß er mir hilft mit seinem Angesicht.«

Der Geistliche erklärte, in diesen Worten läge ihre Heilung beschlossen. »Zuerst weisen sie uns darauf hin«, sagte er, »wie sehr die Seele, das eigentliche Wesen des Selbst, deprimiert ist. Wir sind niedergeschlagen, mutlos, bedrückt! Dann bekommen wir nachdrücklich gesagt, daß wir uns darin üben sollen, auf Gott zu hoffen. Wir sollen beginnen, uns in dem Glauben zu üben, daß Gott uns helfen kann und helfen wird, unsere Probleme zu lösen. Als Folge davon schöpfen wir neues Vertrauen, und wenn wir beharrlich sind, erfüllt uns schließlich ein solches Leuchten, daß die neue Gesundheit unserer Seele auf unserem Gesicht und in unserer ganzen Persönlichkeit sichtbar wird.

Hoffnung allein wirkt schon heilend«, fuhr der geistliche Berater nach kurzer Pause fort. »Aber Hoffnung auf Gott verleiht eine neue Lebenszuversicht, die sich in Form einer tiefen Gemütsruhe zeigt und eine neue geistige und gefühlsmäßige Gesundheit offenbart. Indem Sie den Gedanken an die Gegenwart und Hilfe Gottes in den Vordergrund Ihres Denkens rücken, werden Sie die schöpferische Kraft der Hoffnung erlangen.«

Der Geistliche forderte die Frau auf, regelmäßig in die Kirche zu gehen, denn in Anwesenheit Gleichgesinnter, die sich der gleichen spirituellen Hoffnung hingeben, so erklärte er, akzeptiere man leichter, daß Gottes Gegenwart lebendige Wirklichkeit ist: Man spürt die göttliche Kraft, und dem Betenden widerfährt etwas, das unbedingt eine im therapeutischen Sinn heilsame Wirkung hat.

Der Geistliche gab der Frau einen letzten Rat mit auf den Weg. Er wußte, daß sie sich in den dunklen Nachtstunden oder am frühen Morgen besonders niedergeschlagen fühlte und daß für sie der Tag bereits beim Aufstehen von düsteren Ahnungen und von Traurigkeit überschattet war. Darum empfahl er ihr, vor dem Schlafengehen zu beten, indem sie bekräftigte, daß Gott keinem von uns je fern ist. »Gottes Gegenwart gibt mir Geborgenheit.« Und dann sollte sie, statt über ihre Schlaflosigkeit nachzugrübeln, voll Überzeugung zu sich selbst sagen: »Ich werde die ganze Nacht hindurch ruhig schlafen und am Morgen frisch und voller Zuversicht erwachen.«

Die wirkliche Ursache der meisten Depressionen liegt nicht in äußeren Umständen, sondern im Unbewußten. Da bei manchen Depressionen eine Einlieferung ins Krankenhaus notwendig ist, werden alle Hilfesuchenden, die in unser Institut kommen, zunächst von einem Psychiater untersucht, der dann entscheidet, ob sie für unsere Form der therapeutischen Behandlung geeignet sind oder der Einweisung in eine Spezialklinik bedürfen.

Vor kurzem wertete eine Gruppe von Ärzten ihre Fallgeschichten gemeinsam aus, um sich ein umfassendes Bild von dem zu machen, was man als »Sorgengewohnheiten« ihrer Patienten bezeichnen könnte. Die Aufzeichnungen der Ärzte ergaben interessante Fakten: Siebzig Prozent der Menschen, die sie behandelten, führten unter ihren Beschwerden Sorgen an; vierzig Prozent machten sich Sorgen wegen vergangener Dinge, fünfzig Prozent wegen zukünftiger Dinge und nur zehn Prozent wegen augenblicklicher Schwierigkeiten.

Die Hälfte der Sorgen galt also Dingen, die noch nicht geschehen waren. Natürlich muß man sein möglichstes tun, um Schwierigkeiten auszuschalten, indem man vorausplant. Aber konstruktive Planung der Zukunft ist etwas ganz anderes als die Sorge um die Zukunft; und ein vernünftiger Mensch, der seine Probleme wirklich bewältigen will, anstatt sich von ihnen überwältigen zu lassen, lernt es, sich mit ihnen auseinanderzusetzen, wenn sie auftreten, und wird sich von seinen Sorgen nicht halb umbringen lassen, bevor der Kampf überhaupt beginnt.

J. Arthur Rank, der bedeutende Filmproduzent, hatte angeblich eine Spezialmethode gegen Sorgen. Er beschloß, sich alle seine Sorgen an einem einzigen Tag pro Woche zu machen, am Mittwoch; da hielt er dann sein »Sorgenmittwochsymposium« ab. Bereitete ihm an einem anderen Tag irgend etwas Sorgen, schrieb er es auf und legte den Zettel in eine Schachtel. Wenn er am nächsten Mittwoch im Beisein von Freunden die Schachtel öffnete, stellte er, indem er sich zurückzog, fest, daß sich die meisten besorgniserregenden Angelegenheiten bereits erledigt hatten. Die restlichen gab er wieder in die Schachtel, um sie sich am folgenden Mittwoch erneut vorzunehmen! Auf diese Weise heilte er sich von der Gewohnheit, sich Sorgen zu machen.

Als Jackie Robinson in die oberste Baseball-Liga aufrückte, wußte er, daß das Spielen dort kein Honiglecken für ihn sein würde, denn er war der erste schwarze Spieler in dieser exklusiven Liga. Er äußerte seine Sorgen gegenüber Branch Rickey, dem die Brooklyn Dodgers gehörten, der ihn verpflichtet und zur Vertragsunterschrift zu sich gebeten hatte.

»Das Ganze klingt wie ein wahrgewordener Traum, Mr. Rickey, nicht nur für mich, sondern für meine ganze Rasse«, sagte er. »Aber es liegt Trouble vor uns, Schwierigkeiten stehen Ihnen bevor, mir, meinem Volk und dem Baseball.«

Robinson erzählte, daß Rickey die Worte »Trouble vor uns« genüßlich wiederholte, als ergötzte er sich an ihrem Klang! »Wissen Sie, Jackie«, entgegnete dann Rickey, »als ich ein kleiner Junge war, machte ich meine erste Reise mit der Bahn. Im gleichen Abteil saß ein altes Ehepaar, für das es auch die erste Reise war. Wir fuhren durch die Rocky Mountains. Der alte Mann, der am Fenster saß, schaute nach vorn, dann sagte er zu seiner Frau: ›Trouble vor uns, Ma. Wir sind an einem mächtig steilen Abhang! Wir sind hoch über einem Abgrund, Ma, und werden gleich runterbrausen.‹ Für meine kindlichen Ohren wiederholten die Räder: ›Trouble vor uns Trouble vor uns ...‹ Bis heute muß ich immer, wenn ich Eisenbahnräder höre, daran denken! Kurz nach den Worten des alten Mannes fuhr unser Zug in einen Tunnel – und sieh an! – wir kamen auf der anderen Seite des Berges wieder heraus! So geht es auf dieser Welt mit dem meisten ›Trouble vor uns‹, Jackie, wenn wir den gesunden Menschenverstand und den Mut einsetzen, den Gott uns gegeben hat. Natürlich müssen wir die Risiken untersuchen und klug handeln.«

Rickey hatte keine Angst vor dem, was die Zukunft bringen mochte, denn seine Devise lautete: »Gott ist mit uns in allem!«

»Diese kleine Geschichte habe ich nie vergessen«, erzählte Jackie Robinson. »Sie half mir durch viele schwere Momente, mit denen ich fertig werden mußte. Ich unterschrieb an dem Tag damals den Vertrag mit einem demütigen Gefühl großer Verantwortung. Ich betete darum, der Aufgabe gewachsen zu sein.«

Ein anderer großer Sportler, der ehemalige Boxweltmeister im Schwergewicht, Gene Tunney, berichtete, ihm habe der Glaube geholfen, seine Ängste »k. o. zu schlagen«. In einem Camp in den Adirondacks, einer reizvollen Gebirgsgruppe im Staate New York, bereitete er sich auf seinen Kampf mit Jack Dempsey vor. Da er auch nur ein Mensch war, wollte er wissen, was die Sportberichterstatter über den bevorstehenden Kampf schrieben. Nicht viele der Zeitungsartikel waren günstig für ihn. Die meisten Reporter sagten voraus, er würde mörderische Prügel beziehen! Das beeindruckte ihn unwillkürlich und begann in ihm zu fressen.

Eines Nachts wachte er plötzlich auf, weil sein Bett zitterte. Es war fast, als würde das Zimmer von einem Erdbeben erschüttert. Nach ein paar Sekunden merkte er, daß er heftig zitterte und er selbst sein Bett in Bewegung versetzt hatte. Er hatte einen Alptraum gehabt, in dem er sich auf der Bahre liegen sah, blutüberströmt und vollkommen erledigt. Die in seinem Gemüt bohrende Angst hatte ihn im Schlaf zum Zittern gebracht.

»Ich stand auf und beratschlagte mit mir«, erzählte Tunney. »Was konnte ich gegen diese Angst tun? Ihre Ursache konnte ich mir denken. Ich hatte in falscher Weise über den Kampf nachgedacht. Ich hatte die Zeitungen gelesen, und in allen war gestanden, daß ich verlieren würde. Als Folge der Zeitungslektüre verlor ich den Kampf in meiner eigenen Vorstellung.«

Er beschloß auf der Stelle, keine Zeitungen mehr zu lesen und mit dem zerstörerischen Denken aufzuhören! Dann setzte er sich auf die Bettkante und betete. Dabei faßte er den Entschluß, sich mit Gottes Hilfe eine geistige

Mauer zu errichten, durch die keine Angst hindurchkommen würde! Diese Strategie führte ihn zum Sieg. Frei von Angst ging er in den Titelkampf gegen Dempsey, den er gewann.

Große Heilkraft birgt der Glaube an Gott, der sich in folgender Formel zusammenfassen läßt: »Wenn ich betrübt bin, so denke ich an Gott.« Vor kurzem erzählte ein Bekannter, der mit unserer Arbeit in Verbindung steht, eine begeisternde Geschichte darüber, wie solcher Glaube einem Menschen helfen kann, eine persönliche Tragödie zu überwinden. Er besuchte im Zuge einer Vortragsreise im Mittleren Westen in einer Kleinstadt Iowas einen ans Bett gefesselten Mann, den ein Unfall zum Krüppel gemacht hatte.

Im Laufe des Gesprächs erzählte ihm der Mann, wie der Unfall passiert war. Neun Jahre zuvor, auf einem Jagdausflug, war er in einer Scheune auf ein morsches Brett getreten und fast sieben Meter tief auf einen Steinboden gefallen. Monatelang hatte er im Krankenhaus gelegen. Den Kampf um sein Leben hatte er zwar gewonnen; aber er war von der Hüfte abwärts gelähmt. Der Mann besaß jedoch eine erstaunlich positive Lebenseinstellung. Er gehörte zu den Menschen, die eine Niederlage nicht hinnehmen. Als er aus dem Krankenhaus heimkam, ließ er sich ein genial erdachtes Bett bauen, mit dem er durchs Zimmer fahren konnte. Und er lernte Maschineschreiben. Dann eröffnete er einen Laden, in dem er Zeitschriften verkaufte und Abonnenten warb, und baute das Geschäft, ohne an das Mitleid der Abonnenten zu appellieren, zu einem erfolgreichen Unternehmen aus.

Unser Bekannter konnte sich des Gedankens nicht erwehren, daß es schrecklich sein müsse, unvermittelt so niedergemäht zu werden und für den Rest seines Lebens im Bett liegen zu müssen. Er überlegte, was er selbst in einer solchen Situation tun würde. Ihn interessierte brennend, wie der verkrüppelte Mann einen so vernichtenden Schlag hatte hinnehmen können, ohne tiefster Depression und hoffnungsloser Verzweiflung zu verfallen. Schließlich fragte er ihn danach.

Der Mann hörte sich die Frage ruhig an und antwortete dann: »Ich verstehe, worauf Sie hinaus wollen. Es fiel mir sehr schwer, mich damit abzufinden, und eine Zeitlang meinte ich, das sei das Ende von allem. Aber ich fand mich damit ab, und ich will Ihnen erzählen, wie ich es schaffte. Als ich in mir selbst die Antwort nicht finden konnte, schaute ich einfach nach oben und sprach mit ihm dort droben. Zuvor waren er und ich nur oberflächlich bekannt gewesen. Aber jetzt lernte ich ihn wirklich kennen. Ich sagte: ›Herr, ich bin sehr elend dran und sehr rebellisch.‹ Und der Herr antwortete, so schien es mir: ›Ich verstehe dich, und ich werde dir helfen.‹ Das tat er auch – wahrhaftig. Er nahm die Depression von mir und schenkte mir inneren Frieden. Er erfüllte sogar mein Herz mit Glück. Darum bedauern Sie mich bitte nicht. Ich habe meine Antwort gefunden.«

Sein strahlender Glaube zeigte deutlich, daß die in der Bibel verheißene Heilmethode gewirkt hatte. Er hatte auf Gott »gehofft«, und an ihm war geschehen nach dem Wort: »Gott, tröste uns und laß leuchten dein Angesicht; so genesen wir.«

Vor einiger Zeit erhielt einer der beiden Autoren dieses Buches einen Brief, der in dramatischster Weise veranschaulicht, wie wirksam die Hoffnung auf Gott als Mittel zur Erlangung eines Vertrauens ist, das jede Angst vertreibt.

Der Brief stammte von einem jungen Universitätsabsolventen, der jahrelang an quälender Unsicherheit gelitten hatte. Er hatte das Gefühl gehabt, alles laufe schief und alles sei falsch, doch er hatte nicht gewußt, was er dagegen tun sollte.

»Während ich im College war«, hieß es in dem Brief, »beherrschte Angst einen jeden meiner Gedanken. Ich war ein überdurchschnittlich guter Student, doch in meiner Leistung stark beeinträchtigt. Als ich zu Ferien heimkam, machte ich auf meine Eltern den Eindruck, meine frühere Persönlichkeit verloren zu haben, und das bereitete ihnen große Sorgen.

Im Sport, der mir zuvor Spaß gemacht hatte, rutschte ich ins untere Mittelmaß ab. Während ich früher viele Freunde gehabt hatte, bekam ich jetzt eher von allen Seiten Animosität zu verspüren; während ich bislang aufrichtig gewesen war, redete ich jetzt immer öfter ausweichend.

Und ich stellte mir tausend ängstliche Fragen. Würde ich eine Stellung bekommen, wenn ich vom College abging? Was würde passieren, wenn sich die Konjunkturflaute noch verschlimmerte? Was würden meine Freunde von mir denken, falls ich ›mit ihnen nicht mehr mithalten‹ konnte?

Dann las ich Ihr Buch *Du kannst, wenn du glaubst, du kannst**. Ich fand mich fast in jedem Beispiel wieder! Ich erkannte mich, wie ich seit Jahren versuchte, Glück und Erfolg in meiner Arbeit zu erlangen, doch von einem entscheidenden Faktor behindert wurde, von Angst: Angst vor dem, was die Menschen über mich dachten, Angst vor der Möglichkeit, bei Prüfungen zu versagen, Angst vor der Aussicht, nach dem Studium in einer von erbar-

---

* Dieses Werk von Norman Vincent Peale erschien 1990 im Wilhelm Heyne Verlag, München.

mungsloser Konkurrenz beherrschten Welt arbeiten zu müssen.

Und dann, als das Buch ›durchzudringen‹ begann, erkannte ich, daß das, was ich all diese Jahre gesucht hatte, mir tatsächlich immer nahegewesen war – Gott . . .

Mit Gottes Hilfe lerne ich jetzt, meine täglichen Probleme zu bewältigen und meine Ängste zu überwinden. Ich habe eine erstaunliche Veränderung durchgemacht und mir eine ganz andere Lebensauffassung zu eigen gemacht. Ich habe ein starkes Nachlassen der Spannung und eine entsprechende Zunahme meiner Energie und Leistungsfähigkeit erlebt. Ich bin jetzt wirklich an meiner Arbeit interessiert, und ich bin glücklich. Ich werde vermutlich nie eine Million Dollar verdienen (was für viele Menschen der Maßstab eines erfolgreichen Lebens zu sein scheint), aber ich glaube, daß ich etwas Schöneres, Befriedigenderes, Dauerhafteres erlangen werde: echtes Glück, wie es nur ein bewußt in der Geborgenheit und Freude der Gottesgegenwart lebender Mensch erfahren kann.«

Wir haben Wege aufgezeigt, auf denen Ängste und Sorgen erfolgreich bekämpft werden können. Nun möchten wir Sie mit ein paar wichtigen Programmpunkten bekanntmachen, die geeignet sind, quälenden Gedanken- und Gefühlsanwandlungen, die dem Leben jede Freude rauben, wirksam zu begegnen:

1. Akzeptieren Sie die Tatsache, daß die Neigung, sich Sorgen zu machen, ein höchst zerstörerischer Feind Ihrer eigenen Persönlichkeit und, generell gesehen, eine der schwerwiegenden Fehleinstellungen der Menschheit ist.
2. Seien Sie sich bewußt, daß diese Neigung zur Gewohnheit werden kann; daß sie, wenn man sich lange

genug Sorgen macht, zu einem Bestandteil des Charakters wird. Denn wie der römische Kaiser und Philosoph Mark Aurel in seinen berühmten Selbstbetrachtungen warnend sagt: »Die Seele nimmt die Farbe ihrer Gedanken an.«

3. Stellen Sie sich, um sich von Sorgen über die Vergangenheit zu befreien, bewußt darauf ein, sie zu vergessen. Wiederholen Sie jeden Morgen und jeden Abend eines der wirksamsten Mittel für geistig-seelische Gesundheit: »Ich vergesse, was dahinten ist, und strecke mich zu dem, was da vorne ist, und jage – nach dem vorgesteckten Ziel.«
4. Bekräftigen Sie jeden Tag Ihren Glauben an Ihre Zukunft und die Zukunft der Welt. Tun Sie dies beispielsweise mit den Worten: »Der Herr ist meine Kraft und wird mich auf meine Höhen führen.« Wenn die göttliche Vorsehung in der Vergangenheit über Sie gewacht hat, können Sie auch in Zukunft auf Gottes Schutz bauen.
5. Denken Sie häufig an die weise Aussage des Altvaters der angewandten Psychologie William James: »Das Geniale besteht oft darin, daß man weiß, was man übersehen muß.« Mit anderen Worten: Lernen Sie erkennen, was man besser nicht beachtet, was man besser vergißt.
6. Lassen Sie sich in Ihren Überzeugungen nicht beirren. Schaffen Sie sich in der Mitte Ihres Geistes sozusagen einen schalldichten Raum, in dem Sie auch bei stärksten Stürmen von außen und innen unerschütterlich ruhig bleiben können, wenn Sie Ihre Pläne machen und kreativ Ihr Leben gestalten.
7. Unterstreichen Sie Bibelstellen, die mit Vertrauen zu tun haben, und lernen Sie sie auswendig, beispielsweise folgende: »Kauft man nicht zwei Sperlinge um *einen*

Pfennig? Dennoch fällt deren keiner auf die Erde ohne euren Vater. Nun aber sind auch eure Haare auf dem Haupt alle gezählt. So fürchtet euch denn nicht; ihr seid besser als viele Sperlinge.« Wenn Gottes Gegenwart Sperlinge umfängt, dürfen Sie sicher sein, daß seine Gegenwart auch Sie umgibt.
8. Üben Sie sich in dem Versuch, Ihren Geist leerzumachen. Sagen Sie zu sich selbst: »Ich mache nun meinen Geist vollkommen leer von Angst, Sorgen und Zweifeln.«
9. Füllen Sie dann Ihren Geist, indem Sie bekräftigen: »Gott füllt meinen Geist, meine Seele mit Frieden, Mut und Freude.«
10. Üben Sie sich darin, Gottes Gegenwart zu spüren. Tun Sie es mit den Worten: »Gott ist jetzt mit mir. Er ist mein ständiger Begleiter. Er wird mich nie verlassen.«

Vergessen Sie bei alledem nicht, daß Depressionen und Angstzustände, auch wenn sie durch äußere Ereignisse und Umstände scheinbar vollkommen gerechtfertigt sind, ihre zerstörerische Kraft einzig und allein aus inneren Konflikten beziehen. Derartige destruktive Reaktionen auf Probleme des täglichen Lebens kann man aber ausmerzen, indem man sie an ihren Wurzeln angreift. Als erstes: Führen Sie, wenn nötig mit fachkundiger Hilfe, eine gründliche Untersuchung der wahren Ursachen durch. Als zweites: Nehmen Sie an Aktivitäten teil, die Ihnen das Gefühl vermitteln, zu einer Gruppe zu gehören und ihr gegenüber Pflichten zu haben. Als drittes und letztes: Bauen Sie in sich kraft Glaubens ein unbeirrbares Vertrauen auf Gott auf, wodurch Ihr Leben erst Sinn, Zweck und eine feste Richtung erhält.

Kapitel 7

Der Schlüssel zu einer erfolgreichen und glücklichen Ehe

Mehr als ein Fünftel der Menschen, die zu uns kommen, möchte von uns wissen, wie sie ihre Ehe vor dem Scheitern bewahren können. Einst waren sie durch das Kirchenschiff geschritten, wie alle jungen Paare von romantischen Gefühlen und großen Hoffnungen erfüllt und voll Glauben an die gemeinsame Zukunft. Jetzt standen verwirrte, ratlose Menschen vor uns da. Der Ehebund, den sie einst freudig eingegangen waren und als edles Band ihrer Liebe aufgefaßt hatten, war ihnen zu einer quälenden Fessel geworden. Betrachtet man die Lage solcher Menschen vor dem Hintergrund der tragisch hohen Scheidungsrate, kann man nur den betrüblichen Schluß ziehen, daß die Ehe eine der kompliziertesten Institutionen ist, die je ersonnen wurden.

Ihre göttliche Sanktionierung aber sowie das Festhalten der Gesellschaft an ihr weisen jedoch darauf hin, daß sie als Institution unentbehrlich ist und daß sie berechtigt und glückbringend sein kann, wenn sie von Partnern getragen wird, die als Erwachsene vernünftig und reif reagieren.

Der Zweck, dem die Ehe dienen soll, ist logisch, klar und zwingend. Sie ist das einzige zufriedenstellende Abkommen, aufgrund dessen sich eine gegenseitige Liebe der Partner und die Liebe und Kameradschaft zwischen Eltern und Kindern verwirklichen läßt. Die Bedeutung der Ehe im Hinblick auf die Kinder ist wichtig. Die Ehe schafft – oder sollte es zumindest – eine für die Geburt und die Erziehung von Kindern ideale Atmosphäre, die geprägt ist von Postulaten, die unsere Gesellschaft verficht und an denen sie schon so lange festhält.

Als Plan für den Fortbestand der Menschheit wie auch für zwischenmenschliches Glück scheint die Ehe etwas sehr Einfaches zu sein. Doch ihre Erfüllung im Alltagsleben ist offenbar alles andere als einfach. Sie entspricht zwar den grundlegenden Bedürfnissen und Bestrebungen des Menschen, aber allzuoft werden Männer und Frauen von tiefsitzenden, überaus zerstörerischen inneren Impulsen daran gehindert, in ihrem Leben diesen an und für sich vortrefflichen Plan zu verwirklichen. Ihre unbewußten Triebe führen dazu, daß sie aus einem Zwang heraus genau die Situation ablehnen, die ihr Bewußtdenken begrüßt. Sie betrachten die Ehe als eine auf gemeinsamen Lebenszielen und -idealen aufgebaute Partnerschaft, in der es für jeden von ihnen Pflichten, Vergnügungen, Bedürfnisse und Wünsche gibt, zu deren Erfüllung oder Befriedigung der Partner beiträgt. Doch in der Praxis stellen die an diesem Problem scheiternden Partner fest, daß ihre Ehe ein einziger unerfreulicher Wettstreit gegensätzlichen Wollens ist.

Die Folgen lassen sich aus den Protokollen der Scheidungsverfahren wie auch aus den Aufzeichnungen von Sozialhelfern, Psychologen und Ärzten herauslesen. Die Lektüre vermittelt ein umfassendes, aber ziemlich einförmiges Bild von Ehen, die wegen Untreue, sexueller Frustration oder Exzessivität, wegen Alkoholismus, Streit über Geld oder Verwandte, Auseinandersetzungen über sowohl ernste als auch ziemlich lächerliche Dinge und Ähnlichem mehr zerbrochen sind.

Ehen werden vielleicht bisweilen schon im Himmel geschlossen, aber bewähren müssen sie sich natürlich in der »Arena« des Alltagslebens; und der Grund, warum sie so oft nicht glücklich verlaufen, bleibt nur ein Geheimnis, wenn man die Mechanismen und die Kräfte des Unbewußten nicht berücksichtigt. Eheliche Konflikte sind nur selten das, als was sie erscheinen. Die Streitigkeiten erbitterter Ehepartner stellen meist einen unbewußten Mischmasch aus Sinnvollem und Sinnlosem dar; sie widerspiegeln weit mehr die Konflikte der betroffenen Individuen als eine äußere Konfliktsituation. Primitive infantile Bestrebungen und Wünsche machen sich gegen die Interessen des Ehepartners geltend, oft auch gegen die eigenen besseren Impulse und im Widerspruch zu den eigenen Moralvorstellungen.

Die Ehe erfordert größere Kompromißbereitschaft als jede andere menschliche Beziehung. Sie ist eine Partnerschaft, in der jeder der Partner den Eigennutz zum beiderseitigen Nutzen aufgeben muß. In der Ehe ist kein Raum für unbeherrschte Ichbezogenheit, weder seitens des Mannes noch der Frau.

Wir machten die Erfahrung, daß das Verständnis der tiefsten eigenen Motive seitens des Ehemannes und der Ehefrau sowie aller beider entschiedener Entschluß, die Ehe zum Erfolg zu führen, die hartnäckigsten ehelichen Probleme zu lösen vermögen. Eine wichtige Voraussetzung dafür ist jedoch, daß die Ehe auf einer vernünftigen Basis eingegangen wurde und daß sie von überzeugtem religiösem Glauben getragen wird.

Die Notwendigkeit einer vernünftigen Basis bei der

Partnerwahl scheint so offensichtlich, daß man darüber gar nicht sollte reden müssen. Doch oft scheinen die Menschen bei der Wahl eines Ehepartners so erstaunlich wenig nachzudenken, daß man als Außenstehender fast glauben könnte, das Denken sei in diesem Punkt ausdrücklich verboten. Würde man ein junges Paar vor der Hochzeit fragen, ob es geistig, seelisch und körperlich zusammenpasse, würden die beiden wahrscheinlich lachend antworten: »Wir lieben uns.« Das aber bedeutet in Wirklichkeit jedoch nicht einmal, daß sie körperlich zusammenpassen – auch wenn sie das als sicher annehmen sollten. Andererseits fördert die Freude über eine vollkommene körperliche Vereinigung zwar das eheliche Glück; es reicht allein aber nicht aus, um die Ehe dauerhaft zu machen. Für eine haltbare Ehe sind außerdem Kameradschaft, gegenseitiges Verständnis und gegenseitige Achtung nötig, eine auf Gleichwertigkeit begründete echte Partnerschaft sowie gemeinsame Ziele, Wünsche und Ideale. In der Ehe, diesem diffizilsten aller menschlichen Wagnisse, gibt es keine Abkürzung auf dem Weg zum Erfolg.

Obwohl dies eigentlich klar sein müßte, stellen die Menschen bei der Wahl eines Lebenspartners oft weniger Überlegungen an als beim Kauf eines Wochenendhauses. Menschen, die nicht im Traum daran dächten, ein Wochenendhaus unbesehen zu kaufen, gehen eine Ehe ein, ohne den Partner überhaupt erst richtig kennengelernt zu haben. Sie glauben offenbar, ihre romantischen Gefühle füreinander würden als solche schon garantieren, daß sie ein für allemal gut miteinander auskommen könnten.

Ein bis über beide Ohren verliebter junger Mann heiratete ein Mädchen, dessen Schönheit ihn seine ihm sonst so wichtig erscheinende Vorsicht vergessen ließ. Er nahm als selbstverständlich an, daß das Wesen, der Charakter der jungen Frau ihm genauso gefallen würden wie die Atouts ihrer äußeren Erscheinung und daß sie selbstverständlich die gleichen Zukunftserwartungen hege wie er. Auf dem Schiff, mit dem das Paar in die Flitterwochen fuhr, sprach er zum erstenmal mit ihr über seinen Traum vom künftigen gemeinsamen Leben. Wenn er von der Arbeit nach Hause komme, sagte er, werde sie ihn sicher mit einem kleinen köstlichen Essen erwarten. Sie und er würden ganz gewiß am glücklichsten allein sein, sich in ihrem Paradies von niemandem stören lassen. Und später dann würde sie die vollendete, liebevolle Mutter seiner Kinder sein.

Ruhig, aber unerbittlich holte sie ihn auf die Erde zurück. Was Kinder angehe, so wolle sie keine haben, entgegnete sie. Und was das Abendessen angehe, so habe er die Wahl, entweder eine Köchin anzustellen oder im Restaurant zu essen. Die Ehe der beiden hatte noch keine Woche gedauert, und schon starrte sie die reine Ernüchterung an. Die junge Frau war entsetzt über seine Vorstellungen, und er war nicht minder entsetzt über ihre Ansichten. Ihre Schönheit hatte sie unglücklicherweise den Anforderungen der Wirklichkeit entfremdet und in ihr die Überzeugung genährt, die normalen Eheregeln würden für sie nicht gelten.

Die Vorstellungen des Mannes waren so festgelegt und unabänderlich und jene der Frau so kindlich-verwöhnt und egozentrisch, daß sich kein Kompromiß finden ließ. Die Ehe zerbrach. Hätten sich die beiden vor der Hochzeit zwei oder drei Stunden zusammengesetzt, über ihre Gefühle gesprochen und sich gefragt, was jeder von ihnen von einer Ehe erwartete, wäre es gar nicht erst zur Heirat gekommen.

Zweifellos ist es vernünftig, genau in Erfahrung zu bringen, welche Interessen ein jeder der beiden Partner hat und ob diese einander nicht widersprechen, *bevor* man zum Standesamt oder Altar schreitet. Das Fehlen gemeinsamer Interessen und Ideale bedeutet den Tod jeder Ehe, ob dieser nun durch eine Scheidung offiziell bestätigt wird oder nicht.

Doch selbst wenn in der Erregung und übergroßen Zuversicht der ersten Verliebtheit eine solche Prüfung versäumt wurde, kann eine Ehe noch gekittet werden, wenn beide Partner aufrichtig gewillt sind, ihre unterschiedlichen Auffassungen im Geiste gegenseitiger Achtung und fairer Kompromißbereitschaft einander anzugleichen. Voraussetzung ist, daß sie miteinander reden. Kompromißbereitschaft ist hier, genau wie in allen anderen Beziehungen, das Schlüsselwort.

Anfangs sind die Unstimmigkeiten vielleicht unbedeutend, aber sie wachsen sich im Laufe der Zeit, wenn sie immer wieder von neuem und aus den gleichen Gründen geschürt werden, zu gewaltigen Proportionen aus. Die explosive Energie, die durch unterschiedliche Anschauungen und Meinungen erzeugt wird, läßt sich in unschädlicher Weise nur ableiten, wenn das Ehepaar die Unterschiede nicht voll Feindseligkeit und mit gegenseitigen Beschuldigungen erörtert, sondern mit dem ehrlichen, leidenschaftlosen Wunsch, Kompromisse zu finden.

Mary war fünfundzwanzig und Arthur achtundzwanzig. Die beiden lieferten ein mehr oder weniger typisches Beispiel dafür, wie junge Liebe und zärtliche Zuneigung einer von Streitsucht geprägten Spannung weichen, dann einer tiefen Hoffnungslosigkeit und Verletztheit, schließlich dem Wunsch, das Band zu zertrennen, das ursprünglich hätte halten sollen, »bis daß der Tod uns scheidet«.

Die Glückseligkeit zweier kurzer Jahre hatte sich seitens der beiden in Bitterkeit verwandelt. Es mag unglaublich klingen, aber zum letzten Streit war es gekommen, weil Mary sich geweigert hatte, für Arthur eine Zitronentorte zu backen. Seine Mutter hatte ihm diese Torte zu besonderen Anlässen gemacht, und dies hatte er seiner Frau offenbar einmal zu oft gesagt. Sie packte ihren Koffer und ging.

Arthur war beunruhigt und hatte Gewissensbisse, weil Mary mit Scheidung gedroht hatte. Doch er beteuerte, es sei alles nur ihre Schuld; er war gekränkt und ziemlich böse auf sie. Er behauptete, sie vernachlässige ihn, sie sei eine schlechte Hausfrau, das Haus sei nie so ordentlich, wie es sich gehöre. Vor allem aber koche sie ihm nie die Speisen, die er wirklich gern habe. Kurz und gut, sie sei keine Ehefrau, wie er sie brauche!

Mary, die ihre Situation mit uns durchsprach, stellte die gleichen Umstände in ganz anderem Licht dar. Zornig sagte sie, ihr Mann sei nichts anderes als ein verzogenes Kind; er erwarte, daß sie ihn von vorn und hinten bediene, als sei sie sein Dienstmädchen. Wenn er am Morgen zur Arbeit gehe, so sagte sie, sehe sein Zimmer, oft sogar die ganze Wohnung, wie das reinste Schlachtfeld aus.

Er warf seine Kleider auf den Boden und die Zeitungen hinter einen Stuhl; das ganze Bad stand unter Wasser und war »ein weißgefliester Saustall«.

In bezug auf seine Mahlzeiten gebärdete er sich wie ein Tyrann, er reagierte äußerst gereizt, wenn sie nicht vollendet zubereitet waren und auf die Minute pünktlich serviert wurden. Mary behauptete, auch ein französischer Meisterkoch könne ihn nicht zufriedenstellen. Sie selbst versuchte es zwar, schaffte es aber natürlich nicht. Und um allem die Krone aufzusetzen, verglich er sie ständig zu ihrem Nachteil mit seiner Mutter.

In einem jedoch waren sich Mann und Frau einig. Sie hatten einander bei der Hochzeit zärtlich geliebt und liebten sich trotz ihrer gegenwärtigen Schwierigkeiten immer noch. Beide wünschten sich verzweifelt zurück, was sie verloren hatten.

Anhand der uns bekannten Fakten gelangten wir zu dem Schluß, daß das Problem hauptsächlich beim Ehemann lag und eigentlich aus seiner Erziehung erwuchs. Seine Mutter hatte eine sehr harte Kindheit gehabt und sich deshalb vorgenommen, ihrem Sohn jeden Konflikt und Schmerz zu ersparen. Sie hatte ihn dadurch in einem Zustand kindlicher Abhängigkeit gehalten, ohne es zu wollen, und als Folge davon war er psychisch nicht gereift.

Noch als er zwölf war, hatte sie ihn zur Schule gebracht, weil sie fürchtete, ihm könnte ein Unfall zustoßen. Wenn andere Jungen ihn piesakten, protestierte sie heftig bei seinen Lehrern. Einmal war sie sogar auf die Straße gegangen und hatte ihn handgreiflich verteidigt. Sie machte viel Getue um sein Essen, brachte ihm den Wert einer perfekt ausgewogenen Kost übermäßig zu Bewußtsein. Und sie ermutigte ihn unabsichtlich zur Schlamperei, indem sie von morgens bis abends hinter ihm herräumte.

Überflüssig zu sagen, daß die Haltungen, die ein Kind gegenüber den Eltern entwickelt, sein Gefühlsleben prägen und womöglich mit gesteigerter Vehemenz im Erwachsenendasein zur Geltung kommen.

Arthur, der von seiner Mutter übermäßig verzärtelt worden war, vermochte seine Gefühle der Abhängigkeit von ihr nicht abzuschütteln. Seine Ehe drohte hauptsächlich daran zu scheitern, daß er unbewußt von seiner Frau, auf die er diese Abhängigkeit übertragen hatte, die Übernahme der Mutterrolle forderte. Für sein Unbewußtes war sie fast ganz die Mutter. Da er aus diesem Grund unwirkliche, nicht zu erfüllende Erwartungen in sie setzte, konnte es nicht ausbleiben, daß er enttäuscht von ihr war.

Im Zuge mühsamer psychotherapeutischer Arbeit vermochte er allmählich sein Problem zu verstehen. Doch es auch zu akzeptieren, fiel ihm überaus schwer. Einerseits glaubte er dem Psychotherapeuten, andererseits leistete er gegen die Selbsterkenntnis Widerstand.

Eines Tages sagte er ziemlich gereizt zu dem Geistlichen: »Ich weiß, daß ich keinen einzigen stichhaltigen Grund habe, nicht zu akzeptieren, was man mir sagt. Aber es macht mich wütend, eröffnet zu bekommen, daß diese ganze Sache meine Schuld ist. Vielleicht bin ich stur oder blöd, aber ich kann einfach nicht anders.«

»Wir machen Sie nicht gern wütend«, entgegnete der Geistliche, »aber wenn Sie Ihre Beziehung zu Ihrer Frau retten wollen, müssen Sie an die Wurzeln dessen gehen, was nicht stimmt. Das ist zwar schmerzlich für Sie, aber der einzige Weg. Übrigens – sind Sie nicht vor allem wegen der Dinge wütend, die über Ihre Mutter gesagt wurden? Regen Sie sich darüber nicht auf. Sie müssen erkennen, daß Ihre Mutter für Sie tat, was sie konnte, so gut sie es eben verstand. Man kann ihr nicht anlasten, daß sie es versäumte, Ihnen die nötige Reife für eine Ehe zu vermitteln. Wahrscheinlich wußte sie gar nicht, daß dies für Ihre Beziehung zu Ihrer Frau wichtig gewesen wäre. Außerdem haben Sie uns ja erzählt, daß Ihre Mutter hoffte, Sie würden ledig bleiben.«

So unerfreulich für Arthur der Einblick in sich selbst war, so wäre es, sagte er uns schließlich, für ihn noch unerfreulicher, seine Frau zu verlieren. Er erkannte, daß er sich selbst gegenüber ehrlich und objektiv sein und dann gegen seine Fehler angehen mußte.

»Wenn Sie sich wirklich dazu in der Lage fühlen«, riet der Geistliche, »sollten Sie mit Ihrer Frau sprechen und ihr erklären, daß Sie jetzt zu wissen glauben, was zwischen Ihnen beiden nicht stimme. Gestehen Sie ihr ein, daß Sie ungerecht waren. Reden Sie nicht von den Fehlern Ihrer Frau, sondern nachdrücklich von den Ihren. Ihre Frau sieht dann die eigenen Fehler schon selbst. Gehen Sie einfach zu ihr und sagen Sie ihr, daß Sie einen neuen Anfang machen wollen. Ich bin überzeugt, daß sie mitmacht.«

Arthur bekam die Warnung mit auf den Weg, daß es trotz der Kenntnis der in seiner Kindheit erfolgten Prägungen nicht leicht sei, sich zu ändern. Er möge zwar jetzt, so sagten wir ihm, über seine Fehler und deren Ursachen Bescheid wissen, aber diese Fehler habe er schon so lange, daß sie zur Gewohnheit und zum Automatismus geworden seien. Um sie ein für allemal auszumerzen, müsse er eine tiefe emotionale Wandlung herbeiführen. Dafür brauche er spirituelle Hilfe. Der Geistliche sagte ihm, daß er, wenn er sein Problem aufrichtig in Gottes Hände lege und Gott um die notwendige Kraft bitte, die erbetene Hilfe erhalten werde.

Der Geistliche sprach natürlich auch mit der Frau und erklärte ihr den Gefühlskonflikt ihres Mannes. Ihr half die Erkenntnis, daß es sich bei ihm nicht einfach um böse Absicht handelte, sondern um eine Geistes- und Gefühlshaltung, die behandelt werden konnte. Der Geistliche empfahl ihr, einerseits fest zu sein, andererseits aber verständnisvoll, mitfühlend und nicht zu anspruchsvoll, während Arthurs Haltung umgepolt wurde.

Zum Schluß empfahl er den beiden, ihr Problem zu beseitigen, indem sie, überzeugt vom guten Ausgang, gemeinsam beten sollten. Zielstrebig taten sie das, und ihre

Ehe gestaltete sich Tag für Tag glücklicher. Heute haben sie zwei Kinder.

Wir haben darauf hingewiesen, wie wichtig es ist, daß Ehepartner seelisch-geistig und körperlich, auch sexuell, zusammenpassen. Mann und Frau müssen einander als Partner behandeln; sie dürfen den Partner nicht als eingebildeten Ersatz für Vater oder Mutter ansehen; dies ist von grundlegender Bedeutung für eine glückliche Ehe.

Die Johnsons erwogen, sich scheiden zu lassen. Der Mann sagte: »Ich weiß gar nicht, was mit meiner Frau los ist. Anfänglich war sie ein prächtiger, liebevoller Mensch. Wir sind erst ein Jahr verheiratet, und jetzt ist sie die meiste Zeit einfach unakzeptabel. Ich ertrage das nicht!«

Hier bestand ein Problem, an dem beide schuld hatten, doch die Ursache der meisten Schwierigkeiten lag, wie wir später herausfanden, bei der Frau. Der Mann war enttäuscht von seiner Frau, weil sie die hohen Ansprüche, die er mit Blick auf seine Mutter an sie stellte, nicht erfüllte. Die Frau wiederum ließ an ihrem Mann eine langaufgestaute Wut auf ihren Vater aus. In gewissem Sinne lebten die beiden nicht miteinander, sondern mit ihren Erinnerungen – er an seine Mutter, sie an ihren Vater –, was natürlich kein Rezept für eheliches Glück ist.

Der Vater der Frau war sehr streng gewesen und hatte seine Kinder dementsprechend hart angepackt. Die junge Ehefrau erinnerte sich an einen Zwischenfall, der für sie die Haltung des Vaters charakterisierte. Als sie etwa acht Jahre alt gewesen war, hatte sie sich zum Abendessen verspätet. Ihr Vater hatte mit der Faust auf den Tisch geschlagen und gebrüllt: »Du kommst zu spät! Was denkst du dir eigentlich?« Sie hatte geschwiegen und dann plötzlich in hochkommendem Trotz entgegnet: »Und was denkst du dir, so zu brüllen?« Worauf er, nach einem Augenblick der Verblüffung, geschrien hatte: »Hinaus, verschwinde auf dein Zimmer!«

Sie war gegangen, mit einer solchen Wut auf ihren Vater, daß sie sich nicht einmal verletzt gefühlt hatte. Diese Wut war ihr geblieben. Unbewußt hatte sie sein Geschimpfe als Zurückweisung ihrer Person und ihrer Liebe zu ihm empfunden und war deshalb unter dem Einfluß einer unbewußten Feindseligkeit gegenüber allen Männern herangewachsen. Ohne es zu wissen, wollte sie die Männer dafür bestrafen, daß ihr Vater sie als Kind so tief gekränkt hatte – auch sogar ihren Ehepartner.

Da ihr Mann seinerseits unreif war, verkraftete er ihre Animosität nicht, die er, obwohl sie sie zu verbergen versuchte, spürte. Er bekam zunehmend das Gefühl, in der Beziehung zwischen ihm und ihr fehle es an jeglicher Zärtlichkeit.

Die Frau sah schließlich ein, daß ihr kindlicher Zorn auf den Vater zwar berechtigt gewesen sein mochte, aber jetzt ihre Ehe zu ruinieren drohte und daß sie, solange sie diesen Zorn in sich trug, mit keinem Mann glücklich werden konnte. Es kostete einen harten Kampf, sie zur Selbsterkenntnis zu führen. Bei jedem Gespräch wartete sie mit neuen Vorwürfen gegenüber ihrem Mann auf.

Doch nach und nach, unter dem Eindruck behutsamen Zuredens, überwand sie ihren tiefsitzenden Groll auf den Vater. Sie wurde ihrem Mann gegenüber zunehmend sanfter. Dies wiederum half ihm, ihr gegenüber eine unvoreingenommenere Haltung einzunehmen. Durch Einblick in das eigene Verhalten sowie in das des Partners und durch eine neue Entschlossenheit, miteinander auszukommen, gelang es den beiden, ihre Ehe zu retten.

Indem die Partner offen miteinander sprechen, können sie sogar die in so vielen Ehen auftauchenden lästigen Geldprobleme aus der Welt schaffen. Es ist erstaunlich, wie viele Paare in Geldangelegenheiten fast ständig verschiedener Meinung sind und deshalb erbitterte Auseinandersetzungen führen. Eine Ehe, die dauerhaft und eine Garantie für eine gute Erziehung von Kindern sein soll, muß materiell gesichert sein. Dieses Sicherheitsbedürfnis beeinflußt die Partnerwahl einer Frau sehr zu Recht. Wenn aber ein Ehemann ohne einen objektiven Grund seiner Frau die Gewißheit materieller Sicherheit verweigert, dann steht regelmäßig die Familie in Gefahr.

In unserer Gesellschaft ist Geld der Inbegriff materieller Sicherheit. Leider erbittern heute noch viele Männer ihre Frauen, weil sie sich weigern, ihre Ehegefährtinnen in Fragen der Familienfinanzen als vollwertige Partnerinnen anzuerkennen und mitbestimmen zu lassen. Allzuoft haben die Frauen nicht das geringste Mitspracherecht in der »Firmenpolitik«, ein Zustand, den ein Mann in einer geschäftlichen Partnerschaft niemals hinnehmen würde.

Wir erinnern uns an eine Frau, die vollkommen verzweifelt über ihre Ehe war, weil ihr Mann ihr nur Geld gab, wenn sie ihn darum bat. »Wenn du Geld brauchst, werde ich es dir geben«, pflegte er zu sagen. Vor ihrer Heirat hatte die Frau selbst verdient und ihre Einkünfte in überlegter, vorausblickender Weise eingeteilt. Jetzt wußte sie nie, woran sie war. Sie hatte keine Ahnung, was das Budget zuließ, was sie für das Haus, für sich und die Kinder ausgeben konnte.

Ihrem Mann mußte klargemacht werden, daß er sie wie ein zurückgebliebenes, verantwortungsloses Kind behandelte, anstatt ihr zu geben, was ihr zustand: ein festes Haushaltsgeld pro Monat. Als er ihr das zubilligte, war der Konflikt in dieser Ehe beigelegt. Die Frau war glücklich und, obwohl er zunächst nicht einverstanden gewesen war, der Mann auch. Es genügt aber in unserer heutigen Gesellschaft nicht mehr, daß man den Ehefrauen »einen bestimmten Betrag aussetzt«. Sie müssen noch mehr, als es bisher geschieht, zu gleichberechtigten Partnerinnen gemacht werden.

Wer Ehepaare beraten muß, die auseinandergehen wollen, wundert sich immer wieder darüber, daß so wenige Menschen die Geldfragen klären, bevor sie heiraten. Aus irgendeinem unerfindlichen Grund gilt es als unfein, die praktischen Einzelheiten des täglichen Lebens zu erörtern; und wer es tut, gerät in den Verdacht, kleinlich oder habgierig zu sein. Der Status der Frau hat sich in den letzten Jahren entscheidend geändert und ändert sich weiter. So kommt es heute beispielsweise kaum mehr in Frage, daß sie, wie früher, nach dem Tod ihres Mannes bei einem Bruder oder beim Vater Zuflucht sucht; man erwartet von ihr, daß sie die nötige »Kraft« hat, auf eigenen Beinen zu stehen.

Ungefähr ein Drittel der Frauen Amerikas und Westeuropas ist heutzutage berufstätig, und die Mehrheit dieser Frauen hat auch Kinder. Die Zeit, da junge Frauen arbeiteten, um die Jahre zwischen Schule und Ehe zu überbrücken, gehört der Vergangenheit an. Wer als Ehemann eine zufriedene Frau will, muß sie zur gleichberechtigten Partnerin machen. Nur dann ist sie im Ehestand glücklich und hat ein Gefühl der Sicherheit.

Der Mann sieht sich jedoch noch weiteren Veränderungen gegenüber. Mittlerweile weiß man, daß es nicht richtig ist, die Erziehung der Kinder ausschließlich der Mutter zu überlassen. Um in einer Gesellschaft, in der die beiden Geschlechter verschiedene soziale Funktionen haben, ein Kind erfolgreich zu erziehen, ist neben dem Einfluß der Mutter auch der des Vaters von entscheidender Bedeutung. Man kann aber ein Kind nicht »in Abwesenheit« beeinflussen. Immer mehr Väter stellen fest, daß es angenehm und auch für sie persönlich lohnend ist, mit ihren Kindern beisammen zu sein, daß sie für dieses Beisammensein durch ein Gefühl der Erfüllung belohnt werden. Es ist in unserer Zivilisation nur wenige Generationen her, daß der Vater fast genausoviel zu Hause war wie die Mutter. Die Geschäfte wurden im Laden oder in der Werkstatt unten im Haus getätigt. Der Bauer erledigte seine Schreibarbeiten auf dem Eßtisch und lagerte die Saat fürs nächste Jahr in der Vorratskammer des Bauernhofes. Der Vater war zum Frühstück, Mittagessen und Abendessen stets daheim.

Heute müssen die Männer lernen, die Gemeinschaft mit ihren Kindern und deren zwanglose Unterweisung wieder aufzunehmen; dies ist unter den heute gegebenen Lebensumständen, da die berufliche Tätigkeit gewöhnlich fern vom Zuhause ausgeübt wird, nicht immer ganz einfach.

Von allen gesellschaftlichen Institutionen ist die Ehe derzeit wohl den tiefgreifendsten Veränderungen ausgesetzt. Dies bedeutet eine große, lohnende Herausforderung für uns. Kluge Eheleute wissen, daß eine gute Ehe das Werk des Mannes *und* der Frau ist. Sie machen aus der Ehe eine echte Partnerschaft. Das feit sie wie nichts anderes gegenüber vielen Gefahren.

Heute hört man oft die Klage, daß die moderne Gesellschaft die Familie zu sehr verkleinert hat, daß die warmen zwischenmenschlichen Beziehungen, die für frühere Generationen selbstverständlich waren, in unserem Leben fehlen. Vor allem Frauen mit kleinen Kindern beschweren sich darüber, daß sie ans Haus gefesselt sind und kaum die Gesellschaft Erwachsener genießen können. Auch viele Männer bedauern, daß die »glücklichen Großfamilien« für immer verschwunden sind. Nun, im Grunde sind die Menschen, die einst diese glücklichen Großfamilien (wenn sie das wirklich waren) bildeten, auch heute da! Es gibt weniger Kinder, das steht fest, aber es gibt Vettern, Schwestern, Mütter, Väter, die so isoliert leben, daß sie zu einem Problem für die Gesellschaft werden.

Könnten sich beide Probleme, wenn man sie mit Intelligenz anginge und sich um Verständnis bemühte, nicht gegenseitig lösen? Wie steht es beispielsweise mit den Beziehungen zu angeheirateten Verwandten? Könnte man nicht erwarten, daß Menschen verschiedenen Alters und verschiedener Erziehung das Familienleben eher bereichern als beeinträchtigen, vorausgesetzt sie bringen es fertig, sich wie reife Erwachsene zu benehmen?

Verwandtenprobleme sind meist allgemeinmenschliche Probleme; sie werden in Wirklichkeit sehr selten von den Verwandten selbst verursacht. Auslösend ist gewöhnlich die Reaktion desjenigen Ehepartners, dessen Blutsverwandter in die Familie aufgenommen wird. Die Tochter, die als relativ reifer Mensch geheiratet hat und sich dem Leben zufriedenstellend stellt, geht plötzlich »heim zu Mami«, selbst wenn ihre Mutter nur zu ihr auf Besuch kommt. Oder der Ehemann, der eingesehen hat, daß ihn die häuslichen Pflichten genauso angehen wie seine Frau, wird in Gegenwart seiner Eltern plötzlich wieder zum kleinen Jungen.

Es ist verhängnisvoll, daß Eltern bei ihren erwachsenen Kindern oft diese Wirkung auslösen. Doch ältere Menschen kann man ändern – viel leichter als vermutet. Manchmal braucht man sie nur auf das Problem hinzuweisen, und sie ändern sich dann sofort selbst. Das ist aber gar nicht immer nötig. Wenn eine ältere Frau mit ihrem erwachsenen Sohn in der Babysprache redet, ist dies eher komisch als beunruhigend. Aber kein bißchen komisch, sondern sehr, sehr traurig ist es, wenn der erwachsene Sohn in der Babysprache antwortet.

Und sofern seine Reaktion – die eines Sohnes, aber auch eines verheirateten Mannes – bedeutet, daß er wieder wie früher seine Kleidung auf den Boden wirft oder ungebührliche Aufmerksamkeit und Bedienung verlangt, dürfte zwischen den beiden betroffenen Frauen nicht mehr lange eine friedliche Beziehung bestehen.

Oft fängt gar nicht die Mutter oder der Vater mit dem »Babygehabe« an, sondern das erwachsene Kind, und Mutter oder Vater sind darüber genauso beunruhigt wie der Ehepartner. Einmal kamen zwei Frauen zu uns, die eine war etwa Mitte Zwanzig und die andere Mitte Fünfzig; die eine war die Ehefrau und die andere die Mutter eines gutaussehenden, intelligenten jungen Mannes mit vielversprechender Karriere im öffentlichen Dienst.

Die beiden Frauen wollten in unserem Institut ihr Verwandtenproblem erörtern. Etwa sechs Monate zuvor war der Mann der älteren Frau gestorben; weil ihr Sohn und dessen Frau nur zwei Kinder und sehr viel Wohnraum zur Verfügung hatten, schien es vernünftig, daß die Witwe zu ihnen zog, zumindest bis sie über die erste Zeit hinweg war und eine neue Betätigung gefunden hatte. Wie es manchmal so geht, hatten die beiden Frauen einander noch nie gesehen, bis die Mutter in ihrem mit einem Teil ihrer Habseligkeiten vollgeladenen Wagen vorgefahren war. Die beiden Frauen hatten einander auf den ersten Blick gemocht, und beide hatten instinktiv gewußt, daß sie trotz des Altersunterschiedes gute Freundinnen sein könnten.

Sie hatten jedoch nicht mit dem starken Drang nach Rückkehr in die Kindheit gerechnet, von dem so mancher Mann in Gegenwart seiner Mutter erfaßt wird. Der Ehemann hielt sich plötzlich nicht mehr an die ehelichen Abmachungen. Er ließ seine Wäsche herumliegen wie ein Kind, vergaß, den Thermostat zurückzudrehen, und lehnte sogar ab, die kleinen Aufgaben zu erfüllen, die er freiwillig, als seinen Anteil an den häuslichen Pflichten, übernommen hatte. »Wenn zwei so tüchtige Frauen da sind«, pflegte er zu sagen, »brauche doch ich meine müden alten Knochen nicht zu strapazieren.«

Kam es wegen irgendwelcher Dinge zu Reibungen, versuchte er nicht mehr, sich anzupassen, sondern lief wie ein kleines Kind zu seiner Mutter und lispelte: »Mami ist doch auf der Seite ihres lieben Jungen, nicht?!«

Oberflächlich betrachtet, schien die Situation amüsant, doch das Problem saß tiefer und war ernster, als die eher komischen Symptome vermuten ließen.

Ein Gespräch mit ihm über seine Beziehung zu seinem verstorbenen Vater lieferte den entscheidenden Anhaltspunkt. Sein Vater war ein sehr zurückhaltender Mann gewesen, der dem Sohn seine Zuneigung nicht recht hatte zeigen können, und der Sohn hatte, je älter er wurde, der Mutter zunehmend ihre hingebungsvolle Liebe zum Vater verübelt. Unbewußt wollte er nun endlich die Gelegenheit benutzen, die Kindheit zu genießen, der er immer nachgetrauert hatte. Er befand sich in einem heftigen Konflikt und war sich dessen auch einigermaßen bewußt. Schließlich machte er selbst den Vorschlag, seine Frau und seine Mutter sollten mit den Kindern für die Sommermonate ans Meer fahren. Er wollte unterdessen versuchen, sein Problem mit unserer Hilfe zu lösen. Dies schaffte er tatsächlich bis zur Rückkehr seiner Angehörigen.

In seiner Fallgeschichte kam ein interessanter Punkt ans Licht: Bis zum Tod des Vaters war er hundertprozentiger Atheist gewesen. Beim Eintreffen der Todesnachricht dann hatte ihn, wie er sich ausdrückte, »große Verwirrung« in bezug auf das Leben nach dem Tod und auf Gott erfaßt. Darum hatte er sich darangemacht, voll großem Ernst die »Gründe«, die für religiösen Glauben sprachen, zu studieren. Das Ergebnis: Er glaubte auf einmal an einen persönlichen Gott als den weisen Vater, dessen Liebe er sicher sein konnte. Nach diesem Erlebnis war er zwar fähig, seine Beziehung zu seiner Familie zu analysieren; er reagierte aber gegenüber Gott genauso wie einst gegenüber seinem Vater. Da er nun den einen Vater verstand, konnte er auch den anderen verstehen und akzeptieren. Wie immer beschränkt diese Sicht Gottes zunächst war, er befand sich auf dem richtigen Weg.

Wir bekamen noch mit einem weiteren »Verwandtenproblem« zu tun, das eine Familie zu zerbrechen drohte. Nach dem Tod des Vaters der jungen Ehefrau übersiedelte die Mutter zu dem Paar. Sie brachte alles durcheinander.

In diesem Fall brachte der junge Mann die beiden Frauen zu uns, nachdem sie sich bereit erklärt hatten, ihre Sache offen einem Berater vorzutragen. Das Problem war hier relativ einfach. Es war im Grunde kein »Schwiegermutterproblem«, sondern das einer sechzigjährigen Frau, die ihren Mann verloren hatte, die aus ihrer gewohnten Umgebung verpflanzt worden war und nun unter ernsten Anpassungsschwierigkeiten litt. Die verwitwete Frau hatte jahrelang ein an Aktivitäten und Pflichten reiches Leben geführt, und jetzt gab es für sie plötzlich nur noch bedrückenden Müßiggang. Wenige Minuten genügten, um den beiden jungen Leuten das klarzumachen. Sie gaben zu, daß sie zu sehr mit ihren eigenen Angelegenheiten beschäftigt gewesen waren, um jene der Mutter beziehungsweise Schwiegermutter zu gewahren.

In der Pfarrgemeinde gab es eine charmante ältere Dame, die gerade ein Enkelkind verloren hatte und dringend eine lohnende, ablenkende Beschäftigung suchte. Ihr vertrauten wir, sozusagen als älterer Schwester, die heimatlos gewordene Witwe an und trugen ihr auf, sie am nächsten Tag zur Arbeit in der Kirchengemeinde mitzubringen. Nachdem die Witwe wieder eine sinnvolle Beschäftigung hatte, ließ ihr Selbstmitleid nach und hörte bald ganz auf. Und damit war auch das Problem der Jungen gelöst.

Der Drang nach sexueller Befriedigung, der bei allen erwachsenen Menschen vorhanden ist, bleibt nur selten unerfüllt, ohne daß ernste Folgen auftreten. Viele Menschen sublimieren ihn in anderer Weise, indem sie ihn etwa in geistige oder soziale Aktivität umsetzen. Doch in der Ehe führt die Nichterfüllung gewöhnlich zu nervösen Störungen, Untreue oder Scheidung.

Eine Scheidung löst allerdings das Problem nur selten, weil der innere Konflikt, an dem die Ehe zerbrach, unverändert besteht und alle neuen Beziehungen gefährdet. Menschen, die mit dem Gedanken an Scheidung spielen, brauchen gewöhnlich dringender einen Psychotherapeuten als einen Anwalt. Und was die eheliche Untreue angeht, so lehrt die Erfahrung, daß sie bei den meisten Menschen mehr Schuldgefühle als Befriedigung hinterläßt.

Wir erinnern uns an einen jungen Mann, der sich in eine charmante junge Frau verliebte und sie heiratete. Doch der Honigmond wich bald der Spannung und Trübsal des Alltags. Die junge Frau hatte mit dem sehnlichen Wunsch geheiratet, Kinder zu bekommen. Sie wollte gleich im ersten Ehejahr ein Baby. Er widersetzte sich dem aus verschiedenen Vernunftgründen. In Wahrheit jedoch fürchtete er unbewußt, daß ein Kind ihm die Liebe seiner Frau stehlen könnte.

Seine Frau war das unschuldige, bekümmerte Opfer seiner zwanghaften Haltung, die keiner der beiden verstand. Vier Jahre vergingen, in denen die junge Frau immer deprimierter und erbitterter wurde. Er fühlte sich zunehmend von ihr drangsaliert und meinte voll Selbstmitleid, daß er kein Zuhause habe, wie er es verdiene.

Eines Tages lernte er auf einer Party ein Mädchen kennen und begann eine Affäre. Bald verbrachte er mit der anderen mehr Zeit als mit seiner Frau. Doch er hatte solche Gewissensbisse, daß er das außereheliche Verhältnis nicht zu genießen vermochte. Schließlich kam er zu uns, in der Hoffnung, wir könnten ihn vom Widerstreit seiner Gefühle, die ihn zu zerreißen drohten, und aus der unhaltbaren Lage befreien.

Viele Interviews waren erforderlich, um ihn zu der Einsicht zu bringen, daß sein Gefühl für die andere Frau weniger auf echter Zuneigung beruhte, sondern weit mehr dem Wunsch erwuchs, seiner Frau zu entfliehen. Er verübelte ihr, daß sie zum Bemuttern ein Kind haben wollte – statt ihn, dem sie doch eine Mutter sein könnte! Natürlich konnte seine Frau das Ansinnen, das er unbewußt an sie stellte, nicht erfüllen; und er versagte ihr aus seiner Muttersehnsucht heraus den natürlichen Wunsch und das natürliche Recht, Kinder zu haben. »Nehmen wir einmal an«, sagte der Psychotherapeut, »daß Sie sich von Ihrer Frau scheiden lassen und Sie die andere Frau heiraten. Können Sie sich vorstellen, daß Sie mit ihr glücklich würden? Daß Ihr Gefühl für sie länger als einen Sommer oder vielleicht ein Jahr dauern würde?«

»Vielleicht nicht«, antwortete der Mann in kläglichem Ton, »aber das weiß ich doch jetzt nicht!«

»Ich prophezeie Ihnen etwas«, entgegnete der Psychotherapeut. »Sie würden sie heiraten und nach einer Weile bei ihr genau die gleichen Fehler entdecken wie bei Ihrer Frau! Irgendwann würden Sie dann wieder ein anderes Mädchen kennenlernen und von neuem ein Verhältnis anfangen. Sie hätten genau die gleichen Schwierigkeiten wie jetzt. Das Vernünftigste ist also, Sie heiraten nicht eine andere Frau, sondern werden selbst anders.«

Eine Ehe kann man nicht mit Redensarten kitten, aber allzu viele Eheleute versuchen es. Einer der gefährlichsten Sprüche ist zweifellos: »Was man nicht weiß, macht einen nicht heiß.« Untreue ist für eine Ehe zweifellos schädlich, aber mindestens genauso verhängnisvoll sind die mit jedem Seitensprung verbundenen Lügen. Die Menschen sollten nichts versprechen, was sie nicht halten wollen oder nicht halten können; aber wenn sie glauben, das Versprochene halten zu können, und wenn sie dann scheitern, ist Offenheit – so schwer sie fallen mag – weniger schädlich als die Unsicherheit, die für den Partner das Zusammenleben mit jemandem, dessen Wort er nicht mehr trauen kann, mit sich bringt. Und erwiesenermaßen ist niemand ein so perfekter Lügner, daß er eines Tages nicht entlarvt wird, außer der Partner will sich gern täuschen lassen.

Die Frau dieses Mannes wußte, wie sich zu seiner Verwunderung herausstellte, über sein Verhältnis Bescheid; aber sie liebte ihn und wollte trotz allem versuchen, die Ehe zu retten. Sie war bereit, ihrem Mann zu verzeihen, wenn er wirklich bereit war, ihr künftig treu zu sein. Sie hatte begriffen, daß sein Handeln die Folge eines krankhaften Drangs gewesen war.

Die beiden wurden zu einem gemeinsamen Interview in unser Institut gebeten, und nachdem alles durchgesprochen worden war, beschlossen sie, es noch einmal miteinander zu versuchen. Der Mann gab zu, daß er seiner Frau gegenüber unfreundlich und ungerecht gewesen war; er bat sie um Verzeihung, und sie vergab ihm. Außerdem erklärte sie sich damit einverstanden, nie mehr über die Angelegenheit zu reden, was viel schwerer war! Die beiden versprachen einander, das Thema nicht mehr zwischen ihnen aufkommen zu lassen und, wenn es trotz ihrer Bemühungen wieder zu einem Problem werden sollte, sofort zu uns ins Institut zu kommen.

Die bemitleidenswerten jungen Leute weinten an dem Nachmittag bitterlich, doch dann gingen sie zusammen nach Hause, von neuer Hoffnung auf ihre Zukunft erfüllt. Wir blieben mit ihnen in Verbindung. Sie haben inzwischen zwei Kinder und sind nun schon seit fünf Jahren sehr glücklich miteinander.

Wer nicht in der Lage ist, seine starken unbewußten Strebungen unter Kontrolle zu bringen, gerät in größte eheliche Schwierigkeiten. Manchen Männern und Frauen ist es beispielsweise unmöglich, den Drang nach immer neuen Eroberungen zu unterdrücken; sie verspüren ein überwältigendes Bedürfnis nach Abenteuern und handeln entsprechend. Solchen Menschen mangelt es an emotionaler Reife. Getrieben von ihren Impulsen, bestehen sie wie Kinder oder Wilde darauf, daß jede Laune befriedigt wird, koste es, was es wolle. Sinn und Zweck einer Ehe sind aber Liebe, persönliches Reifen, Gemeinsamkeit und als Erfüllung derselben Kinder. Niemand vermag die Ziele zu erreichen, wenn er von inneren Konflikten und ungelösten Zwängen beherrscht wird.

Ganz oben auf der Liste der Ursachen für das Scheitern von Ehen stehen sexuelle Unvereinbarkeit, Untreue und mit dieser häufig einhergehende Schwächen wie starkes Trinken. Immer wieder stoßen wir auf Ehepartner, die tiefe Liebe und Achtung füreinander empfinden, aber unfähig zu einer echten, freudebringenden sexuellen Vereinigung sind. Diese ist in der Ehe eine normale, gottgewollte Funktion; das wissen sie, lehnen sie aber dennoch ab.

Hat die Beziehung solcher Menschen sich nach der Heirat eingependelt und »beruhigt«, finden sie das Geschlechtsleben oft sogar widerlich; sie meiden den körperlichen Kontakt unter diesem oder jenem Vorwand immer mehr – und eben dann kommt es oft vor, daß sie in außerehelichen Abenteuern die Befriedigung zu suchen beginnen, nach der sie sich sehnen, die sie jedoch in der Ehe nicht finden. Viele versuchen dann auch, ihre Enttäuschung und Frustration im Alkohol zu ertränken.

Die Entwicklung des Gefühlslebens und der Sexualität solcher Menschen wurde mit ziemlicher Sicherheit in der frühen Kindheit gehemmt. Die sexuelle Entwicklung ist von Kindheit an so starker emotioneller Belastung – Gemütsbewegungen und Gefühlen verschiedenster Färbung – ausgesetzt, daß sie allzuoft in eine falsche Richtung gerät. In der geistig-seelischen Verfassung des heranreifenden Kindes findet sehr oft eine unheilvolle Verkettung zwischen Sexualität und starkem Schuldgefühl statt.

Einem Kind, das neurotische Eltern hat, gelingt es eben wegen dieses Umstandes häufig nicht, seine übertriebenen Vater- und Mutterbindungen auf andere, geeignete Personen zu übertragen. Die übermäßige Bindung an die Eltern besteht gewöhnlich hartnäckig fort und erzeugt ein Schuldgefühl, für das unbewußt, voll Angst, eine Bestrafung erwartet wird. Herrschen solche Bedingungen, bleibt ein Junge neurotisch an das Phantasiebild seiner Mutter und ein Mädchen an jenes seines Vaters gebunden. Und später belastet dann ein unbestimmtes Gefühl der Unvollkommenheit und Schuld jeden Versuch, in der körperlichen Liebe dauerhafte Erfüllung zu finden.

Zu den Schwierigkeiten solcher Kinder kommt noch hinzu, daß sie allerlei falsche Vorstellungen über das Geschlechtsleben entwickeln. Sie halten geschlechtliche Befriedigung für unerlaubt, schlecht oder schmutzig, weil sie diesbezüglich nur unzulängliche oder irreführende Informationen bekommen haben. Eltern sind vielfach zu gehemmt, zu verlegen, zu ungeschickt oder selbst zu uninformiert, um die Heranwachsenden richtig ins Bild zu setzen.

Alles in allem braucht man sich nicht zu wundern, daß so viele junge Menschen unfähig sind, im Rahmen einer Ehe, die stets hohe Anforderungen stellt und mit Schwierigkeiten verbunden ist, echte sexuelle Befriedigung zu finden. Sie sind Opfer einer Art Kettenreaktion, in der charakterliche Unvollkommenheiten von einer Familiengeneration an die nächste weitergegeben werden wie eine Erbkrankheit. Ein Kind, das in einer gestörten, unsicheren, konfliktreichen häuslichen Atmosphäre heranwächst, ist im allgemeinen später als Erwachsener nicht imstande, für seine eigenen Kinder eine gesunde Atmosphäre zu schaffen. Folglich geben seine Kinder die gleichen neurotischen Eigenheiten an die nachfolgende Generation weiter.

Der letztliche Sinn einer jeden Ehe sind Kinder; doch viele Menschen haben bei der Erziehung ihrer Kinder kaum weniger Probleme als in der Liebe und im Zusammenleben. Ihre Ichbezogenheit bewirkt nicht nur, daß sie ihre primitiven Triebe fälschlicherweise in außerehelichen, für ihre Liebesbeziehung sehr schädlichen Abenteuern zu befriedigen suchen; sie erschwert es ihnen auch, die Bedürfnisse ihrer Kinder zu erfüllen. Häufig fürchtet ein Elternteil, die Zuneigung des anderen zu verlieren, wenn ein Kind zur Welt kommt; und manchmal bezeigen der Vater oder die Mutter dem Neugeborenen tatsächlich solche Liebe, daß sich der Ehepartner zurückgesetzt fühlt und unglücklich wird.

Selbst ein Paar, das den Wunsch nach Kindern teilt, bringt es trotz bester Absichten oft nicht fertig, seinen Kindern die ständige Aufmerksamkeit zu widmen, die sie brauchen und fordern. Dies verlangt eine Selbstaufopferung, zu der ein emotional unreifer Mensch nicht fähig ist. Das Eheleben, das bis dahin vielleicht ein sorgloser Glückstaumel gewesen war, wird infolge der Geburt eines Kindes verändert und eingeengt. Jemand muß das Baby füttern, versorgen und beruhigen, wenn es weint. Ist niemand anderer da, muß dies der Vater tun, und das macht ihn möglicherweise zunehmend gereizt, weil er auf eine Einladung zum Abendessen, auf eine Autofahrt oder einen Kinobesuch verzichten muß. Jeder Tag, jeder Monat, jedes Jahr erlegt den Eltern neue Beschränkungen auf.

Oft wird behauptet, Kinder hielten eine Ehe zusammen. Leider kann auch das Gegenteil der Fall sein. Nach unseren Beobachtungen gehen nicht wenige Ehen in die Brüche, weil ein Elternteil nicht gewillt ist, all die Opfer zu bringen, die beim Aufziehen der Kinder erforderlich sind. Die Versuche eines Ehepartners, sich vor der ihm zufallenden Belastung zu drücken und seinen Anteil an der Verantwortung abzulehnen, setzt die Ehe einer unerträglichen Belastung aus.

Erfreuen sich Ehemann und Ehefrau jedoch reifer Liebe und Zuneigung, so vergrößern die Kinder ihr Glück unermeßlich. Für Eltern, deren Einstellung zueinander von der Einheit ihrer Herzen und der Übereinstimmung ihrer Ziele geprägt ist, ist es ein leichtes, Kinder großzuziehen, die später ebenfalls in der Lage sein werden, eine wahrhaft bereichernde Ehe zu führen.

Es gibt viele Kräfte, in uns selbst und in unserer Umwelt, die zerstörerisch auf Ehen wirken. Gegen diese Kräfte muß mit der ganzen Energie angegangen werden, über die jeder einzelne unserer Gesellschaft verfügt. Die wohl stärkste Bindekraft in der Ehe gewährt religiöse Überzeugung, vorausgesetzt man wendet sie praktisch an. Oft sind die Wiederbelebung des religiösen Glaubens und die neuerliche Anerkennung der von der Religion postulierten Prinzipien lebenswichtige Schritte zur Rettung einer vom Zerfall bedrohten Ehe.

Ein junges Paar, das in einer amerikanischen Provinzstadt aufgewachsen war, übersiedelte nach Washington und blieb während des Vietnamkrieges dort. Die beiden gewannen viele Freunde, die aus sehr unterschiedlichen Kreisen kamen und eine ganz andere Moralauffassung hatten als sie.

In jenen aufregenden Tagen wurde ihr Leben immer lockerer und ausschweifender. Sie gingen beide den Weg des geringsten Widerstands, was bedeutete, daß sie viel tranken und viel flirteten. Und beide Partner hatten eine Reihe kurzer Affären. Nie hielten sie inne, um sich zu fragen, ob ihnen das alles überhaupt gefiel und was es ihrer Ehe zufügte. Sie ließen sich einfach treiben, nicht weil ihnen dieses Leben besonders zusagte, sondern eher weil es in einer Zeit abgewerteter Moral so »schick« war.

Als der Krieg endete, übersiedelten sie gleich vielen ihrer neuen Freunde nach New York, und dort nahm das unglückselige Leben seinen Fortgang. Die junge Frau kam eines Tages völlig verzweifelt in unser Institut und sagte, wenn ihr Mann und sie länger so weitermachten, sei ihre Ehe am Ende.

»So habe ich mir meine Ehe mit Bill ganz bestimmt nicht vorgestellt«, erklärte sie dem Geistlichen. »Mir gefällt nicht, was wir tun, und ich verabscheue mich selber, weil ich mitgemacht habe! Mir ist das Ganze zuwider, und ich bin ziemlich sicher, daß Bill es auch satt hat.«

Der Geistliche entgegnete: »Als erstes sollten Sie sich von Ihren sogenannten Freunden trennen, meinen Sie nicht auch? Sie wollen doch Freunde, die Sie fördern, und nicht Leute, die Sie herunterziehen!«

»Wir brauchen Freunde«, erwiderte sie. »Aber glauben Sie vielleicht, daß es in einer Stadt wie New York Menschen gibt, die so leben wollen, wie ich gern leben würde? Und falls es solche geben sollte, wo um alles in der Welt sollen wir sie kennenlernen?«

»Diese Fragen kann ich Ihnen leicht beantworten«, sagte der Geistliche. »Die Größe einer Stadt verändert die menschliche Natur nicht. In der Pfarrgemeinde unserer Kirche werden Sie Menschen finden, die genauso hohe Ideale haben wie Sie, Menschen, die glücklich und auch anziehend sind.«

Sie sah ihn zweifelnd an. »Womit vergnügen sie sich? Jedenfalls klingt das alles nicht locker genug für Bill! Er hat in letzter Zeit sehr ausgefallene Ideen. Mich würde ein Versuch reizen, aber nicht ihn, da bin ich ziemlich sicher.«

»Warum lassen Sie das Bill nicht selbst entscheiden?«

Zu ihrer Überraschung ging Bill bereitwillig auf die Idee ein. Das Paar kam zu einem geselligen Beisammensein, das von der Kirchengemeinde veranstaltet worden war. Auch am Silvesterabend nahmen sie teil und gingen nicht in einen Nachtklub. Zu ihrer Verwunderung sahen sie sich von ein paar hundert entspannten, fröhlichen, ausgelassenen jungen Leuten umringt. Nur die wenigsten konsumierten alkoholische Getränke. Die jungen Leute brauchten das nicht. Ihre überschäumende Lebensfreude genügte, um sie in Stimmung zu bringen.

Später fragte Bill den Geistlichen: »Was ist das Geheimnis dieser Menschen, das sie so unabhängig von äußeren Reizmitteln macht?«

»Die Religion«, antwortete der Geistliche, und er fügte hinzu: »Sie müssen lernen, sich Ihre Ehe als spirituelle Beziehung vorzustellen, als Vereinigung zweier in Gott ruhender liebender Herzen. Errichten Sie Ihr Zuhause auf einem spirituellen Fundament und machen Sie sich klar, daß für Ihr Wohlergehen tägliches Beten sehr wichtig ist.«

Es heißt, daß einem das Christsein nicht beigebracht wird, sondern daß man von seinen Segnungen erfaßt wird. Genau dies widerfuhr den jungen Leuten, und erst von da an wurde ihre Ehe so, wie sie es sich immer gewünscht hatten.

Die Ehepaare sind es sich und ihren später wahrscheinlich selbst ebenfalls einmal zu Eheleuten werdenden Kindern schuldig, mit aller Kraft zu versuchen, in ihrem Zuhause eine heitere, liebevolle Atmosphäre zu schaffen und allen Widrigkeiten zum Trotz aufrechtzuerhalten.

Die nachstehenden praktischen Ratschläge sollen Ihnen dies erleichtern:

1. Prüfen Sie vor der Heirat, ob Sie und Ihr Partner geistig und gefühlsmäßig zusammenpassen. Zwischen

Ehepartnern muß von Anfang an Übereinstimmung der Überzeugungen, Einstellungen und Ziele herrschen. Unvereinbarkeiten, die Sie nach der Hochzeit feststellen, sollten Sie abbauen und nicht zu einem Problem aufbauschen.

2. Wachsen Sie gemeinsam, wenn Sie in Ihrem Leben mit neuen Interessen und Standpunkten konfrontiert werden. Lassen Sie nicht zu, daß einer von Ihnen stehenbleibt, während der andere sich weiterentwickelt.
3. Vergessen Sie nie, daß eine Ehe kein Wettstreit unter Rivalen ist, sondern eine Partnerschaft, in der jedem der gleiche Anteil an den Freuden und auch an den Leiden zukommt.
4. Seien Sie klug und lernen Sie, alles offen miteinander zu besprechen. Einer der größten Philosophen sagte: »Es gibt keine Verletzung, die nicht durch ruhiges Reden geheilt werden kann.« Erörtern Sie Ihre Probleme und Kümmernisse ohne Zorn, ohne Aggressivität mit dem festen Willen, sie aus der Welt zu schaffen. Geraten Sie dennoch in Streit, sollten Sie den weisen alten Rat beherzigen, sich vor dem Schlafengehen zu versöhnen.
5. Seien Sie nicht schüchtern, wenn es um die Erörterung von Geldangelegenheiten geht. Nach der Heirat gehört Ihnen alles gemeinsam. Treffen Sie klare Abmachungen über Ihre finanziellen Angelegenheiten, damit Sie beide genau wissen, woran Sie sind. Reden Sie offen miteinander, wie Sie das bei jedem Geschäft unter Partnern auch tun würden.
6. Setzen Sie in Ihren Ehepartner nicht Erwartungen, die nicht objektiv gerechtfertigt sind und ihn überfordern würden. Ihre Frau kann Ihnen keine Mutter sein, Ihr Mann kein Vater.

7. Treues Zueinanderstehen ist unbezahlbar. Diskutieren Sie niemals mit Angehörigen oder Freunden über Ihren Ehepartner.
8. Behandeln Sie Ihre Kinder nicht wie Ebenbilder oder Ideenträger Ihrer eigenen Person, sondern als eigenständige Wesen. Helfen Sie ihnen, sich zu entwickeln. Wenn Sie und Ihr Ehepartner unsicher oder sich uneins im Hinblick auf Erziehungsfragen sind, sollten Sie einen Psychologen oder Ihren Geistlichen zu Rate ziehen. Vermeiden Sie jedoch, sich vor Ihren Kindern über solche Fragen oder über deren Probleme zu zanken.
9. Umgeben Sie sich möglichst mit Freunden, die ähnliche Ideale haben wie Sie und den gleichen Interessen und Zielen nachgehen.
10. Betrachten Sie die Ehe als ein Bündnis, das man eingeht und hält. Die Entschlossenheit, es zum Erfolg zu führen, ist von größter Wichtigkeit; der Erfolg, das heißt Ihr Glück, kann von dieser Einstellung abhängen.

Die Ehe ist wirklich keine leichte Aufgabe. Es hat keinen Sinn, eine Tatsache abzustreiten, die alle menschlichen Erfahrungen widerlegen. Doch unsere Erfahrungen zeigen auch, daß es durchaus möglich ist, die auftretenden Schwierigkeiten zu überwinden und zu der verheißenen Erfüllung zu finden. Ehepaare können durchaus ein glückliches Leben führen und Kinder großziehen, die sich ihrerseits zu zufriedenen, wertvollen Menschen entwickeln. Sie können und werden es, wenn ihre Verbindung auf echtem Verständnis der eigenen Person sowie der Person des anderen aufbaut und wenn sie die Prinzipien ihrer Religion im Alltag anwenden. Die ernste Warnung der Bibel ist beherzigenswert: »Wo der Herr nicht das Haus baut, so arbeiten umsonst, die daran bauen.«

Kapitel 8

Wie Alkoholiker ihr Problem lösen können

Normalerweise erhalten wir in unserem Institut keine Anrufe seitens der Polizei, doch Ausnahmen bestätigen die Regel. Eines Morgens rief uns eine Polizeidienststelle aus dem Westen der Stadt an und verlangte einen der Psychiater unseres Teams. Als dieser sich meldete, sagte der Polizeibeamte: »Wir haben hier einen James Brown festgesetzt, der behauptet, daß Sie ihn kennen. Wenn das stimmt und wenn Sie die Verantwortung für ihn übernehmen, können Sie ihn abholen. Wir wollen ihn hier nicht haben.«

Als James Brown dann aus der Zelle trat, in der er die Nacht zugebracht hatte, sah man ihm in der Tat an, daß er die Betreuung durch einen Psychotherapeuten noch nie so nötig gehabt hatte wie eben jetzt. Er machte körperlich und auch geistig-seelisch den Eindruck eines Wracks. Seine Hände zitterten; sein Smoking war zerrissen, sein weißes Hemd zerknittert und schmutzig; Kragen und Krawatte fehlten. Sein bleiches Gesicht war dreckverschmiert, die Stirn zierte eine riesige blau-rote Beule. Er hatte blutunterlaufene Augen und sprach mit überjapsender, krächzender Stimme.

James Brown, achtunddreißig, zählte zu den führenden Anwälten New Yorks. Er hatte eine attraktive Frau und drei Kinder, besaß alles, was das Leben angenehm und lohnend machte. Dennoch steuerte er mit seinem Alkoholkonsum geradewegs den Ruin an. In seinen besten Jahren war James Brown ein Trinker!

Seine Frau hatte ihn vor ein paar Tagen verlassen und die Kinder mitgenommen. Er verlor immer mehr Klienten, seine Geldgebarung war, was für einen Anwalt bedrohlich ist, in Unordnung geraten, und jetzt hatte ihn das letzte seiner vielen, immer zügelloser gewordenen Trinkgelage sogar ins Gefängnis gebracht!

Kaum hatte er sich von seinem Rausch etwas erholt, lag er als Gestrandeter am Ufer der Nüchternheit, zitternd vor Angst und von Abscheu vor sich selbst erfüllt. »Ich habe mich zu sehr geschämt, um jemand anderen anzurufen«, sagte er unsicher, als er am Arm des Psychiaters das Polizeilokal verließ. »Ich glaube, ich sollte Ihnen erzählen, wie das passiert ist.«

Am Abend vorher war er von einer Party weggegangen, auf der er nach einem Streit mit dem Gastgeber eine große Menge Whisky-Soda getrunken hatte. Aufgebracht und verärgert war er durch die Straßen geschlendert und hatte schließlich in einer miesen Bar nach dem Konsum einiger weiterer Whiskys, diesmal pur, den Barmixer beschimpft; er wußte nicht mehr, warum. Der Barkeeper hatte ihn hinausgeworfen und ihn, nachdem er, zutiefst gekränkt und streitsüchtig, erneut auftauchte, kurzerhand nochmals hinausbefördert.

Auf dem Gehsteig hatte ihn dann ein Mann niedergeschlagen und ihm die Brieftasche abgenommen. Auf sein Protestgeschrei waren Leute zusammengelaufen, aber auch zwei Polizeibeamte angekommen. Die Polizisten hatten ihn mit aufs Revier genommen.

»Das ist alles, woran ich mich noch erinnere«, sagte

Brown. »Aber es reicht. Mir hätte Schlimmes zustoßen können. Und in meinem Geisteszustand hätte ich auch Schlimmes anstellen können.«

»Stimmt«, sagte der Psychiater, »das hätte leicht sein können! Was aber jetzt?« Er hatte sich den Bericht über die Geschehnisse des unheilvollen Abends geduldig angehört; die Einzelheiten als solche waren nicht sonderlich wichtig, denn eigentlich ging es nur darum, den Mann soweit zu bringen, daß er über die verborgenen Ursachen sprach, die zu den Ereignissen geführt hatten.

»Ich habe Angst! Dieses Trinken ist das Verrückteste, was ich je gemacht habe. Ich verliere meine Klienten, weil sie sich nicht mehr auf mich verlassen können. Meine Frau hat mich als hoffnungslosen Fall aufgegeben. Meine Kinder schämen sich meiner. Und jetzt das! Ich bin tief gesunken – tiefer geht es nicht! Aber jetzt ist Schluß. Mit dem Trinken ist bei mir ein für allemal Schluß!«

Der Psychiater schwieg.

»Ich weiß«, fuhr Brown fort, »das haben Sie schon öfter von mir gehört. Aber diesmal meine ich es ernst. Mit mir ist etwas geschehen. Wenn Sie mir helfen, wenn Sie weiter zu mir stehen, werde ich keinen Alkohol mehr anrühren, solange ich lebe.«

Seither sind fünf Jahre vergangen, und er hat sein Versprechen gehalten; wir sind überzeugt, daß er es auch künftig halten wird. Seine Standfestigkeit ist jedoch weniger auf Willenskraft zurückzuführen als vielmehr auf Verständnis des Problems und eine neue Sicht Gottes.

Ohne es zu wissen, hatte James Brown getrunken, um bestimmte, aus seinem Unbewußten aufsteigende Gefühle abzublocken, die ihre Wurzeln in seiner frühen Kindheit hatten, präziser, im endlosen Streit seiner Eltern über seine Erziehung. Seine Mutter hatte gewünscht, daß er religiös erzogen würde, und sein Vater hatte sich dem wütend widersetzt. Als der Junge acht gewesen war, hatten sich die beiden scheiden lassen, trotzdem aber unverändert um ihn gestritten. Der heftige Konflikt zwischen ihnen hatte in dem Jungen einen Konflikt erzeugt, den er nicht zu lösen vermochte, weil ihm die eigentliche Ursache verborgen blieb.

Er hatte beide Elternteile sehr geliebt; doch Gehorsam gegenüber dem einen hatte Ungehorsam gegenüber dem anderen bedeutet. Es war ihm unmöglich gewesen, beiden Freude zu machen oder zu gefallen, und dies hatten sie ihm dauernd zu Bewußtsein gebracht. Aus Enttäuschung, Verzweiflung und Wut hatte er beide genauso heftig zu hassen begonnen, wie er sie zuvor geliebt hatte. Der Stärke seines Hasses war er sich nie bewußt geworden, aber dieser Haß schwelte noch immer in ihm und loderte gelegentlich auf wie ein unterirdisches Feuer. Brown hatte getrunken, so könnte man sagen, um das Feuer seines Hasses zu löschen – ein ebenso sinnloser und verhängnisvoller Versuch, wie wenn jemand Feuer mit Benzin löschen wollte!

Anfänglich hatte er nur selten und immer nur kleine Mengen getrunken. Häufigkeit und Menge hatten jedoch stetig zugenommen, bis er soweit gewesen war, daß er, wenn er einmal zu trinken anfing, nicht aufhören konnte, bevor er vollkommen betrunken war. Zu seinem Schaden hatte er erfahren müssen, wie es ist, wenn man schon vor dem Frühstück »einen harten Drink braucht, um den Tag überhaupt aushalten zu können«! Die »Kur«, die er gegen seine Gemütskrankheit anwandte, kurierte ihn natürlich nicht; das Trinken steigerte sein Leiden nur, und schließlich konnten ihn weder Willenskraft noch beste Vorsätze mehr von seinem Laster befreien.

Die Erlebnisse am Vorabend und die Nacht im Gefängnis jedoch bewirkten bei ihm eine Umkehr. Er war am Boden, wie es treffend heißt. Zum erstenmal wünschte er wirklich Hilfe und konnte sie auch annehmen. Er hatte erkannt, daß er seinen unbewußten Konflikt nicht im Alkohol ertränken konnte, sondern sich selbst grundlegend ändern mußte.

Jetzt war es möglich, ihn auf den Weg zu echtem Verständnis seines verborgenen Problems zu führen und ihm Einblick in seinen Gefühlskonflikt zu vermitteln. Ein großer Teil seiner Schwierigkeiten erwuchs aber auch seiner falschen, dem Vaterbild entsprechenden Sicht Gottes, der richtet und straft. Erst der Glaube an Gott als Inbegriff verzeihender Liebe und allgegenwärtigen Schutzes gab ihm die Kraft, das Trinken ein für allemal aufzugeben.

Übermäßiges Trinken ist immer ein sicheres Anzeichen für ein angespanntes, beunruhigtes Gemüt. Heute in unserer hektischen Welt sind dieser beunruhigten Gemüter Legion. Wissenschaftlich fundierte Schätzungen besagen, daß allein in den USA etwa sechzig Millionen Menschen ab und zu, nur »in Gesellschaft«, trinken. Sie können es jederzeit lassen. Aber mindestens vier Millionen trinken, bis sie vollkommen betrunken sind, manche seltener, manche öfter. Unter ihnen sind fast eine Million Zwangstrinker, die so vom Alkohol abhängen, daß sie, wenn sie einmal zu trinken anfangen, bis zur Bewußtlosigkeit weitertrinken. Bei ihnen hat das Trinken bereits zu körperlichen oder geistigen Störungen geführt, oder es wird dazu führen. Sie trinken sich in ein Krankenhaus oder eine Heilanstalt. In der Bundesrepublik Deutschland schätzt man die Zahl der Alkoholiker auf zwei bis drei Prozent der Bevölkerung.

Alkoholiker sind gestörte Menschen, die in spezieller Weise auf ihre inneren Schwierigkeiten reagieren, auf ihr Gefühl der Unsicherheit und ihre Unfähigkeit, sich den Anforderungen der Umwelt zu stellen. Wie man diese Menschen auch immer einstufen mag, sie sind vor allem Kranke. Sie versuchen, mit gesellschaftsfeindlichen, aber auch sich selbst gegenüber zerstörerischen untauglichen Mitteln ihre psychischen Leiden zu heilen.

Meist fehlt es ihnen nicht an hohen Prinzipien und Idealen, aber sie sind einfach Gefangene ihrer Sucht. Sie benötigen daher, wenn sie von ihrer Alkoholabhängigkeit frei werden sollen – von der Gewohnheit, die ihnen selbst oft genauso verabscheuungswürdig erscheint wie ihren Angehörigen und Freunden –, eine Lösung des Problems an der Wurzel.

Alkohol ist entgegen einer verbreiteten Annahme kein Anregungs-, sondern ein Beruhigungsmittel, das Besorgnis, Angst und Depression dämpft. Alkoholkonsum unterdrückt vorübergehend die Fähigkeit des Menschen zur Selbstkritik, beseitigt für eine Weile seine Hemmungen und ermöglicht es ihm, impulsiv zu handeln, wie sein Verhalten beweist. Auf Dauer hat er jedoch eine verheerende Wirkung; sie ist etwa so, wie wenn man bei einem Auto die Bremsen lösen würde und es einen Berg hinunterrasseln ließe.

Der ursprüngliche Impuls zu trinken kann von einem als unerträglich empfundenen inneren Konflikt ausgehen. Er kann aus dem Bedürfnis oder dem Wunsch entstehen, eine warme, liebevolle Beziehung zu knüpfen, die unter normalen Umständen nicht erreichbar zu sein scheint. Und kurzfristig führt Alkohol tatsächlich oft dem Ziel näher. Doch dann tritt unweigerlich die gegenteilige Wirkung ein. In der Regel bietet der Betrunkene sehr bald das alarmierende Schauspiel eines Menschen, den seine primitiven Strebungen, die er in nüchternem Zustand unter Kontrolle hält, völlig übermannen.

Der Alkohol verschlimmert also genau den Schmerz, den er beseitigen soll. Und der »Morgen danach« beschert mit dem »Kater« die unerträgliche Erinnerung, daß man sich seiner unwürdig benommen hat. Das schmerzhafte Gefühl der Schuld, Angst und Unsicherheit ist schlimmer denn je. Typisch für solche Stunden des »Katzenjammers« sind Selbstanklagen, Scham, Entsetzen und der Entschluß, »keinen Tropfen mehr zu trinken«. Leider werden derartige Entschlüsse vom Verlangen nach Alkohol bald wieder erstickt.

Willenskraft allein hilft wenig, auch wenn man sie noch so bemüht. Willenskraft erwächst den bewußten *und* den unbewußten Wünschen. Daher kann ein psychisch gesunder Mensch einen Entschluß fassen und dann dabei bleiben; bei ihm wirken Bewußtsein und Unbewußtes zusammen. Bei einem Menschen, der unter dem Einfluß infantiler, krankhafter Zwänge steht, ist dem jedoch nicht so. Er kann sich mit verzweifelter Entschlossenheit vornehmen, einen bestimmten Weg einzuschlagen, aber sein unbewußtes Gefühlsleben, das seinen bewußten Wünschen entgegenarbeitet, unterminiert seinen Entschluß.

Deshalb muß ein Mensch, der sich vom Trinken heilen will, die eigentlichen Wurzeln des Übels entdecken und beseitigen. Und wie bei den meisten gefühlsbedingten Krankheiten ist die Heilung um so nachhaltiger, je früher sie einsetzt.

Ein hübsches, intelligentes junges Mädchen begann ein Jahr nach Beendigung des College-Studiums übermäßig zu trinken; Jane betrank sich regelmäßig ein- oder zweimal in der Woche. Dieses krankhafte Verhalten rechtfertigte sie vor sich selbst damit, daß sie deprimiert sei und sich langweile. In ihrem Leben schien es nichts zu geben, das ihr Freude machte. Sie trank, wie sie sagte, weil sie »das Leben so satt hatte, daß sie es nicht mehr ertrug«.

»Wieviel trinken Sie? Wieviel haben Sie beispielsweise gestern abend getrunken?«

»Gestern abend? Da habe ich ... nun: vor dem Essen fünf Martinis getrunken und nachher acht Whiskys.«

»Warum? Wissen Sie denn, warum? Warum tun Sie das?«

»Oh, ich habe mich so mies gefühlt! Ich mußte mich einfach irgendwie aufheitern!«

Das junge Mädchen wohnte bei seiner Mutter, und wenn die beiden auch selten Streit hatten, so bestand zwischen ihnen doch ständig eine Spannung. Kam die Tochter spät nach Hause, mehr oder weniger betrunken, erwartete die Mutter sie und machte ihr Vorwürfe wegen ihres »unmoralischen, unverantwortlichen Verhaltens«. Gewöhnlich stritten die beiden dann, und am nächsten Morgen erwachte Jane regelmäßig mit einem Gefühl der Schuld und Reue wegen ihres Trinkens und der Dinge, die sie zu ihrer Mutter gesagt hatte. Doch ein paar Tage später tat sie genau das gleiche wieder.

Das eigentliche Problem in Janes Leben war ihr Groll auf die Mutter, von dessen Stärke sie keine Ahnung hatte. Sie war zeitlebens von der Mutter beherrscht worden. »Ich hasse es, bei meiner Mutter leben zu müssen«, sagte sie, »ich habe es satt! Sie besteht immer darauf, daß ich dies oder jenes tue, und sie kritisiert mich ständig, sie hat einfach immer etwas an meiner Lebensweise auszusetzen!« Die Tochter wollte von der Mutter weg, sich eine eigene Wohnung nehmen, hatte aber das Gefühl, es sei ihre Pflicht, daheim wohnen zu bleiben, »weil Mutter sonst allein wäre«. Wegen dieses Dilemmas befand sich Jane dauernd in einem Zustand unterdrückter Wut. Und das mit ihrer Wut einhergehende Schuldgefühl, das sie als Deprimiertheit empfand, verursachte einen psychischen Schmerz, vor dem sie im Alkohol Zuflucht suchte, genau wie mancher Mensch vor körperlichen Schmerzen beim Morphium Zuflucht sucht.

Weil sie nun Einblick in die wahre Ursache ihres gegen die Mutter gehegten Zorns erhielt, bekam sie ihn unter Kontrolle. Die Erneuerung ihres religiösen Glaubens half ihr, die letzten Anwandlungen ihrer Feindseligkeit zu überwinden, und danach war es ihr auch möglich, ihre Lebensweise zu ändern. Sie nahm eine Stellung an, die sie finanziell unabhängig machte, und übersiedelte in eine eigene Wohnung. Dank diesen Umständen vermochte sie eine normale, freundliche Beziehung zu ihrer Mutter zu unterhalten. Sie lernte dann bald einen jungen Mann kennen und verlobte sich. Mit dem Trinken hörte sie ganz auf, was sie jetzt konnte, weil die eigentliche Ursache beseitigt worden war.

Jane überwand ihre Abhängigkeit vom Alkohol relativ leicht und schnell. Sie gehörte zu den wenigen Glücklichen, denen dies gelingt. Ist das Trinken aber einmal zur festen Gewohnheit geworden, bedarf es normalerweise eines schweren Schocks und langwieriger Behandlung, bevor eine Heilung möglich wird.

So war es bei einem Mann, der in zehn Jahren seine in den davorliegenden fünfzehn Jahren aufgebaute berufliche Karriere durch das Trinken fast ruinierte. Er war zwar noch immer technischer Direktor in seiner Firma und als solcher ein wichtiger Mann, aber körperlich ziemlich heruntergekommen. Infolge seiner ruinösen Lebensweise war er schon zweimal im Krankenhaus gewesen, und dort hatte man ihm warnend gesagt, wenn er so weitermache, seien die gesundheitlichen Schäden bald irreparabel.

Bis zu seinem dreißigsten Lebensjahr hatte der Mann nicht getrunken. Mit Vierzig war er ein Gewohnheitstrinker. Typischerweise weigerte er sich, das zuzugeben. Doch als sein Alkoholismus solche Ausmaße annahm, daß seine Freunde sich ernstliche Sorgen machten, ließ er sich überreden, uns aufzusuchen.

Beim ersten Interview sagte er sehr wenig über seine Trinkgewohnheit, dafür um so mehr gegen seine Frau und seine Kinder. Er behauptete, seine Frau interessiere sich nicht für seine Karriere und lege ihm sogar Steine in den Weg, weil sie es ablehne, Leute zu bewirten, die für ihn wichtig seien. Seinen Kindern machte er den Vorwurf, daß sie ihm keinen Respekt bezeigten.

»Wie können Sie erwarten, daß Ihre Kinder zu Ihnen aufschauen«, fragte der Berater grob, »wenn Sie betrunken nach Hause kommen und vor ihnen beleidigend zu Ihrer Frau sind? Seien Sie ehrlich, warum sollten die Kinder Sie achten?«

Nach einigem Hin und Her bekannte der Mann, wieviel und wie oft er trank. Er gab auch zu, daß er heftiges Verlangen nach Alkohol hatte; aber das sei auch alles, wirklich alles, erklärte er beschönigend.

»Hören Sie«, fragte der Psychotherapeut, »wissen Sie wirklich nicht, was mit Ihnen los ist?«

»Wie meinen Sie das?«

»Sie haben mir gesagt, daß Sie, obwohl Sie es versuchen, das Trinken nicht für längere Zeit unterlassen können. Sie kommen ein paar Tage ohne Alkohol aus, dann müssen Sie etwas trinken. Und wenn Sie zu trinken anfangen, kann nichts Sie aufhalten. Mäßigkeit gibt es für Sie nicht. Stimmt das?«

»Es stimmt«, antwortete er verlegen.

»Erkennen Sie denn nicht, daß Sie Alkoholiker sind?«

Alles hätte er zugegeben, nur das nicht! Gleich den meisten Problemtrinkern wiegte er sich in der Illusion, er würde sein Trinken leicht einschränken können, wenn es nicht soviel Ärger und Verdruß in seinem Leben gäbe. Dann würde er sich, so meinte er, zwei oder drei Drinks genehmigen und es dabei bewenden lassen. Aber, sagte er hinterlistig, es wäre ein Zeichen von Schwäche, dem Trinken ganz abzuschwören, denn dies käme dem Eingeständnis gleich, daß er ein hoffnungsloser Trunkenbold sei, und das ertrüge er nicht.

Auf der Suche nach den Gründen seiner Alkoholsucht mußte man in seinem Leben zurückgehen. Er war ein Einzelkind gewesen und hatte mit sechs Jahren den Vater verloren. Nach dessen Tod hatte ihn die Mutter allein aufgezogen. Er war ein sehr liebevoller, ihr übermäßig ergebener Sohn gewesen. Diese starke Abhängigkeit hatte er als Sechzehnjähriger abzuschütteln versucht, indem er von zu Hause weggegangen war. Obwohl er die Mutter nur noch selten gesehen hatte, obwohl er später auch geheiratet und beruflich einen bemerkenswerten Aufstieg genommen hatte, so daß er in praktischer Hinsicht vollkommen unabhängig geworden war, hatte die übermäßige Mutterbindung fortbestanden.

In seinem sechzehnten Ehejahr dann war die Mutter gestorben. Dies hatte ihm einen schweren Schock versetzt, den er nicht überwand. Er hatte sich Vorwürfe verschiedenster Art gemacht, sich beschuldigt, seine Mutter vernachlässigt und an ihr gesündigt zu haben. Seiner Frau gegenüber war er immer feindseliger und seinen

Kindern gegenüber immer gereizter geworden. Schließlich hatte er zu trinken begonnen.

Es dauerte lange, ihn zu der Einsicht zu bringen, daß er sich unbewußt noch immer an das Bild der Mutter klammerte. Sein Ärger über seine Frau war nur eine Ausflucht. Er lud auf sie den Zorn ab, den er unwissentlich noch immer gegen seine Mutter hegte. Trotz dieses Zorns aber sehnte er sich im tiefsten Inneren nach mütterlichem Schutz und mütterlicher Liebe. Nun hatte er beides unwiederbringlich verloren; das war es, was ihn so beunruhigte und verunsicherte, daß er das Leben nur noch ertrug, wenn er seine Sinne mit Alkohol betäubte.

Er erkannte die Richtigkeit dieser psychologischen Erklärung, wollte jedoch noch immer nicht glauben, daß er mit dem Trinken Schluß machen mußte, ein für allemal. »Das ist Unsinn«, sagte er ungeduldig. »Ich muß mit meinen Kunden ausgehen und natürlich ein oder zwei Gläser trinken. Was würden sie von mir denken, wenn ich das nicht täte?«

Der Mann begriff jedoch schneller als erwartet, daß ein Alkoholiker mit dem Trinken ganz aufhören muß, daß es keine halben Maßnahmen gibt.

Eines Morgens stellte er beim Aufwachen zu seinem Entsetzen fest, daß das Kopfkissen und die Bettdecke über und über mit Blut beschmiert waren, das von einer tiefen Schnittwunde in seiner Hand herrührte. Er konnte sich lediglich erinnern, daß er nach Büroschluß mit einem Geschäftsfreund gegessen hatte und anschließend auf eine Party gegangen war. Der Rest, bis zu diesem Augenblick, war absolute Leere. Er hatte nicht die leiseste Ahnung, wie er zu der Schnittwunde und in sein Bett gekommen war.

Angst befiel ihn. War er in eine Schlägerei verwickelt

gewesen? Hatte er vielleicht jemanden umgebracht? Er konnte sich vor Entsetzen nicht rühren, geschweige denn etwas tun, um herauszufinden, was passiert war. Er fürchtete, die Wahrheit sei noch schlimmer als die Ungewißheit.

Seine Frau, ebenfalls von Angst erfaßt, kam nach mehreren überstürzten Telefonanrufen dem Rätsel auf die Spur: In der vergangenen Nacht hatte sich ihr Mann wieder einmal sinnlos betrunken und war dann in morbide Depression und Selbstbemitleidung verfallen. In einem Anfall finsterer Wut auf sich selbst hatte er ein Whiskyglas gepackt und auf dem Tisch zerschlagen. Ein Scherben war ihm tief in die Hand gedrungen. Irgend jemand hatte ihn verbunden und nach Hause gebracht. Es war also nichts Schlimmes passiert. Glücklicherweise aber genügte der Vorfall, um den Mann bis auf den Grund seiner Seele zu erschüttern.

Ein Gewohnheitstrinker gibt nie zu, daß er dem Alkohol gegenüber machtlos ist, solange er nicht etwas wirklich Erschütterndes erlebt hat. Der eine erreicht den Tiefpunkt nach einer wochenlangen Sauftour, der andere nach einer exzessiven Nacht in einer Bar, der dritte in der Stille seines Zimmers. Doch offenbar muß – zumindest ist es so in den meisten Fällen – ein Punkt erreicht werden, an dem dem Süchtigen etwas derart Beunruhigendes zustößt, daß er sich geschlagen gibt und sich eingesteht, krank und ein Alkoholiker zu sein. Und erst wenn er einräumt, Hilfe von außen zu brauchen, vermag er solche Hilfe auch anzunehmen.

Die angstvollen Minuten, in denen der Mann fieberhaft zu rekonstruieren versuchte, was er getan hatte, brachten ihn endlich soweit, daß er sich selbst mit absoluter Ehrlichkeit betrachtete. Er sprach mit dem Geistlichen wie noch nie vorher. Niedergeschlagen gab er zu, daß er ein Trinker sei, daß er das Trinken nicht kontrollieren könne, daß es ihn bei der Kehle habe. Jetzt hatte er begriffen, daß er ganz aufhören mußte. Endlich war er überzeugt, daß er nie mehr einen Tropfen trinken durfte.

Nachdem er diesen wichtigen Schritt getan hatte, erklärte ihm der Geistliche, für seine endgültige Befreiung von der Alkoholsucht benötige er die Hilfe einer höheren Macht, mit der er zusammenarbeiten müsse. Wenn er sein Bestes tue, so kläglich dies auch sein möge, könne er sich darauf verlassen, daß Gott das Seine tue. Der Mann war bereit, es zu versuchen. Das Vorgehen war einfach.

Erstens sollte er jeden Morgen um Gottes Hilfe beten, demütig, aber in der tiefen Überzeugung, daß sie ihm zuteil werde.

Zweitens sollte er jeden Abend Gott für die Hilfe danken, die ihm an dem vergangenen Tag gewährt worden war.

»Danken Sie Gott, und er wird Ihnen am nächsten Tag wieder helfen«, sagte der Geistliche zu ihm. »Mit anderen Worten: Erbitten Sie spirituelle Hilfe nach einem Vierundzwanzigstundenplan, also immer nur für einen Tag. Danken Sie dann abends, nachdem Sie den Tag mit Anstand hinter sich gebracht haben, der höheren Macht und bitten Sie Gott, Ihnen zu helfen, den nächsten Tag genauso oder noch besser durchzustehen. Leben Sie nicht in weiter Zukunft. Machen Sie sich keine Sorgen darüber, ob Sie heute in einem Jahr trinken oder nicht. Kümmern Sie sich immer nur darum, daß Sie ›heute‹ nicht trinken.«

Ein weiterer wichtiger Schritt war der in die Gemeinschaft. Der Mann wurde mit Menschen zusammengebracht, die gleich ihm dem Alkohol verfallen gewesen waren, ihre Sucht aber überwunden hatten. Wir wissen, daß in einer solchen Gemeinschaft jeder vom anderen Kraft erhält. Das Teilen der Verantwortung vermittelt Stärke und Sicherheit.

Die psychologische Einsicht in sein Problem und die Bewußtmachung der Gegenwart und Hilfe Gottes bewirkten in dem Mann eine grundlegende Veränderung der Persönlichkeit. Daher hatte er auch die Kraft, seine Gewohnheiten grundlegend zu ändern. Er hielt sich an die Werte, die ihm nur eine tiefreligiöse Überzeugung zu geben vermochte, und so erhielt sein Leben einen neuen Sinn. Drei Jahre sind mittlerweile vergangen, und wir können berichten, daß er seither »trocken« ist.

Bevor ein Gewohnheitstrinker seine Abhängigkeit vom Alkohol aufgeben kann, muß bei ihm, dies sei noch einmal gesagt, eine Verwandlung des Unbewußten stattfinden. Doch nicht immer ist dafür die Kenntnis des psychologischen Problems erforderlich, mancher Mensch würde sie gar nicht ertragen. Wie jeder Psychologe weiß, gibt es Fälle, in denen die Überwindung neurotischen Verhaltens auch ohne Bewußtmachung des Konfliktmaterials möglich ist. Auf jeden Fall aber muß, bevor das Verhalten geändert werden kann, eine Änderung der Geisteshaltung und der Lebensumstände erfolgen, die das Unbewußte anrührt und verwandelt.

Die Erfahrung lehrt, daß oft ein tiefes religiöses Erlebnis eine solche Verwandlung bewirkt. Dies ist anhand vieler Fälle belegt. Als Beispiel sei hier die Geschichte einer jungen Ehefrau angeführt, die infolge ihrer Trunksucht die Kontrolle über ihr Leben völlig verloren hatte. Susan vernachlässigte ihren Haushalt, ihr Aussehen, ihren Mann und ihr kleines Kind. In der ganzen Wohnung hatte sie Flaschen versteckt: unter der Matratze, im Wäschekorb, zwischen ihren Hüten, überall. Sobald ihr Mann morgens das Haus verlassen hatte, begann sie zu trinken, und sie tat kaum noch etwas anderes, bis sie jeweils abends betrunken ins Bett fiel.

Ihr Mann redete verzweifelt auf sie ein. Er bat sie flehentlich, an Gott zu glauben, »nur ein kleines bißchen«. Wenn sie das tue, erklärte er, könne sie gesund werden. Sie verschloß die Ohren vor ihm. Einer unserer Geistlichen verwendete viele Stunden darauf, sie der Erkenntnis näherzubringen, daß Gebet und Glauben sie von ihrem schrecklichen Problem erlösen könnten. Alles vergebens. Sie hatte zwar den Wunsch, mit dem Trinken aufzuhören, doch ihr fehlte einfach die Kraft dazu. Und sie weigerte sich strikt, mit einem Psychologen oder einem Psychiater zu sprechen.

Eines Nachmittags dann klingelte es an der Wohnungstür. Als sie öffnete, sah sie sich einer etwa gleichaltrigen Frau gegenüber. Diese sagte: »Ich bin Mary Jones und komme von den Anonymen Alkoholikern. Ich …«

Susan versuchte die Tür zuzuschlagen, doch Mary Jones stellte den Fuß zwischen Tür und Schwelle.

»Ich weiß, wie Sie sich fühlen«, sagte sie sanft, »aber Ihr Mann hat mich gebeten, Sie zu einem Treffen der Anonymen Alkoholiker mitzunehmen, und das werde ich tun – heute abend. Ich kann Sie nicht mit Gewalt hinschleppen, aber ich werde hierbleiben, bis Sie einwilligen mitzugehen.«

Und sie blieb! Sie sprach voll Mitgefühl und Verständnis auf die junge Ehefrau ein, erzählte ihr, daß sie selbst eine starke Trinkerin gewesen sei. Langsam entstand zwischen den beiden eine Art Einverständnis, obwohl Susan sich anfänglich gegen alles gesträubt hatte.

Mary Jones erläuterte, wer die Anonymen Alkoholiker

waren und was sie für sie tun konnten. »Wenn Sie heute abend mitgehen«, sagte sie, »werden Sie geheilt. Das versichere ich Ihnen, Sie werden geheilt! Sie werden Ihr Problem überwinden. Können Sie das nicht glauben?«

Susan schwieg lange. Dann sagte sie mühsam, fast flüsternd: »Doch, ich glaube es.«

»Ich hole Sie also um acht Uhr ab und nehme Sie zu unserem Treffen mit. Sie werden geheilt, heute abend.«

Als die junge Ehefrau wieder allein war, trat sie vor einen Spiegel und starrte sich an. Sie musterte ihr strähniges, ungekämmtes Haar, ihren schmuddeligen Morgenrock, ihr blasses, erschöpftes, aufgequollenes Gesicht. Nach einer Weile setzte sie sich hin und versuchte darüber nachzudenken, wie es zu all dem gekommen war. Sie erinnerte sich an das, was ihr Mann und der Geistliche über den Glauben an Gott zu ihr gesagt hatten. Schließlich sagte sie staunend zu sich selbst: »Ja, heute abend gehe ich mit ihr dorthin. Irgendwo tief in mir spüre ich, daß dieser Alptraum vorüber ist! Ich kann geheilt werden. Mary Jones ist geheilt worden, und ich kann auch geheilt werden, genau wie sie gesagt hat.«

Plötzlich schien das ganze Zimmer von Licht erfüllt. Sie selbst schien von strahlendem Licht erfüllt. Sie spürte Wärme und Licht in sich, spürte eine Gegenwart. Sie glaubte und glaubt heute noch, daß es die Gegenwart Gottes war. An jenem Abend ging sie zu dem Treffen, aber sie wurde nicht dort geheilt; die Heilung hatte bereits stattgefunden, in dem Augenblick der Erleuchtung in ihrer Wohnung!

Sie wurde aktives Mitglied der Hilfsorganisation der Anonymen Alkoholiker und hat in den vergangenen Jahren nichts getrunken, nicht einmal mehr Verlangen nach Alkohol gehabt. Was war geschehen? Als Mary Jones gegangen und Susan mit ihrer Verzweiflung allein zurückgeblieben war, hatte sie das spirituelle Erlebnis einer religiösen Bekehrung gehabt. Sie hatte im Geiste Gott gefunden und in diesem überwältigenden Gefühl ihren neurotischen Konflikt spontan überwunden.

Wenn so etwas stattfindet, erfolgt eine echte Heilung. Das einfache therapeutische Prinzip des Glaubens an Gott stellt die Hauptstütze der Anonymen Alkoholiker dar, dieser erstaunlichen Organisation, die so vielen Unglücklichen geholfen hat.

Zu den Begründern der Organisation zählt ein Mann, der selbst einen entsetzlichen Kampf gegen die Trunksucht führte. Er hatte sich das Trinken während des Ersten Weltkriegs im Übersee-Einsatz angewöhnt. In den stürmischen Nachkriegsjahren war der große, schlaksige, schlichte Neuengländer nach New York gekommen und hatte sehr erfolgreich an der Wall Street spekuliert. Als ihn 1929 der Börsenkrach ruiniert hatte, war er längst ein Gewohnheitstrinker gewesen. Er hatte nichts dabei gefunden, am Tag zwei Halbliterflaschen Gin zu leeren.

Schließlich war er in einen Zustand geraten, der nur noch ins Irrenhaus oder ins Grab führen konnte. Durch nichts hatte er sich von seinem zügellosen, tragischen Kurs abbringen lassen. Eines Tages hatte ihn ein alter Freund besucht, der seine eigene Trunksucht in der Hinwendung zu Gott überwunden hatte. Dieser Freund hatte ihn bedrängt, das gleiche zu versuchen. Es sei einfach, hatte er erklärt: Seine Fehler bekennen, den Schaden wiedergutmachen, den man anderen Menschen zugefügt hat, und sich an Gott wenden mit der Bitte um Genesung von dieser Krankheit, die geistig-seelischer Natur sei.

Der Mann hatte den Vorschlag zunächst abgelehnt, weil er seit vielen Jahren Atheist war. Doch als er eines Tages in seinem hoffnungslosen Zustand, allein und zutiefst verängstigt in seinem Krankenhausbett lag, hatte er laut zu sich gesagt: »Jetzt bin ich bereit, alles zu versuchen.« Und dann hatte er, der Atheist, voll Verzweiflung und inbrünstigem Verlangen gerufen: »Wenn es einen Gott gibt, wird er sich zeigen?«

Dies war der Anfang der Anonymen Alkoholiker (abgekürzt »AA«) gewesen. Denn Gott hatte in der Tat geantwortet. Vierzehn Jahre später hatte der Mann über die Organisation, deren Mitbegründer er gewesen war, schreiben können:

»Sechzigtausend Alkoholiker, die männlichen und weiblichen Mitglieder der AA, sind von ihrem unwiderstehlichen, zerstörerischen Drang zu trinken befreit worden. Jeden Monat machen sich weitere zweitausend auf den Weg in die Freiheit vom Zwang, einem so heimtückischen Zwang, daß von den Alkoholikern, die ihm verfielen, im Laufe der Jahrhunderte nur wenige überlebten. Wir Alkoholiker bringen verständlicherweise die Gesellschaft zur Verzweiflung, doch wenn wir unser Leben überhaupt nicht mehr meistern, verzweifeln wir an uns selbst, und das ist dann das Ende des furchtbaren Zwangs. Jetzt wissen wir, wie diese verhängnisvolle Gemütskrankheit gebannt werden kann. Jeder genesene Alkoholiker gibt seine Geschichte an den nächsten weiter. In vierzehn Jahren hat sich unsere Organisation nach dem Schneeballsystem in den USA, in Kanada und einem Dutzend anderer Länder verbreitet. Der Zwang wird im großen ausgetrieben.«

Wie Alkoholiker zu geistig-seelischer Gesundheit zurückfinden und ein glückliches und nützliches Leben führen können, ist den berühmten zwölf Schritten des AA-Wiederherstellungsprogramms zu entnehmen:

1. *Schritt:* Wir gaben zu, daß wir dem Alkohol gegenüber machtlos sind und unser Leben nicht mehr meistern konnten.
2. *Schritt:* Wir kamen zu dem Glauben, daß eine Macht, die größer ist als wir selbst, uns unsere geistig-seelische Gesundheit wiedergeben kann.
3. *Schritt:* Wir faßten den Entschluß, unseren Willen und unser Leben der Sorge Gottes – wie wir ihn verstanden – anzuvertrauen.
4. *Schritt:* Wir machten eine gründliche und furchtlose Inventur unseres Inneren.
5. *Schritt:* Wir gaben Gott, uns selbst und einem anderen Menschen gegenüber unverhüllt unsere Fehler zu.
6. *Schritt:* Wir waren bereit, diese Charakterfehler mit Gottes Hilfe zu beseitigen.
7. *Schritt:* Demütig baten wir Gott, die Last unserer Mängel von uns zu nehmen.
8. *Schritt:* Wir legten eine Liste aller Personen an, denen wir Schaden zugefügt hatten, und versprachen, den Schaden allen gegenüber wiedergutzumachen.
9. *Schritt:* Wir machten bei diesen Menschen alles wieder gut – wo immer es möglich war –, außer wir hätten dadurch die Betroffenen oder andere Menschen verletzt.
10. *Schritt:* Wir setzten die Inventur unseres Innenlebens fort, und wenn wir unrecht hatten, gaben wir es sofort zu.
11. *Schritt:* Wir suchten durch Gebet und Meditation die bewußte Verbindung zu Gott – wie wir ihn verstanden – zu verbessern und baten ihn um die Kraft, daß alles nach seinem Willen geschehe.
12. *Schritt:* Nachdem wir auf diesem Weg der kleinen

Schritte eine geistig-seelische Wandlung erlebt hatten, versuchten wir, diese Botschaft an Alkoholiker weiterzugeben und unser tägliches Leben nach diesen Grundsätzen auszurichten.

Die zwölf Schritte wurden zu Lebensrichtlinien für Abertausende von ehemaligen Alkoholikern, Männern und Frauen, die zu einem normalen Leben zurückfanden.

Aus Erfahrung wissen wir, daß die zwölf Programmpunkte einen Alkoholiker, der sie aufrichtig und ehrlich einhält, aus der Verzweiflung heraus und zu neuem Lebensglück hinführen können. Doch bei den zwölf ersten Schritten, die er noch taumelnd zurücklegt, muß ihn eine freundliche, mitfühlende Hand geleiten; das Element der freundschaftlichen, hilfsbereiten Gemeinschaft spielt eine wichtige Rolle.

Ein Treffen der Anonymen Alkoholiker entbehrt üblicherweise eines religiösen Rituals. Trotzdem liegt aber dieses undefinierbare Etwas in der Luft, das man als Gegenwart Gottes erkennt. Unter den Anwesenden können sich Protestanten, Katholiken und Juden befinden, Weiße, Farbige, Menschen jeder Rasse und jeder Religionszugehörigkeit, die einander als Brüder und Schwestern begegnen. Viele kamen aus der Gosse, manche sogar vom Rande des Grabes, um verwandelt und befreit zu werden. Sie erlebten eine Wiedergeburt im wahren religiösen Sinn des Wortes.

Man muß sich die Menschen, die sich bei solchen Treffen der Anonymen Alkoholiker einfinden, nicht als selbstgefällige Frömmler vorstellen, denn jeder kennt nur zu gut die immerwährend in ihm lauernde Gefahr und das Wunder seiner Verwandlung. Er war geschlagen, und das vergißt er nicht; und er wurde wiedergeboren, und auch das vergißt er nicht. Er wurde immer nur für einen Tag gerettet. Er glaubt bedingungslos, daß Gott dieses Rettungswunder jeden Tag wiederholen kann und wird; für ihn findet dieses Wunder darum jeden Morgen neu statt und ist ihm jeden Abend von neuem gegenwärtig.

Dies entspricht natürlich im wesentlichen den Methoden, die auch wir in unserem Institut seit langem anwenden – zur Behandlung nicht nur des Alkoholismus, sondern auch vieler anderer Persönlichkeitsstörungen, die gleichfalls in unbewußten Konflikten ihre Ursache haben.

Übermäßiges Trinken ist zweifellos das bitterste, zerstörerischste Mittel, zu dem ein Mensch greifen kann, um die Schmerzen psychischer Spannung zu lindern. Auch wenn es uns manchmal schwerfällt, müssen wir immer daran denken, daß der Alkoholiker krank ist, nicht etwa nur halsstarrig. Aus Kummer über den Schaden, den er sich selbst und anderen zufügt, könnten wir leicht die Geduld mit ihm verlieren und ihn hart verurteilen. Aber das würde nichts nützen. Er braucht die Erneuerung seines Glaubens an Gott und sich selbst, und er braucht unsere Hilfe. In Augenblicken, in denen wir versucht sind, ihm selbstgerechte Predigten zu halten, wäre es klug, über das Motto nachzudenken, das an vielen Versammlungsorten der Anonymen Alkoholiker zu lesen ist und von Friedrich Christoph Oetinger (1702–1782) stammt:

»Gott gebe mir die Gelassenheit, das hinzunehmen, was ich nicht ändern kann, den Mut, das zu ändern, was ich ändern kann, und die Weisheit, das eine vom andern zu unterscheiden.«

Kapitel 9

Verständnis und Trost für Leidtragende

Das erschütterndste Erlebnis für den Menschen ist der Verlust eines geliebten Angehörigen. Der Hinterbliebene hat das Gefühl, über eine leere, verlassene Ebene zu gehen, auf der alle vertrauten Wegzeichen, die ihm bisher Halt gegeben und die Richtung gewiesen haben, verschwunden sind. Sein Verlust erscheint ihm so endgültig und absolut, daß er ihn, auch wenn er noch so gut angepaßt ist, anfänglich fast nicht erträgt.

Es gibt kein Rezept zur Linderung des unmittelbaren, überwältigenden Schmerzes, der uns nach einem solchen Verlust erfaßt. Aber es gibt Wege, die aus dem Tumult des ersten wilden Schmerzes hinausführen; und es gibt praktische Mittel, mit deren Hilfe man ihn mit größter Seelenstärke durchsteht. Ein bedeutender Philosoph schrieb: »Das Leben zu ertragen bleibt, nachdem alles gesagt ist, die oberste Pflicht aller Lebewesen.« In der schrecklichen ersten Zeit einer solchen Leiderfahrung erscheint einem tatsächlich schon das bloße Ertragen des Lebens als überschwere Last.

Es gibt auch ein altes Wort, das besagt, wer Frieden wünsche, müsse auf den Krieg vorbereitet sein. Das ist weniger überzeugend als die Abwandlung dieses Wortes:

Um das Leben zu ertragen, muß man auf den Tod vorbereitet sein. Das ist in gewissem Sinne das Thema dieses Kapitels; es enthält Empfehlungen, mit deren Hilfe man sich am besten gegen die »Schlingen und Pfeile eines unerbittlichen Schicksals« wappnet.

Am grausamsten trifft der Tod eines Angehörigen die Menschen, die sich seiner Unausweichlichkeit verschließen. Wenn der Tod zuschlägt, sind sie ihm wehrlos ausgeliefert. Wir müssen jedoch alle auf den Tod gefaßt sein und brauchen, um ihm ruhig und fest ins Auge blicken zu können, eine Philosophie, aus der klar hervorgeht, daß wir weder für uns selbst noch für unsere lieben Angehörigen etwas zu fürchten haben. Wie Shakespeare sagte: »Von hinnen müssen wir gehen, genau wie wir hierher gekommen sind. Alles ist Reife.« Und Sokrates sagte: »Einem guten Menschen kann nichts Böses widerfahren, weder im Leben noch nach dem Tode.«

Der Grundstein einer solchen Philosophie ist der Glaube an ein ewiges Leben. Wer diesen Glauben hat, kann den Tod nicht als angsterregendes, grausames Ende betrachten, sondern sieht in ihm einen natürlichen Markstein unseres Lebensablaufs.

Eine solche Philosophie befähigt den Menschen, große Siege über diese härteste aller Realitäten zu erringen. Vor einiger Zeit erkrankte der bekannte New Yorker Arzt Doktor William Seaman Bainbridge an einem Leiden, das seine Wissenschaft nicht zu heilen vermochte. Er war ein Mann, der über eine ungeheure Kraft und Energie verfügte. Doch nun war er dem Tode geweiht. Er erwartete ihn vollkommen ruhig. Nur wenige Jahre zuvor hatte er sein persönliches Kredo in folgende Worte gefaßt:

»Ich glaube, daß Wesenheit, Persönlichkeit, Gedächtnis und Liebe auf die andere Seite überwechseln, und ich pflichte der Verheißung bei, daß wir zufrieden sein werden. Der Beginn des Lebens ist das größte aller Wunder. Wir können kein Leben schaffen. Wir können es fortpflanzen, verlängern oder vernichten. Dennoch bleibt es ein Geheimnis, und es läßt sich nicht wirklich definieren. Wir kennen lediglich die Summe der Phänomene dessen, was wir Leben nennen.

Wenn dies schon in unserer irdischen Welt so ist, wie sollten wir da erwarten, mehr über das Ewige zu wissen? Der endliche Geist hat Grenzen; sicherlich wird der unendliche Geist fähig sein, viel weiter zu sehen. Folglich ist Glaube, wie er für uns im ›Buch der Bücher‹ definiert wird, die Substanz aller erhofften Dinge, die Evidenz aller unsichtbaren Dinge.

In dem Maße, wie wir an geistiger und emotionaler Kraft zunehmen, werden wir fähiger, das zu verstehen, was noch gestern über unseren Horizont ging. Niemand auf dieser Erde kann alle Rätsel des Lebens ausloten. Auf dieses größere Wissen müssen wir warten, bis wir das jenseitige Leben erreichen.«

Der Arzt erkannte, daß er nun an der Schwelle zu diesem Leben stand. Und sein Glaube, den er in so schönen Worten zum Ausdruck gebracht hatte, hielt auch in seinen letzten Stunden vor.

Seine Frau, die seinen Glauben teilte, bewahrte eine Haltung heiterer Würde und ruhigen Mutes, obwohl sie wegen des bevorstehenden Todes ihres Mannes schwer litt. Der Glaube, den die beiden gemein hatten, stärkte sie in den herzzerreißenden Augenblicken am Tage des Sterbens. Bis dahin hatte keiner von ihnen das Bevorstehende erwähnt. Nun sagte er zu ihr: »Könnte sein, daß ich nicht mehr gesund werde.«

Sie erwiderte: »O könnte ich doch mit dir auf diese

letzte Reise gehen wie auf so viele andere Reisen! Wenn du jetzt vor mir in das andere Land kommst, warte dort auf mich. Wirst du das tun?«

Er hob seine geschwächte Rechte mit erstaunlicher Kraft, legte sie ihr sanft auf den Kopf und antwortete: »Ich werde da sein!« Liebevoll lächelte er sie an und fügte hinzu: »Ja, wir haben glückliche Zeiten miteinander verlebt.«

Ruhig sagte sie: »Und jetzt wirst du eine Reise in ein Land machen, das du noch nie gesehen hast. Du wirst an jenem Ufer landen, und deine Mutter und dein Vater werden da sein; auch meine Eltern. Sie alle werden dich erwarten. Wenn du dorthin kommst, wird es nicht lange dauern, bis ich dir nachfolge, denn die Zeit ist anders dort, wohin du gehst. Bleib am Landeplatz und warte auf mich, willst du? Dort wird es für uns eine wunderbare Wiederbegegnung geben.«

Seine Stimme war zuvor sehr schwach gewesen, weil er wegzusinken begann. Doch nun war er einen Augenblick wieder ganz der alte. Mit seiner kräftigen Stimme antwortete er: »Ich werde auf dich warten. Ich werde da sein.«

Ein paar Stunden später starb dieser große Arzt und Wissenschaftler, der eine so zuversichtliche Lebenseinstellung gehabt und sie bis zum Ende nie in Frage gestellt hatte. Auch seine Frau tut das nicht. Sie ist felsenfest überzeugt, daß er bei ihrer Ankunft »an jenem Ufer« da sein wird, wie er gesagt hat.

Die Religion, die uns das ewige Leben verheißt, befaßt sich seit jeher mit dem Problem des schmerzlichen Verlustes infolge des Ablebens eines Angehörigen. Im Laufe der Jahre sammelten wir zahlreiche Erfahrungen in der Behandlung von Menschen, die diese schwere Prüfung durchstehen müssen. Die meisten wenden sich auf ihrer Suche nach Trost, Rat und Hoffnung als erstes an den Geistlichen. Und er sagt ihnen die ermutigenden, unsterblichen Worte des heiligen Paulus: »Tod, wo ist dein Stachel? Hölle, wo ist dein Sieg?« Der Dichter Carl Sanburg bezeichnete diese Worte als »Ruf aus den Festungswällen des Unbesiegbaren«.

In letzter Zeit haben die Psychologie und die Psychiatrie überaus wertvolles neues Wissen über die Dynamik von Kummer und Leid nach einem Todesfall erworben. Man kann daher heutzutage den Menschen viel besser helfen, sich an diese höchst schmerzliche Situation anzupassen.

Bei der Trauer, wie bei allen menschlichen Erfahrungen, spielt das Unbewußte des Geistes- und Gefühlslebens eine wichtige Rolle. Darum ist es oft notwendig, dem Rechnung zu tragen, wenn eine Linderung des Schmerzes möglich werden soll.

Haben zwei Menschen einander innig geliebt, ihre gegenseitigen Bedürfnisse befriedigt und sich aus ihrer Ehe ein echtes Glück geschaffen, ist der Tod des einen für den anderen auf jeden Fall ein wirklicher, schwerer Verlust. Das läßt sich nicht abstreiten, und auch die ernsten Auswirkungen lassen sich nicht leugnen. Der geliebte Mensch weilt nicht mehr im Haus und sitzt nicht mehr zum Essen am Tisch, die langjährige Gemeinschaft ist zerstört. Man sehnt sich nach der Berührung einer verschwundenen Hand und nach dem Klang einer verstummten Stimme! Im ersten niederdrückenden Schmerz wird die Welt als öd und leer empfunden, und das Leben scheint sinnlos geworden zu sein.

Oft sind Leidtragende beunruhigt wegen der Stärke ihrer Gefühle und der mit diesen einhergehenden körperlichen Symptome. Manchmal fällt ihnen das Atmen schwer, als sei ihre Brust eingeengt; sie finden am Essen buchstäblich keinen Geschmack mehr; es ist ihnen unmöglich, sich für irgend etwas zu interessieren oder auch nur ihre täglichen Pflichten zu erfüllen. Der Schmerz über den unsäglichen, unwiederbringlichen Verlust erdrückt sie.

Ein Leidtragender sollte seiner Trauer innerhalb der Grenzen des Normalen ohne Verlegenheit und ohne Bedenken Ausdruck verleihen, in Gedanken, Worten und Tränen. In solchen Zeiten ist eine starre Wahrung der äußeren Form keine Tugend; tatsächlich kann die Unterdrückung der natürlichen Emotionen schwere seelische Schäden verursachen. Die freie Äußerung der Trauer hingegen setzt heilende Kraft frei. Darum ist die Trauerzeit wünschenswert und notwendig. In ihr vollzieht sich eine lebenswichtige Neuanpassung, während das verwundete Gemüt sich von der Verletzung erholt, die es erlitten hat.

Wie psychiatrische Untersuchungen gezeigt haben, gibt es jedoch Umstände, die eine Ausdehnung dieses lebenswichtigen Prozesses weit über das normale Ausmaß hinaus verursachen. Ist dies der Fall, liegt das Problem oft darin, daß in der Beziehung zu dem verstorbenen Menschen – psychologisch gesprochen – irgend etwas nicht ganz gesund war.

Ein Beispiel soll dies veranschaulichen. Die junge Mutter eines außergewöhnlich klugen und hübschen Kindes hing so sehr an ihrem kleinen Mädchen, daß sie sich für nichts anderes mehr interessierte. Sie war überzeugt, ihr Kind zutiefst und selbstlos zu lieben, was sie in gewissem Sinne auch tat. Doch zu einem großen Teil war ihre Liebe egoistisch. Sie betrachtete die Tochter im Grunde nicht als anderes Wesen mit eigener Persönlichkeit, sondern als

Zweitausgabe ihrer selbst. Dieses Phänomen kann man häufig beobachten. In ihrem Unbewußten identifizierte sie sich mit dem Kind. Sie liebte ihre Tochter nicht nur um deren selbst willen, sondern weil die Tochter für sie eine Erweiterung und Nachbildung ihrer eigenen Person war. Das Kind stellte für sie eine Art magischen Spiegel dar, in dem sie ihr eigenes Bild erblickte. Indem sie ihr kleines Mädchen liebte, liebte sie sich selbst.

Als das Kind plötzlich schwer erkrankte und starb, war die Mutter untröstlich. Sie wollte nicht weiterleben. Sie konnte sich mit dem Verlust, mit der Tatsache des Todes, einfach nicht abfinden und ihr Kind nicht gehen lassen, obwohl die harte Wirklichkeit und ihr eigenes Wohlbefinden das dringend erheischten. Völlig aufgelöst, mit rotgeweinten Augen lief sie umher wie ein Tier im Käfig. Dieser Zustand hielt wochenlang, sogar monatelang an. Schließlich kam sie in unser Institut und bat um Hilfe. Erst nachdem es uns durch lange, geduldige Erklärung gelungen war, ihr die Ursache ihrer unbewußten Gefühle gegenüber dem Kind klarzumachen und ihr eine gesunde spirituelle Einstellung zu vermitteln, erholte sie sich von ihrem Schmerz und konnte sich dem Leben wieder stellen.

Solches Festhalten an einem Menschen, mit dem man sich als Folge einer übermäßig engen Gefühlsbindung identifiziert, kann zu einer Katastrophe führen, wenn einem der Gegenstand derartiger Gefühle durch den Tod genommen wird. Manchmal offenbart sich diese Identifikation auf höchst dramatische Weise. Ein fünfzehnjähriges Mädchen, dessen Mutter ein paar Jahre zuvor gestorben war, hing mit allen Fasern am Vater. Dieser bekam plötzlich eine unheilbare Krankheit. Das Mädchen ging nicht mehr in die Schule, um ständig bei ihm sein zu können. Etwa sechs Monate vor seinem Tod erblindete er infolge einer Netzhautblutung. Je näher sein Tod rückte, desto verzweifelter und verschlossener wurde das Mädchen. Es ließ sich von niemandem trösten, beistehen oder irgendwie helfen.

Der Vater starb. Wenige Tage nach der Beerdigung erblindete das Mädchen selbst. Eine ärztliche Untersuchung ergab, daß für die Erblindung keine organische Ursache vorlag. Nach einer langen Periode der Neuanpassung vermochte der Arzt sie zu der Erkenntnis zu bringen, daß ihre Augen vollkommen gesund waren, daß sie blind war, weil sie sich mit dem innig geliebten Vater identifizierte, und daß sie die Blindheit unbewußt dazu benutzte, trotz seines Todes irgendwie mit ihm vereint zu bleiben. Diese Erkenntnis behob die Blindheit vollkommen.

Eine Frau suchte uns auf, weil sie an unerträglichen Kopfschmerzen litt, für die es keine medizinische Erklärung gab. In einem Interview erwähnte die Frau, obwohl ihre Kopfschmerzen für sie nicht damit im Zusammenhang standen, daß ihre Mutter vor kurzem nach langer Krankheit gestorben war. Der Psychotherapeut fragte sie nach Einzelheiten über den Tod der Mutter.

Der Frau fiel es sehr schwer, darüber zu sprechen, doch schließlich sagte sie, die Mutter sei vor ihrem Ende mehrere Monate lang von einer Krankenschwester versorgt und gepflegt worden. Eine heftige Gemütsbewegung erfaßte sie, als sie dem Psychotherapeuten eröffnete, die Krankenschwester habe ihr die Mutter entfremdet.

Kurz vor dem Tod der Mutter war sie mit ihr allein gewesen, hatte sich ans Bett gekniet, die Arme um die Kranke gelegt und gefragt: »Liebst du mich nicht, Mutter?«

»Doch. Doch, ich liebe dich sehr«, hatte die Mutter geantwortet, »mehr als irgend jemand anderen auf der Welt.« Das hatte die Frau sehr beruhigt.

Mit dem Tod der Mutter jedoch konnte sie sich nicht abfinden. Sie hatte ein Zimmer als eine Art Heiligtum eingerichtet, das mit Bildern und Fotos der Mutter und deren meisterlichen Stickereien ausstaffiert war. In dem Zimmer saß sie Tag für Tag.

»Sagen Sie«, erkundigte sich der Psychotherapeut, »hatte Ihre Mutter auch Kopfschmerzen?«

Sie sah ihn überrascht an. »Ja, doch«, antwortete sie zögernd. »Ja. Wissen Sie, Mutter hatte einen Schlaganfall. Von da an hatte sie starke Kopfschmerzen, sehr starke!«

Mit unserer Hilfe erkannte sie schließlich, daß sie an Kopfschmerzen litt, weil sie sich heftig an ihre Mutter klammerte und immer noch versuchte, die Mutter festzuhalten, so daß sie sogar deren körperliche Leiden übernahm. Es war ihr einfach nicht möglich, der Endgültigkeit des Todes ins Auge zu sehen. Anfangs versetzte diese Erkenntnis die Frau in ziemliche Erregung. Nach einer Woche jedoch kam sie wieder und berichtete, ihre Kopfschmerzen seien völlig weg. Bald war sie auch fähig, das Gedenkzimmer auszuräumen und wieder ein normales Leben zu führen.

Wenn geliebte Menschen sterben, dürfen wir nicht versuchen, sie festzuhalten, sie mit irdischen Banden an uns zu fesseln. Wir müssen sie freigeben, in ihre neue Welt der Schönheit, des Friedens und Glücks entlassen. Wenn wir diese Haltung einnehmen, statt uns unvernünftig an sie zu klammern, lindern wir unseren Schmerz und verhindern, daß er zu körperlichen oder seelischen Krankheiten führt. Es ist Gottes Wille und der Wille des Verstorbenen, dessen dürfen wir ganz sicher sein, daß wir unser

Leben fortsetzen und unsere Fähigkeiten und Kräfte nach bestem Vermögen nutzen.

Ein vielleicht noch häufigerer und ganz sicher noch quälenderer Grund für unnatürlich ausgedehnte, hartnäckige Trauer ist das Schuldgefühl, das oft mit dem Verlust einhergeht. Auch in solchen Fällen haben unsere unbewußten Einstellungen zu dem geliebten Verstorbenen entscheidenden Einfluß darauf, wie sich unser Leid und unsere Trauer äußern.

In einem der vorausgegangenen Kapitel sprachen wir ausführlich darüber, daß der Mensch heftigen Groll, Haß, ja sogar Todeswünsche gegenüber Menschen empfinden kann, die er innig liebt. Der Gedanke an solche Gefühle oder Wünsche ist uns unangenehm, weil wir meinen, aufgrund unserer Feindseligkeit unserer Liebe zu widersprechen. Deshalb versuchen wir die Animosität vor uns zu verbergen, sie zu verdrängen und so zu tun, als gäbe es sie nicht. In Wahrheit jedoch schließen Liebe und Haß einander nicht aus. So seltsam es erscheinen mag, wir sind, wie in Kapitel eins dargelegt wurde, durchaus fähig, einen Menschen zugleich zu lieben und zu hassen. Die Unkenntnis der Mechanismen unserer Liebe und unseres Hasses ist oft der Grund für unser späteres Unglück, denn diese widersprüchlichen Emotionen erzeugen schmerzliche Gefühle der Schuld, Selbstverabscheuung, Depression und Angst. Das geschieht schon, während der geliebte Mensch noch lebt, und nach seinem Tod werden die Erinnerungen an Gefühle der Feindseligkeit zu einer erdrückenden Qual.

Wenn wir den Vater, die Mutter, den Ehemann oder die Ehefrau verlieren, fallen uns alle früher begangenen Ungerechtigkeiten und Unfreundlichkeiten, selbst wenn sie nicht schlimm waren oder wir sie gar nicht geäußert hatten, wieder ein und quälen uns. Im schlimmsten Fall müssen wir uns eingestehen, daß »wir nicht getan haben, was wir hätten tun sollen . . .« Wir übersehen, daß es das Schicksal aller Menschen ist, so zu handeln, und wir erinnern uns zu unserem Leidwesen nur an die Augenblicke, in denen wir unfreundlich, gehässig oder selbstsüchtig waren. In der Rückschau neigen wir dazu, an unser Verhalten viel strengere Maßstäbe anzulegen als zu Lebzeiten des Verstorbenen.

Harte Worte und ungute Gedanken, die wir uns zu Lebzeiten des geliebten Menschen geleistet haben, waren schlimm genug, konnten jedoch leicht wieder gutgemacht werden. Jetzt, angesichts eines Toten, werden diese Worte und Gedanken unerträglich. Wir haben keine Chance mehr, sie zurückzunehmen oder zum Besseren zu ändern! Und wenn unsere Feindseligkeit, obwohl teilweise verdrängt, sehr stark war, ist jetzt unser Kummer über diese Tatsache entsprechend groß.

Bei uns suchte ein Mann Hilfe, der eine wesentlich jüngere Frau geheiratet hatte, vor allem weil er sich körperlich zu ihr hingezogen fühlte. Die Tatsache, daß sie nach seiner Meinung nicht besonders intelligent war, hatte ihn während der Zeit seiner Werbung nicht gestört; nach der Hochzeit jedoch begann ihm das regelrecht zuzusetzen. Seine Frau interessierte sich nicht für Bücher, nur für Bridge. Sie mochte Gesellschaftsklatsch, aber kein richtiges Gespräch. Kunst, Theater, das Weltgeschehen oder irgendein anderes ernstes Thema waren für sie tabu. Auf Cocktailpartys, zu denen sie gern ging, trank sie meist zuviel, so daß sie redselig wurde, und das war ihm ungeheuer peinlich.

Er begann sie zu hänseln und sich scherzhaft darüber

zu beschweren, sie sei dumm. Aus dem Hänseln wurde Bissigkeit, und das führte zu so manchem Streit, keinem ernsten, doch die Auseinandersetzungen wurden immerhin so vehement ausgetragen, daß sich beide Ehepartner zu Grobheiten hinreißen ließen. Insgesamt jedoch war sie ihm eine gute Frau, und er liebte sie wirklich. Im Grunde führten die beiden ein recht glückliches Leben, man konnte ihre Ehe weder als sehr gut noch als sehr schlecht bezeichnen. Eines Tages dann erlitt die Frau einen Herzanfall, und eine Woche später war sie tot.

Ihr Tod stürzte den Mann in abgrundtiefe Verzweiflung. Sein Schmerz war maßlos und wurde infolge seiner Schuldgefühle ihr gegenüber ins Unermeßliche gesteigert. Er wollte sterben! Er wollte sich selbst beseitigen! Er vergaß alle schönen Augenblicke des Zusammenlebens mit ihr und erinnerte sich nur an die vielen Streitigkeiten und Mißverständnisse, die er jetzt sich allein anlastete.

Gequält bekannte er, daß es sogar Zeiten gegeben hatte, in denen »sie mich so wahnsinnig machte, daß ich wünschte, sie wäre tot!« Seine Reaktionen auf ihr Verhalten waren offensichtlich ebenso dramatisch aufgebauscht gewesen wie jetzt die Symptome seiner Trauer. Trotzdem konnte man ihm helfen, sein Verhalten psychologisch im richtigen Licht zu verstehen und sich mit der unabänderlichen Tatsache ihres Todes abzufinden.

In solchen Situationen ist es wichtig, daß wir unseren Frieden mit uns selbst machen und uns für begangene Verfehlungen entschuldigt fühlen. Es ist kindisch von uns, Strafe zu fürchten, weil wir nicht vollkommen sind. Wir müssen Gottes Liebe und Güte praktisch verstehen lernen, und wir müssen begreifen, daß uns unsere Lieben aufgrund ihrer Liebe zu uns jedes Unrecht verzeihen, das wir ihnen tatsächlich zugefügt haben. Wir müssen diese beruhigende Gewißheit akzeptieren, wenn wir uns von quälenden Schuldgefühlen befreien wollen, die so viel sinnloses Leiden verursachen können.

Der Tod erscheint nur als etwas so Endgültiges! Aber eben dies ist für die meisten Menschen schwer zu ertragen. Eines Tages kam ein bekannter Anwalt zu uns, der seit zwei Jahren unvermindert um seine Frau trauerte und seinen Schmerz einfach nicht überwinden konnte. Er quälte sich mit bedrückenden Erinnerungen ab. Er gab uns genügend Fakten an die Hand, so daß wir uns ein Bild von seiner Beziehung zu seiner Frau machen konnten. Sie war offensichtlich ein dominierender Mensch gewesen. Sie hatte sein Leben für ihn planen wollen, zwar ständig an sein Wohlergehen und Glück gedacht, zugleich aber so viel Aufmerksamkeit und Zuwendung von ihm verlangt, daß seine Arbeit darunter gelitten hatte.

Der Anwalt hatte die Frau trotz allem geliebt. Und er hatte gewußt, daß sie ihrerseits ihn hingebungsvoll geliebt und ihm tatsächlich ihr ganzes Leben verschrieben hatte. Aber sie behinderte ihn in seiner Arbeit, die ihm immer wichtig gewesen war. Als Folge davon hatte er während seiner ganzen Ehe in einem ständigen Konflikt leben müssen. Mit der Zeit war er mißlaunig und gereizt geworden und hatte ihr viele tiefe Verletzungen zugefügt.

Der Berater erklärte dem Mann, daß seine Erbitterung gegenüber seiner Frau vermutlich noch tiefer gegangen sei, als er ahne, daß aber auch die Unvereinbarkeit von Ehe und Arbeit nicht ganz gesund erscheine.

»Wir alle haben in unserer Natur eine primitive Seite«, führte er aus, »ein Erbe aus der Säuglingszeit und Kindheit. Diese Seite offenbarten Sie in Ihrem übermäßigen Interesse an Ihrer Arbeit sowie in Ihren heftigen Reaktionen gegenüber Ihrer Frau, Reaktionen, die der Auflehnung eines Kindes gegen die elterliche Autorität entsprechen. Ihre Frau war Ihnen gegenüber eine wahrhaft gute Seele, beherrschte Sie jedoch auch. In vieler Hinsicht war Ihre Persönlichkeit derjenigen Ihrer Frau unterlegen. Das ärgerte Sie. Und Sie gerieten in einen ernsten Konflikt, weil Sie zwischen Liebe und Haß hin und her gerissen wurden. Zweifellos erkannten Sie, unbewußt natürlich, daß diesen Konflikt nur der Tod Ihrer Frau lösen konnte.«

»Habe ich sie denn nicht geliebt?« fragte der Mann.

»Natürlich haben Sie das. Und ganz bestimmt verstand sie, wenn auch vielleicht ebenfalls nur unbewußt, Ihre Ausfälligkeiten in Wort und Tat besser als Sie selbst und verzieh Ihnen! Jetzt, da Ihre Frau nicht mehr da ist und Sie den Konflikt verstehen lernen, der Sie so lange beunruhigt hat, müssen Sie üben, sich des Guten und Schönen zu erinnern und nicht Ihrer Unfreundlichkeiten.«

Nachdrücklich unterstrichen wir die Bedeutung dieses unerläßlichen ersten Schritts: gezielt die Erinnerungen an Unfreundlichkeiten durch glücklichere zu ersetzen. Wir empfahlen ihm, sich ganz bewußt an das Schöne ihrer gemeinsamen Jahre zu erinnern und die vielen kleinen Beweise seiner Liebe und all die Freundlichkeiten aufzuschreiben, die er seiner Frau vom Kennenlernen bis zum Tod erwiesen hatte: die ersten Pralinen oder Blumen, die er ihr überreicht hatte; die ersten zärtlich-liebevollen Worte; die ersten Liebkosungen ... Er sollte an den ersten gemeinsamen Kirchgang zurückdenken, an Theaterbesuche, gemeinsame Spaziergänge, Ausflüge. Er sollte sich die Geburtstagsgeschenke ins Gedächtnis rufen, die er ihr gemacht hatte. Kurz, er sollte alle glücklichen Augenblicke notieren, die er mit ihr erlebt hatte.

Als er das nächstemal zu uns kam, zeigte er dem Geistlichen ein Notizbuch, in das er »die kleinen Beweise« geschrieben hatte, die jetzt groß vor ihm leuchteten und ein starker Trost für ihn wurden. »Hm, ich bin eigentlich viel besser, als ich geglaubt habe«, sagte er etwas linkisch.

Nach und nach verblaßten seine Reuegefühle, sein Kummer verging, und er fand sich mit dem Tod seiner Ehegefährtin ab.

Ein anderer Fall betrifft eine Frau, deren Trauer durch heftige Schuldgefühle kompliziert wurde. Sie hatte fast während der ganzen Zeit ihrer Ehe, bewußt und noch mehr unbewußt, Feindseligkeit gegenüber ihrem Mann empfunden. Er war ein vielbeschäftigter, ichbezogener Mensch gewesen, von dem sie sich oft vernachlässigt gefühlt hatte. Zwischen den beiden war es deswegen immer wieder zu Streit gekommen, doch es hatte auch noch andere Schwierigkeiten gegeben, und einmal hatten sie sich sogar getrennt. Sie hatten zwar wieder zueinander gefunden, aber die aufgestaute Erbitterung hatte weitergeschwelt.

Eines schicksalhaften Tages hatte ihr Mann während einer Geschaftsreise auf der Straße einen Herzinfarkt erlitten und war tot umgefallen. Ihr Schmerz über seinen Tod kannte keine Grenzen.

Trotz der vielen Auseinandersetzungen hatte sie ihn wirklich geliebt. Das Mitgefühl und die Hilfsangebote ihrer Freunde lehnte sie ab. Immer wieder machte sie Pilgerfahrten zum Friedhof, warf sich auf das Grab ihres Mannes und blieb lange verzweifelt liegen.

Sie trauerte schon seit über einem Jahr auf diese übertriebene Art, als sie zu uns kam. Zunächst sprach einer der Psychotherapeuten mit ihr. Er machte ihr klar, daß ihre übersteigerte Trauer mit der Erinnerung an ihre Feindseligkeit gegenüber ihrem Mann zusammenhing. Sie meinte, ihr Haß, der immer wieder zu dem Wunsch ausgeartet war, ihr Mann möge sterben, sei zumindest teilweise an seinem Herzinfarkt schuld gewesen. Und dies war mehr, als sie ertragen konnte.

Dem Geistlichen gelang es, sie zu überzeugen, daß ihr Mann und sie sich trotz allem verstanden und geliebt hatten. Einmal waren sie auseinandergegangen, aber nicht für lange, weil nämlich keiner ohne den anderen hatte leben wollen. Und was die Grobheiten anbelangte, denen sie im Streit erlegen waren, so wies der Geistliche darauf hin, daß es höchst ungewöhnlich wäre, wenn ein Ehepaar in fünfzehn gemeinsamen Jahren nicht ab und zu Grund zu einem Streit hätte.

»Lassen Sie mich die Sache einmal so darstellen«, sagte er. »Ihr Mann befindet sich jetzt in einer höheren Welt des Geistes. Wenn Sie auf einen hohen Berg steigen und hinunterschauen, sehen Sie aus der Entfernung die kleinen Dinge nicht; Sie sehen nur die großen Dinge. Ihr Mann ist auf einem hohen Berg und blickt herunter. Die zurückliegenden Streitigkeiten sind die kleinen Dinge! Er sieht jetzt nur noch die Schönheit Ihres Charakters und die Größe Ihrer Liebe. Dies sind die großen Dinge! Alles übrige ist ausgelöscht, verblichen, weg!«

Der Geistliche erklärte ihr, sie solle daran glauben, daß es eine Wiederbegegnung geben würde, daß sie mit ihrem Mann in einer Welt höherer Realität vereint sein würde, die von den Unvollkommenheiten des Menschenlebens frei sei. »Sie haben keine Verzeihung nötig«, sagte er, »weil es nichts zu verzeihen gibt! Die Streitigkeiten, ohnehin meist nur Signale oberflächlichen Gelärmes, sind jetzt vorüber. Alle vergangenen Kümmernisse sind ausgeräumt. Es bleibt jetzt nur die Liebe, die jeder von Ihnen für den anderen empfand. Daran müssen Sie sich erinnern, daran müssen Sie ständig denken.«

Die Frau erfuhr an sich, wie so viele andere, daß das Verständnis der innersten Mechanismen unseres Geistes- und Gefühlslebens zusammen mit der Kraft des Glaubens das Leid zu bezwingen vermag, das mit dem Tod einhergeht.

Ausgehend von unseren gemeinsamen Erfahrungen, die wir auf dem Gebiet der Psychotherapie und des praktizierten Christentums gesammelt haben, möchten wir Ihnen nun ein paar Vorschläge unterbreiten, die dazu beitragen können, den ersten Schock nach dem Tod eines geliebten Menschen erträglicher zu machen und schließlich den Schmerz über den Verlust zu überwinden.

Erstens: Bringen Sie Ihre Trauer ungeniert zum Ausdruck. Lassen Sie Ihrem Kummer freien Lauf. Versuchen Sie nicht, »tapfer zu sein« und ihn zu unterdrücken. Seien Sie nicht beunruhigt über seine Heftigkeit; betrachten Sie ihn nicht als Zeichen der Schwäche oder als unzivilisierte Rührseligkeit. Ihr Schmerz ist eine natürliche Reaktion auf Ihren Verlust.

Zweitens: Vermeiden Sie nicht, über den verstorbenen lieben Menschen zu sprechen. Und versuchen Sie auch nicht, das Wort »Tod« und seine Abwandlungen zu umgehen mit Ausdrücken wie »verschieden«, »entschlafen«, »von hinnen geschieden«; sagen Sie schlicht und klar: »Er ist gestorben.« Oder: »Sie ist tot.« Das hilft Ihnen, sich damit abzufinden. Bemühen Sie sich, den Tod als natürliches Ereignis zu akzeptieren. Erinnern Sie sich an die glückliche Seite Ihres Zusammenlebens mit dem geliebten Menschen.

Folgende kleine Geschichte veranschaulicht, wie wir

das meinen. Nach dem Tod ihrer Mutter bat Mrs. Lowell Thomas mehrere enge Freunde der Familie zu einer einfachen Gedenkfeier in ihr Haus. Sie wollte, daß die Freunde noch einmal das Erlebnis der Zusammengehörigkeit mit ihrer Mutter hatten, bevor diese zur Beisetzung weggebracht wurde.

Ihr Mann, ein bekannter Schriftsteller und Kommentator, hatte auf seine Schwiegermutter einen schönen Nachruf geschrieben, den ein Geistlicher bei der Feier verlas. Der Nachruf schilderte ihr Leben und berichtete viele kleine Episoden aus ihrer Mädchenzeit; so wurde erzählt, wie die Verstorbene und ihre Schwester als kleine Mädchen den ersten Zug, das erste riesige Dampfroß, nach Nebraska kommen sahen und sogar ihre Sonnenschirme zumachten, um es nicht zu erschrecken; erzählt wurde, wie die Nähmaschinenfirma Singer eine Mißwahl veranstaltete, die erste ihrer Art, und wie die Verstorbene als Siegerin daraus hervorging. In ihrer Lebensgeschichte wurde sie auf liebevolle Art als der warmherzige, lebensprühende Mensch dargestellt, der sie gewesen war.

Die Angehörigen und Freunde der Toten empfanden ihren Verlust als sehr schmerzlich, doch diese einfache, menschliche Weise, ihrer nicht als Toter zu gedenken, sondern als Lebender im Strom eines ewigen Lebens, half allen Anwesenden, sich mit dem Verlust abzufinden. Und alle behielten die Feier als schönes, von Liebe geprägtes Erlebnis in Erinnerung.

Drittens: Versuchen Sie trotz Ihrer Trauer nach Möglichkeit, Ihre üblichen Aufgaben und Pflichten zu erfüllen. Man neigt nach einem Todesfall dazu, mit allem aufzuhören, nur dazusitzen und nachzugrübeln. Das ist ein Fehler, den Sie vermeiden sollten, auch wenn Ihnen der Sinn nach anderem steht. Das Vernünftigste ist oft, man verrichtet irgendwelche körperlichen Arbeiten, denn diese bauen Spannungen ab.

Im Krieg wurde ein Mann ersucht, seiner Nachbarin die traurige Nachricht zu überbringen, daß ihr Sohn gefallen war. Mit ein paar Freunden ging er zum Haus der Nachbarin. Die Männer trafen sie in der Küche an, wo sie auf den Knien den Boden schrubbte. Ruhig sagte der Mann: »Ich muß dir eine sehr traurige Mitteilung machen.« Er hielt kurz inne und fuhr dann fort: »Bill ist in Frankreich gefallen.«

Die Frau erstarrte. Nach ein paar Sekunden jedoch glitt ihre Bürste wieder auf dem Boden hin und her. Schließlich sagte sie: »Setzt euch doch, bitte. Ich mache euch eine Tasse Tee.«

Die Männer protestierten, aber sie bestand darauf. »Bitte«, sagte sie. »Ich möchte euch Tee machen! Mir ist danach zumute.« Und sie plauderte mit den Männern, während sie Wasser aufsetzte, Tee aufgoß, Kekse hervorholte, den Tisch deckte und ihren Gästen einschenkte.

Viel später, als sie den Verlust überwunden hatte, sagte der Nachbar zu ihr: »Ich habe immer bewundert, wie du die Nachricht vom Tod deines Jungen aufgenommen hast, aber verstanden habe ich es nie.«

»Weißt du«, entgegnete sie, »meine Großmutter hat einmal zu mir gesagt, man solle, wenn einen Leid überfällt, einfach das Nächstbeste tun, das man normalerweise tun würde. Als du mit den anderen Nachbarn kamst, war es nur normal, daß ich euch Tee anbot. Ich dachte, auf diese Weise könnte ich versuchen, durchzuhalten.«

Viertens: Greifen Sie nach dem Verlust eines geliebten Menschen zur Bibel. Ihnen wird in einer solchen Zeit durch sogenanntes panoramisches Lesen der Bibel viel

Trost zuteil werden. Lesen Sie zusammenhängende Abschnitte wie etwa die *Bergpredigt* in einem Stück. Lesen Sie die *Psalmen,* und halten Sie sich vor allem an das *Neue Testament.* Mit anderen Worten: Gewinnen Sie einen panoramischen Überblick über die Schmerzen und Leiden der Welt und den Sieg des Glaubens.

Ein bezauberndes achtzehnjähriges Mädchen ging zum Reiten, fiel vom Pferd und war auf der Stelle tot. Die Mutter hatte ihre Tochter mit leuchtenden Augen und strahlendem Gesicht fortreiten sehen, und nun brachte man sie ihr mit geschlossenen Augen und todesstarrem Gesicht wieder. Sie konnte sich nicht damit abfinden, verwand diesen schweren Schlag nicht.

Um zu vergessen, fuhr sie an einen ruhigen Ort auf dem Land, doch die schreckliche Erinnerung ließ sie auch dort nicht los. Eines Abends dann, als sie in ihrem Zimmer saß, holte sie ihre Bibel hervor und begann zu lesen. Sie las den ersten Psalm, den zweiten, nacheinander alle bis zum letzten.

Ruhig schloß sie das Buch und blieb nachdenklich sitzen. Nach einer Zeitlang sagte sie überzeugt zu sich selbst: »Die Männer, die diese Psalmen schrieben, verstanden etwas vom Leben! Sie mußten genau solches Leid durchmachen wie ich jetzt und fanden die Antwort. Ich habe sie auch gefunden.« In diesem Augenblick erhielt sie ihre alte Festigkeit zurück und konnte ihr Leben wiederaufnehmen.

Als wir sie fragten, was die Psalmen ihr denn genau gegeben hätten, sagte sie: »Die Antwort, die ich suchte. Und ich glaube sie. Dem Gott dieser Psalmen kann man trauen.« Die Bibel hatte ihr einen panoramischen Überblick vermittelt, das tiefe, tröstende Verständnis des Glaubens und die Erkenntnis seines Sinns.

Gegen den schmerzlichen Verlust infolge Todesfalls gibt es auch eine Langzeitstrategie. In ihrem Mittelpunkt steht der Rat, daß wir, um das Leben zu ertragen, uns mit dem Tod schon vor seinem Eintreffen befassen sollten.

Die richtige Sicht des Todes sollte tatsächlich schon in der Kindheit vermittelt werden. Kinder werden oft in übertriebener Weise gegen die Erkenntnis abgeschirmt, daß der Tod zu jeder Zeit jedes Lebewesen dahinraffen kann. Man sollte Kindern schon in jüngsten Jahren behutsam klarmachen, daß der Tod genauso zum Leben gehört wie das Leben selbst: daß er eine Pflicht ist, die wir erfüllen müssen, eine Schuld, die wir zu begleichen haben.

Belehrungen über die Unausweichlichkeit des Todes sind wichtig, damit Kinder ihm gegenüber eine realistische Einstellung entwickeln können. Diese brauchen sie, ob sie nun schon in der Kindheit mit ihm konfrontiert werden oder erst später als Erwachsene. Die Vermeidung des Wortes Tod und jedes Hinweises auf ihn in Gegenwart eines Kindes mag gut gemeint sein, kann dem Kind jedoch schweren Schaden zufügen.

Ein junger Mann erschien wegen eines solchen Schadens in unserem Institut. Nicht lange nach seinem siebten Geburtstag war sein Vater bei einem Autounfall ums Leben gekommen. Wohlmeinende Freunde hatten das Kind rasch aus dem Elternhaus weggebracht. Niemand hatte ihm eine Erklärung darüber gegeben, was mit seinem Vater geschehen war. Seine Mutter war so gebrochen gewesen, daß sie es anfangs nicht ertragen hatte, von ihrem Mann zu sprechen; und nach einer Zeitlang hatte sie törichterweise gemeint, das Kind habe nichts gemerkt. Als Folge von all dem hatte der Junge nie mehr ein Wort über seinen Vater gehört. Der Vater war aus dem Leben des Jungen gelöscht worden.

Das fehlende Wissen hatte bei ihm das unbestimmte, quälende Gefühl ausgelöst, mit dem Verschwinden seines Vaters sei irgend etwas Unehrenhaftes oder Schändliches verknüpft. Doch er hatte nie einen Hinweis gefunden, was es sein könnte. Im Laufe der Jahre entwickelte sich daraus ein schwerer emotionaler Konflikt, der so tief saß, daß eine langwierige psychiatrische Behandlung erforderlich war.

Die richtige Einstellung gegenüber dem Tod muß auch das Wissen beinhalten, daß er jeden von uns jederzeit ereilen kann und wir deshalb geistig und seelisch auf ihn gefaßt sein müssen. Wir dürfen nicht so tun, als würden unsere Lieben für immer bei uns bleiben. Wir sind hienieden auf uns allein gestellt und haben Aufgaben zu erfüllen. Wir sollten dankbar für unsere Gefährten sein, solange wir sie haben; aber wenn unsere Gefährten sterben, ist es unsere Pflicht, weiter unseren Aufgaben nachzugehen. Denn alles ist ein Teil des Lebens.

Wird ein Familienkreis zerbrochen, bleiben die einzelnen Mitglieder oft in einem Zustand der Vereinsamung und Unsicherheit zurück, der ihre Trauer noch verstärkt. Wenn wir klug sind, vermeiden wir deshalb, daß Eltern, Ehepartner oder Kinder vollkommen von uns abhängig werden oder wir von ihnen. Solche Abhängigkeit ist schon zu Lebzeiten der Beteiligten eine Quelle so manchen Unglücks, und stirbt einer von ihnen, wird sie zur verheerenden Katastrophe.

Am besten nehmen wir dem Tod sein Unerbittliches durch den unerschütterlichen Glauben, daß es eine Wiederbegegnung geben wird. Bis jetzt konnte – das wollen wir hier klar herausstellen – noch nicht wissenschaftlich bewiesen werden, daß es das ewige Leben wirklich gibt. Aber auch das Gegenteil konnte nicht wissenschaftlich bewiesen werden. Wir müssen uns in dieser Hinsicht auf die Gewißheit unserer Seele und die Heilsbotschaft aller Weltreligionen verlassen und, nachdem wir Christen sind, auf die Frohbotschaft Jesu.

John Erskine, der bekannte amerikanische Schriftsteller und Literaturprofessor, faßte seinen persönlichen Glauben beredt in Worte: »Ich glaube – vielmehr weiß ich aus persönlicher Erfahrung –, daß die Toten, die wir lieben, uns nicht verlassen, sondern in irgendeiner Weise weiter als getreue Gefährten hier bei uns weilen, uns stützen und inspirieren. Wir finden sie an vertrauten Orten, im Haus, im Garten, auf der Dorfstraße. Ich glaube, daß wir sie oft bei Beschäftigungen finden, in die wir uns einst mit ihnen teilten. Diese ständige Präsenz der Toten ist für mich eine einfache Tatsache, ist Teil meiner menschlichen Vertrautheit mit dem täglichen Geheimnis und der täglichen Schönheit des Lebens.«

Jeder von uns trägt im Herzen den tiefen Glauben, daß das Leben über den Tod erhaben ist. Dieser Glaube ist ein Grundbestandteil unseres menschlichen Erbes. Für den Christen brachte ihn am besten Jesus Christus selbst zum Ausdruck, bezeichnenderweise nicht vor den Stolzen oder Gelehrten, sondern vor einer einfachen, gewöhnlichen Frau des Volkes, deren Bruder gestorben war. Sie hieß Martha. Klagend berichtete sie Jesus vom Tod ihres Bruders, und er sagte darauf die wunderbaren Worte, die viele Jahrhunderte überdauert und Millionen getröstet haben: »Ich bin die Auferstehung und das Leben. Wer an mich glaubt, der wird leben, ob er gleich stürbe; und wer da lebet und glaubet an mich, der wird nimmermehr sterben.«

Vielerlei Anzeichen stützen den Glauben, daß der Tod nicht das Ende von allem bedeutet, sondern eher einen Übergang von einer Realität des Lebens in die nächste.

Wir haben von der Seele her den Eindruck, daß ein zärtlich geliebter Mensch nach seinem Tod weiterlebt, wenn auch in einer Realität, in die wir wegen der irdischen Begrenztheit unseres Verstandes nicht einzudringen vermögen. Die Trennlinie zwischen den beiden Welten ist zwar undurchdringlich, aber dünn. Es gibt bestimmte Augenblicke, in denen wir uns der Berührungspunkte der beiden Welten gewahr sind, in denen wir Hinweise auf die Unsterblichkeit erhalten.

Gordon Johnstone erzählte vor seinem Tod, wie er zu dem Text des berühmten alten Liedes von Geoffrey O'Hara »Es gibt keinen Tod« gekommen war, zu dem Refrain, der einen nicht mehr losläßt: »Ich sage euch, sie sind nicht tot.«

Johnstone hatte 1919 mit einem kanadischen Oberst gesprochen, dessen Truppe in blutigen Kämpfen aufgerieben worden war. Den Oberst hatte tiefe Verzweiflung gepackt, doch dann, als er durch die Schützengräben gegangen war, hatte er zunehmend das Gefühl gehabt, die Gefallenen scharten sich um ihn. Seine Verzweiflung hatte sich in einen unerschütterlichen Glauben verwandelt. Er hatte fast ihre Gesichter gesehen, fast die Berührung ihrer Hände gespürt! Er hatte sich von ihrer Gegenwart eingehüllt gefühlt! Daraufhin hatte sich dieser hartgesottene Soldat an Johnstone gewandt und erklärt: »Ich sage Ihnen, sie sind noch bei uns! Ich sage Ihnen, sie sind nicht tot.« Dieser Vorfall hatte Johnstone zu dem Liedtext inspiriert.

Der Glaube an das Weiterleben, der den großen Soldaten aufrecht hielt wie so viele andere, die sich dem Tod gegenübersahen, wurde von Robert Louis Stevenson in ein wunderbares Gedicht umgesetzt, und was er sagte, wird gestützt durch das Bibelwort: »Und das ist die Verheißung, die er uns verheißen hat: das ewige Leben.«

Kapitel 10

Der Weg in ein zufriedenes und glückliches Alter

Ihr Haar war weiß, und ihre rosigen Wangen durchzog ein Netz tiefer Furchen. Das kleine Mädchen, das zu ihr auf Besuch gekommen war, musterte sie aufmerksam und fragte dann ernst: »Bist du eine alte Frau?«

»Nein, Schätzchen.« Ihre Augen, aus denen unbezwinglicher Lebensmut sprach, funkelten schelmisch. »Eigentlich nicht. Aber ich muß zugeben, daß ich schon sehr lange jung bin.«

Es ist wirklich schwer, alt oder, besser gesagt, älter zu werden, schwerer noch, als erwachsen zu werden. Die unvermeidliche Verlangsamung der Körperprozesse und der Verlust der körperlichen Elastizität lassen sich nicht aufhalten. Doch während wir die äußerlichen Zeichen der Jugend verlieren, können wir zu unserem Glück den unerschütterlichen, von Hoffnung und Vertrauen getragenen Lebensmut bewahren, der uns in jüngeren Jahren erfüllte. Gottlob muß es nicht sein, daß unsere wertvollsten Fähigkeiten, jene der Liebe, Freundschaft, Kreativität, geistiger Aktivität und tausend anderen einfachen Freuden des Lebens, im Laufe der Jahre auch nur um ein Jota abnehmen.

Eine Garantie dafür gibt es jedoch nicht. Dies ist vielmehr ein Ziel, auf das wir aktiv, mutig und entschlossen hinarbeiten müssen, vor allem aber mit dem festen Glauben, daß wir die Probleme meistern können, vor die uns das Leben stellt. Wenn wir altern, müssen wir, gründlicher als je zuvor, unsere Persönlichkeit kritisch prüfen und den ehrlichen Vorsatz fassen, all die Eigenschaften zu ändern, die bei der Prüfung zu wünschen übriglassen. Tun wir das nicht, geraten wir in Schwierigkeiten. Die Charakterfehler, die wir in unserer Jugend hatten, treten mit den Jahren immer deutlicher zutage, und ungelöste innere Konflikte werden für uns Alternde zu einer immer schwereren Last.

Es gibt in unserem Leben eine Spanne von Jahren, in denen Schwung und Energie oder, bei Frauen, die Schönheit bestimmte Eigenschaften wie Egoismus, Reizbarkeit oder das Verlangen nach Beherrschung anderer überdecken. Doch wenn der jugendliche Elan oder die Blüte der Jugend verschwinden, werden die unangenehmen Eigenschaften verblüffend klar erkennbar. Ab der Lebensmitte kommen Persönlichkeitsmängel nicht nur schmerzhaft zum Vorschein, sondern sie verstärken sich gewöhnlich zunehmend, bis sie schließlich die ganze Persönlichkeit beherrschen.

Ein Mensch, der mit Sechsundzwanzig die Angewohnheit hat, seine Witze endlos zu wiederholen oder überlange Geschichten zu erzählen, kann mit Sechzig eine langweilige und jedermann ermüdende Nervensäge sein. Der aufbrausende, reizbare Jugendliche, den seine Freunde gerade noch tolerieren, wird, sofern er nicht aufpaßt, ein hoffnungslos jähzorniger, cholerischer alter Mann, den alle meiden. Ein übertriebener, aber harmloser Hang zu Sparsamkeit in der Jugend kann sich zu dem zu Recht verachteten Altersgeiz entwickeln. Aus übermäßiger Neigung zu Besorgnis in jungen Jahren kann in den letzten Lebensjahren ein zerstörerischer und für alle Angehörigen unerträglicher Angstzustand werden.

Wir erinnern uns an einen Mann, der mit Dreißig ständig gefürchtet hatte, nicht genügend Geld zu verdienen, um sich selbst und seine Familie zu ernähren. Die Tatsache, daß er erfolgreicher war als die meisten seiner Altersgenossen, linderte seine Angst um keine Spur. Zum Teil ließ sich zwar seine Angst darauf zurückführen, daß er in großer Armut aufgewachsen war und ziemlich exzentrische Eltern gehabt hatte. Sein wirkliches Problem war jedoch nicht die Armut, die Kindheit und Jugend überschattet hatte, sondern die tiefe emotionale Unsicherheit, die seine Eltern seinem Unbewußten eingepflanzt hatten; sie prägte sein Leben in jeder Hinsicht und bewirkte paradoxerweise, daß seine Angst um so größer wurde, je mehr er verdiente.

Mit Siebzig dann besaß er ein Vermögen von annähernd einer halben Million Dollar, das er so gut anlegte, daß es ihm allein an Zins und Zinseszinsen mehr als genug für alle nur denkbaren Bedürfnisse eintrug. Trotzdem konnte ihn nichts von der Überzeugung abbringen, daß er seine Tage als Almosenempfänger beschließen würde. Fast täglich rief er seinen Makler an, um sich ängstlich nach den Devisen- und Aktienkursen zu erkundigen und eine Änderung seiner Dispositionen vorzuschlagen. Was bei ihm in der Jugend als übertriebene Vorsicht in bezug auf Geldsachen hingegangen war, wurde für ihn im Alter zu einer Manie, die ihm den Seelenfrieden raubte. Er entwickelte sich zu einem mürrischen, unangenehmen Griesgram, dem seine Bekannten tunlichst aus dem Weg gingen.

Wenn wir die mittleren Jahre zwischen, sagen wir,

vierzig und sechzig erreichen, sollten wir eine gründliche Bestandsaufnahme unserer eigenen Person machen. In diesem Alter ist es noch möglich, jene Charakterzüge zu ändern, die wir bisher zu übertünchen vermochten, die uns jedoch, wenn wir sie nicht ändern, später viel Unglück bringen können. Und es ist noch möglich, all die Charakterzüge stärker zu entwickeln, die uns helfen, glücklich älter zu werden. Unser Glück und unser Wohlergehen hängen von Einstellungen ab, die uns die Liebe und Achtung unserer Angehörigen und Freunde sichern. Wir müssen Großzügigkeit bezeigen, Güte, Selbstlosigkeit, Mitgefühl, Toleranz, Respekt vor jedem Menschen als Individuum und die Bereitschaft beweisen, unsere Mitmenschen anders denken und fühlen zu lassen, als wir es tun, ohne böse auf sie zu werden. Und vor allem müssen wir die Fähigkeit zum Zuhören entwickeln. Diese Eigenschaften des Geistes und des Herzens werden die noch vor uns liegenden Jahre bereichern. Wenn sie tief in unserer Persönlichkeit verwurzelt sind, werden sie – im Gegensatz zu unseren körperlichen Kräften – nicht schwinden. Wenn wir über diese Eigenschaften jedoch nicht verfügen, gehen wir mit ziemlicher Sicherheit trauriger Einsamkeit und Verbitterung entgegen.

Tugenden vervielfältigen sich glücklicherweise mit den Jahren. Dies konnte man bei einem neunzigjährigen Greis beobachten, der sehr schwach geworden war. Wie es in fortgeschrittenem Alter manchmal geschieht, hatte der Abbau seiner Hirnzellen sein Gedächtnis derart beeinträchtigt, daß er nicht einmal die wenigen alten Freunde erkannte, die er noch besaß. In seiner Jugend war er überaus freundlich und liebenswürdig gewesen, ein Mensch, der es nie an charmanter Höflichkeit und selbstloser Liebenswürdigkeit hatte fehlen lassen. Diese grundlegende

Charaktereigenart hielt über seine mitleiderregende körperliche Verfassung hinaus an. Kurz vor seinem Tod besuchte ihn ein Freund, er wurde von einer Schwester in sein Zimmer geführt. Der alte Mann stand sofort auf und sagte freundlich: »Möchten Sie nicht Platz nehmen bitte? Wie geht es Ihnen?«

»Erinnerst du dich nicht an mich? Ich bin John«, entgegnete der Besucher.

Auf dem Gesicht des alten Mannes erschien nicht das kleinste Zeichen des Erkennens. Aber er lächelte und antwortete: »Doch, doch. Natürlich. Ich freue mich sehr, dich zu sehen.« Dann ergriff er eine auf dem Tisch stehende Pralinenschachtel, streckte sie dem Freund einladend hin und erkundigte sich nach seinem Ergehen. Er erkannte ihn nicht, doch sein Impuls war wie eh und je, Wohlbehagen zu vermitteln und dem Freund anzubieten, was er eben gerade hatte. Obwohl er geistig sehr abgebaut hatte, besaß er unverändert die extravertierten, liebenswürdigen Eigenschaften, die während seines ganzen früheren Lebens charakteristisch für ihn gewesen waren.

Um die Lebensmitte ist es unsere wichtigste, vordringlichste Aufgabe, zerstörerische Einstellungen durch aufbauende, schöpferische zu ersetzen und den Zynismus zu bekämpfen, der einen Menschen häufig in dieser Zeit befällt. Die gefährlichste Falle beim Älterwerden ist die zu Zynismus führende Enttäuschtheit und Glaubenslosigkeit. Vielleicht haben sich die Hoffnungen und Erwartungen aus der Jugendzeit nicht ganz erfüllt. Doch während man in früheren Jahren noch endlos Zeit zu haben schien, seinen Traum später einmal zu verwirklichen und alle Fehlschläge auszubügeln, muß man jetzt unweigerlich erkennen, daß dem nicht länger so ist. Man neigt dazu, sich in Illusionslosigkeit und Zynismus zurückzuziehen, als wolle man sagen: »Nicht ich habe das Leben verpaßt, sondern das Leben hat mich verpaßt.«

Es empfiehlt sich, jetzt alle Ziele, die wir uns einst setzten, einer neuerlichen Prüfung zu unterziehen. Wir träumten einst davon, bestimmte Erfolge zu erringen, die wir nach Kriterien wie Wohlstand, Besitz, Macht, Ansehen, Liebe oder einer Führungsposition im Berufs- oder öffentlichen Leben maßen. In der Blüte der Jugend und noch im frühen Erwachsenenalter glaubten wir, alle unsere Ziele erreichen zu können! Wie denn auch nicht! Jetzt jedoch, nachdem wir dies nicht ganz geschafft haben, verleihen unsere scheinbaren Fehlschläge, die wir als unverdient empfinden, dem Wein im Becher der verstrichenen Jahre eine herbe Bitterkeit.

Wenn wir jedoch das Erreichte aus dem richtigen Blickwinkel betrachten, wenn wir wirklich fair und vernünftig sind, stellen wir fest, daß wir statt der Dinge, die wir anstrebten und nicht schafften, etwas anderes genauso Befriedigendes zustande brachten. Der einzige angemessene Weg für uns ist jetzt, in der Lebensmitte, unsere Ziele neu zu bewerten, die Zielsetzungen zu ändern und mit dem in Einklang zu bringen, was wir nach unserer bisherigen Erfahrung wirklich zu erreichen vermögen. Unsere Ziele sind dann vielleicht nicht mehr so hochgesteckt wie einst, wir haben aber den Vorteil, sie realistisch zu sehen. Vielfach machen wir sogar die Feststellung, daß wir einige der einstigen Ziele gar nicht mehr für anstrebenswert halten. Vielleicht sind die neuen Ziele sogar objektiv wertvoller und bringen uns subjektiv größere Befriedigung.

Manche der sichtbaren körperlichen Veränderungen, zu denen es in den Vierzigern kommt, bedeuten für viele Menschen einen harten Schlag, den sie schwerer verkraften als das Ausbleiben uneingeschränkten Erfolgs. Dies gilt besonders für Menschen, die stolz waren auf ihr Aussehen, ihren Charme, ihre Energie und Kraft. Haarausfall, Ergrauen, Falten, die ihr Netz von den Augenwinkeln auf die Stirn und dann allmählich über das ganze Gesicht ausbreiten, eine schlaffe Figur – alles die Alterungssymptome, die man täglich im Spiegel beobachtet, werden als Beweis dafür genommen, daß die beste Zeit des Lebens vorüber ist. Unsere heutige Zivilisation legt viel zu großen Wert auf Jugend und Schönheit im Verhältnis zu den Werten, die sie anderen Vorzügen beimißt. Die Werbung aller Medien, Film, Funk, Fernsehen und ein großer Teil der gängigen Romane hämmern uns heute die oberflächliche Vorstellung ein, äußere Schönheit sei das, worauf es ankomme und was zähle.

Männer, die das Nachlassen ihrer Kraft und Potenz spüren, behaupten oft beharrlich, sie seien »so fit wie eh und je«. Doch in körperlicher Hinsicht – natürlich nur in dieser – sind sie das nicht. Auch wenn sie sechsunddreißig Golflöcher oder sechs Sätze Tennis in brütender Sonne durchstehen, beweisen sie damit das Unbeweisbare nicht. Sie lassen sich durch ihr altersbedingtes Unterlegenheitsgefühl zu Leistungen anspornen, die leider oft zu körperlichen Schäden führen.

Ihre Angst, den Zugriff zu verlieren, kann sie auch auf anderen Gebieten zu einer Überkompensierung verleiten. So ist es beispielsweise nicht ungewöhnlich, daß Männer, die sich den Fünfzigern nähern, mit scheinbarer Vorliebe mit viel jüngeren Frauen flirten. Männer, die ein anständiges, vernünftiges Leben geführt haben, lassen sich in diesem Alter häufig auf außereheliche Affären ein, mit denen sie gegen ihr Gewissen und die bisher von ihnen verfochtenen Moralvorstellungen verstoßen. Meistens suchen sie nur die trügerische Selbstbestätigung: Seht nur, ich bin noch jung!

In ihrer selbstverursachten Blindheit sehen sie die wichtigste Wahrheit nicht, die sie sicher durch die schwierige Periode des Altwerdens geleiten kann: echter, bleibender Charme, wirkliche weibliche Schönheit und überzeugende Männlichkeit sind weniger im Körper angesiedelt als im Geist und im Herzen. Das wirksamste Rezept für ein Altwerden in Erfolg, Glück und Würde ist die beharrliche Entfaltung der uns innewohnenden inneren Gaben.

Dem Club der Marble Collegiate Church gehörte eine bezaubernde alte Dame an, ein fröhlicher, strahlender Mensch. Die gebürtige New Yorkerin war unweit des Washington Squares in einem schönen Haus aus braunem Sandstein aufgewachsen. In ihrer Jugend hatte ihre Familie ein Dienstmädchen, mit dem sie sich angefreundet hatte. Die beiden Mädchen waren treue, unzertrennliche Gefährtinnen gewesen. Sie lebten auch jetzt, im Alter, noch zusammen; die beiden verband eine Freundschaft, der ihr unterschiedlicher sozialer Status nichts anhaben konnte.

Eines Tages sagte die alte Dame zu einer Freundin, die auf Besuch gekommen war: »Heute früh hatte ich ein höchst seltsames Erlebnis. Ich sah mich im Spiegel, wie ich mich noch nie gesehen hatte. Ich erschrak ziemlich. Ich betrachtete diese alte, diese uralte Person im Spiegel und sagte zu mir: ›Das bin doch nicht ich! So sehe ich doch nicht aus! Und so fühle ich mich ganz bestimmt nicht!‹ Ich war verblüfft! Nun endlich begriff ich, daß ich alt bin – eine alte Frau, wie vor mir meine Mutter. Dabei fühle ich mich kein bißchen anders als seit jeher.«

Ihre Betreuerin und lebenslange Freundin erklärte der

Besucherin, als diese ging: »Ich habe sie angeschaut heute früh, als sie das sagte. Sie hat sich wirklich nicht verändert; sie ist noch genauso wie an dem Frühlingsmorgen vor fünfzig Jahren, als ich sie kennenlernte.« Durch die Brille echter Zuneigung gesehen bleibt der Mensch gleich; er verändert sich zwar körperlich, nicht aber geistig-seelisch.

Der wirkliche Mensch kann sich trotz der zersetzenden Einwirkungen der Zeit unverändert erhalten. Vorzeitiges Altern ist bei den meisten Betroffenen nicht auf ein Steifwerden der Gelenke oder Muskeln zurückzuführen, sondern auf ein Erstarren des Geistes in Intoleranz, Reizbarkeit und Selbstsucht. Doch solange der Geist wach, flexibel und tolerant bleibt, solange er sich nicht in Borniertheit und Feindseligkeit versteigt, kann er weit über die Siebzig oder Achtzig hinaus seine volle Leistungsfähigkeit bewahren.

Der Sportler gilt sehr früh als »alt«, weil bei ihm Muskelmaßstäbe angelegt werden. Der Geistesarbeiter hingegen, beispielsweise ein Musiker, Künstler, Techniker oder Wissenschaftler, muß überhaupt nicht »alt« werden. Das überragende Können eines Baseballstars schwindet jenseits der Dreißig; dagegen können Schriftsteller, wie Goethe, Thomas Mann, George Bernard Shaw oder Somerset Maugham bewiesen, noch mit mehr als siebzig Jahren überaus produktiv sein. Das gute Zusammenspiel von Auge, Muskeln und Nerven läßt vielleicht nach, aber der schöpferische Geist und die kreative Seele sammeln von Jahr zu Jahr mehr Erfahrung und werden immer erfinderischer und ergiebiger. Eine Voraussetzung hierfür ist freilich, daß der Mensch einsichtiger, bescheidener und vor allem sich selbst gegenüber ehrlicher wird.

Der kluge Mensch vervollkommnet also, wenn er »in

die Jahre kommt«, seine schöpferischen Fähigkeiten und sein Urteilsvermögen, die mit zunehmendem Alter wachsen und reifen. Er nimmt eine Inventur seiner Persönlichkeit vor und ist sich darüber klar, daß diese seine Persönlichkeit im Alter so sein wird, wie sie jetzt ist, nur um ein Vielfaches ausgeprägter.

Stellen Sie sich folgende neun Bestimmungsfragen:

1. Bin ich selbstsüchtig? Oder berücksichtige ich neben meinen eigenen Wünschen und Bedürfnissen auch diejenigen anderer Menschen?
2. Bin ich anderen Menschen und Ansichten gegenüber intolerant? Oder gestehe ich anderen genau wie mir selbst das Recht auf eigene Gewohnheiten und Überzeugungen zu, kurz, gilt für mich »leben und leben lassen«?
3. Reizen und ärgern mich ständig irgendwelche großen und kleinen Dinge? Oder nehme ich die Dinge gelassen, wie sie kommen, und ohne viel Reibereien?
4. Halte ich unnachgiebig ein übertriebenes, Streß verursachendes Tempo durch? Oder habe ich erkannt, wie unschätzbar wertvoll es ist, jeden Tag eine bestimmte Zeit für völlige geistig-seelische und körperliche Entspannung einzuplanen?
5. Verfüge ich über eigene Fähigkeiten und innere Gaben? Oder versuche ich meinen Gedanken und Gefühlen ständig zu entfliehen und bin, um mich unterhalten und amüsieren zu können, auf andere angewiesen?
6. Ernte ich von meiner Umgebung Abweisung und Feindseligkeit, die mein Leben verbittern? Oder beherrschen Liebe, Zuneigung, Freundlichkeit und Wohlwollen meine Beziehungen zu anderen?

7. Bewirkt ein Ersuchen um Hilfe, daß ich Herz und Geldbörse verschließe? Oder bin ich großzügig mit meiner Zeit und meinem Geld, wenn es um eine gute Sache geht?
8. Nagen Sorgen und Schuldgefühle an meinem Seelenfrieden? Oder begnüge ich mich damit, mein Bestes zu tun und Probleme zu lösen, wenn sie sich stellen; und vergesse ich vergangene Verfehlungen?
9. Gebe ich im Hinblick auf die Prinzipien meiner Religion nur Lippenbekenntnisse ab? Oder sind diese Prinzipien ein praktischer, dynamischer Bestandteil meines täglichen, ja stündlichen Lebens?

Unser Gesundheitszustand kann uns sehr leicht übermäßig beunruhigen. Darum ist es klug, auch eine körperliche Inventur zu machen und uns weiterhin in regelmäßigen Abständen ärztlich untersuchen zu lassen. Nur allzugern führt man körperliche Leiden auf geistig-seelische Angewohnheiten zurück und geistige oder seelische Störungen auf die körperliche Verfassung. Doch ein reifer Mensch kennt seine körperlichen Möglichkeiten und Grenzen. Unsere täglichen Gewohnheiten sollten in allen Dingen – wie Nahrung, Ruhepausen und Bewegungsausgleich – den Bedürfnissen unseres Körpers entsprechen. Der Körper braucht eine angemessene, vernünftige Pflege; wir dürfen ihn genausowenig ablehnen wie alles übrige hier auf unserer Erde. Wenn aber ein Mensch ungeachtet seines Alters gesund und attraktiv aussehen möchte, muß er unbedingt jedwede Besorgnis, Bitterkeit und Feindseligkeit besiegen, denn diese werden in seinem Gesicht und in seiner Haltung sichtbar.

Einem überholten puritanischen Vorstellungsbild zufolge sollte der Mensch, wenn er sich in Würde dem Ende seines Lebens nähert, grämlich und verhärmt sein. Das wäre ein Verbrechen gegen die Frohbotschaft Gottes, die uns Paulus so bestellte: »Freuet euch ... Und abermals sage ich: Freuet euch!« Hat der Mensch um die Mitte des Lebens die göttliche Aufforderung zum Glücklichsein noch nicht gelernt, sollte er ab sofort üben, sich des Lebens zu freuen. Dies ist seine Pflicht, er ist es sich selbst, Gott und der Welt schuldig.

Sehr oft erzählen uns Menschen, daß sie jedes Jahr, wenn es wieder Frühling wird, wenn die Luft mild ist, der Boden sich unter der Sonne erwärmt und die Bäume Blätter treiben, traurig und in wehmütigem Verlassensein zu sich selbst sagen: »Ich werde jetzt alt. Es wird für mich nicht mehr oft einen solchen Frühling geben, nicht mehr viele Tage, an denen ich das wunderbare Gefühl habe, daß der Frühling wieder da ist!« Was für eine kleinmütige Art, den Frühling zu begrüßen!

Niemand kann sicher sein, daß er auch nur einen einzigen weiteren Frühling erlebt, aber das Nachgrübeln über die Vergänglichkeit unseres Erdendaseins nützt uns nichts. Überlassen Sie das Gott, denn Ihre irdischen Jahre liegen in seiner Hand. Nehmen Sie die Jahre, die er Ihnen gibt, dankbar an. Es ist eine gute Lebensphilosophie, jedem flüchtigen Augenblick die Freude und das Vergnügen abzugewinnen, die er uns bietet. Wir sollten für alle unsere Lebensabschnitte, vor allem aber für unsere späteren Jahre das Motto wählen: *Immer nur einen Tag auf einmal leben.* Wir müssen lernen, jeden Tag voll zu nutzen und über das froh zu sein, was er uns bringt. Jeder Tag ist eine Kostbarkeit und sollte allein schon als solche genossen werden. Schauen Sie weder zurück noch vor, sondern kosten Sie die Schönheit und das Gute der Gegenwart voll aus.

Ist der gegenwärtige Tag mit Schmerz und Schwierigkeiten angefüllt, sollten Sie das Wertvolle suchen, das in dieser Erfahrung liegt, und an das Wort des Herrn denken: »Ich bin mit dir.« Ein todsicheres Rezept für Verzweiflung und Bitterkeit im Alter ist die Unart, sich das Glück der Gegenwart durch Angst und Nachgrübeln über die Zahl der Tage, die einem noch verbleiben, zu verderben. Dies kann nur zu Zynismus, harter Rücksichtslosigkeit oder schädlicher Angst führen.

Wir müssen uns die Fähigkeit zu kindhaftem Staunen über die Geheimnisse und Schönheiten des Lebens bewahren, über die unvergänglichen und unser Verständnis übersteigenden alten, aber täglich neuen Wunder des Sonnenaufgangs und Sonnenuntergangs, der Geburt und des Todes, der aufblühenden Blumen im Frühling …

Interessen und Hobbys, die keine übermäßige körperliche Anstrengung erfordern, stehen uns wohl an, wenn unsere körperlichen Energien nachlassen. Wir können uns der Fotografie zuwenden, der Musik, dem Zeichnen, Gartenarbeiten, dem Tischlern, Angeln, wir können Sportveranstaltungen wie Fußball- oder Basketballspiele besuchen. Gott hat diese wunderbare Welt erschaffen und unser Leben zugelassen, damit wir uns ihrer erfreuen. Das Altern nimmt uns nicht das Recht, die auf- und anregenden schönen Dinge zu genießen, die unsere Welt für uns bereithält. Menschen, die wissen, wie man sich des Lebens freut, fühlen sich vom Alter nicht betrogen. Wir sollten in unserer Jugend lernen, an dem Fest, das Gott uns bereitet, teilzunehmen und nicht nur von ferne zuzuschauen. Wenn wir ein echtes Geburts- und Lebensrecht in der Welt haben, in der wir leben, können wir sie genießen, gleichgültig, wie viele oder wie wenige Jahre uns noch verbleiben.

Unser Hauptinteresse gilt gewöhnlich uns selbst. Doch spätestens im Alter müssen wir dies ändern, denn es ist ein Luxus, den sich der alte Mensch nicht leisten kann! Durch Interessen, die vollkommen außerhalb unserer eigenen Personen liegen, können wir Wehwehchen, Schmerzen, Not und Elend verringern. Ichbezogenheit ist eine tödliche Krankheit, die den schöpferischen, nach Äußerung drängenden Teil unserer Persönlichkeit zerstört. Je mehr Stellen es gibt, an denen wir Kontakt mit unserer Umwelt haben, und je mehr Fühler der Zuneigung und des Wohlwollens wir aus unserem Herzen aussenden, desto geringer ist die Wahrscheinlichkeit, daß wir geistig-seelisch verkümmern.

Bei unserer psychotherapeutischen Arbeit können wir ständig beobachten, wie anders selbstversunkene, zynische Griesgrame werden, wenn sie ein Interessengebiet oder Ziel finden, dem sie sich mit uneigennütziger Begeisterung widmen können.

Ein etwa fünfzigjähriger Mann, der viel älter aussah, klagte über Nervosität und Schlaflosigkeit. Bei einer gründlichen ärztlichen Untersuchung waren keinerlei organische Schäden festgestellt worden. Der Mann war überaus unzufrieden mit seinem Leben und mit sich selbst; außerdem hatte er das Gefühl, seine Zeit sei beinahe abgelaufen. Es gab zweifellos nichts, was ihm echte Freude bereitete.

Er war verheiratet, hatte aber keine Kinder, und seine Frau war ihm vor Jahren wegen eines anderen davongelaufen. Seither erfüllte ihn Erbitterung gegenüber der Welt und ihren Bewohnern. Seit zehn Jahren lebte er allein, ganz für sich. Nach seiner Meinung konnte man niemandem über den Weg trauen. Er verabscheute das Leben, ertrug es mehr schlecht als recht und wartete auf den Tod.

Gesellschaftliche Kontakte hatte er eigentlich nur infolge der alljährlich stattfindenden Collegetreffen, die er besuchte, weil seine Collegezeit zu den wenigen Erfahrungen zählte, von denen er nicht völlig enttäuscht war. Nach mehreren Gesprächen schlugen wir ihm vor, etwas für sein College zu tun, beispielsweise ein Stipendium für einen Jungen auszusetzen, der sich die Studiengebühren nicht leisten konnte. Das gefiel ihm, und er tat es.

In ihm erwachte ein persönliches Interesse an dem ersten Jungen, dem er auf diese Weise half. Und weil er ein hohes Einkommen hatte, konnte er es sich leisten, seine neue Betätigung auszuweiten. Nicht lange, und er ermöglichte durch seine finanzielle Hilfe zwölf Jugendlichen das Collegestudium. Bald sah er darin den wahren Sinn seines Lebens. Er betrachtete die Jungen als seine »Söhne«, so nannte er sie, und er liebte sie wie Söhne. Im Laufe von zehn Jahren ließ er nicht nur fast hundert Jungen studieren, sondern verhalf vielen von ihnen auch noch zu einem beruflichen Start.

Mit ihm selbst ging dabei eine erstaunliche Veränderung vor. Seine Nervosität und Spannung verschwanden völlig. Er schlief gut. Bald hatte er auch das Gewicht, das er haben sollte. Vor allem jedoch erlebte er echtes Glück. Dieses neue Interesse, das nicht seiner eigenen Person galt, bewirkte bei ihm eine körperliche sowie geistig-seelische Verjüngung und verwandelte sein ganzes Leben. Er vergaß sich selbst, aber an die hundert Männer werden ihn nie vergessen!

In unserem Institut haben wir viel mit Alleinstehenden im Alter zwischen vierzig und fünfzig Jahren zu tun, die nicht geheiratet haben und darum nun ihre Hoffnungen auf eine Familie und ein richtiges Zuhause ins Nichts entschwinden sehen. Die meisten leben völlig isoliert von der Umwelt. Da ihr Leben gewöhnlich nach innen ausgerichtet ist, neigen sie zu Verbitterung und Einsamkeit.

In der Regel kommen sie mit der Klage zu uns, sie hätten Angst, seien deprimiert und überzeugt, daß die Zukunft ihnen nichts mehr zu bieten habe. Weil sie für sich selbst zuviel Zeit haben und diese mit düsterer Vergangenheitsschau und endlosen, sinnlosen Grübeleien über ihre persönlichen Probleme verbringen, fallen sie psychosomatischen Leiden zum Opfer. Sie haben, ohne sich dessen bewußt zu sein, das sehnsüchtige Verlangen nach Beziehungen, in denen sie ihrer Liebe und Zärtlichkeit Ausdruck verleihen könnten.

Um diesen Menschen zu helfen, gründeten wir Klubs, die wir »Vierzig plus« und »Fünfzig plus« nannten; hier finden sie die Gesellschaft geistesverwandter Personen gleichen Alters und sehr oft auch gleicher Interessen. Meist genügt das, um ihnen das Gefühl zu nehmen, überflüssig zu sein. Sie bedürfen der Gemeinschaft. Der Mensch ist nicht zum Alleinsein geschaffen, sondern von seiner Anlage her ein Gruppenwesen. Der Verstoß gegen dieses Naturgesetz kann nur zu tiefer Verzweiflung führen.

Den ersten kritischen Punkt beim Altern erreichen wir Ende der Vierzig, wenn verschiedene körperliche Veränderungen sichtbar werden. Ein zweiter, ebenso kritischer Punkt erwartet uns Mitte und Ende der Sechzig, wenn wir uns geistig und seelisch auf die »Schlußetappe« einstellen müssen.

Laut Statistik währt das Leben eines Menschen, der die Sechzig erreicht hat, heute nicht mehr nur bis zu den biblischen siebzig Jahren, sondern seine Lebenserwartung beträgt bereits achtzig Jahre und je nach Kulturraum und Lebensweise sogar mehr.

Das erste Viertel unseres Lebens brachten wir damit zu, so schien es uns wenigstens, uns auf das Leben vorzubereiten. Es wäre eine Beleidigung des Schöpfers, wollten wir das letzte Viertel damit zubringen, uns auf den Tod vorzubereiten!

Natürlich müssen viele Menschen mit fünfundsechzig oder sogar früher aus dem Berufsleben ausscheiden und damit ihr Lebenswerk aufgeben, obwohl sie sich auf der Höhe ihrer Kraft fühlen. Das empfinden viele als furchtbare Tragödie. Eine der schwierigsten Situationen in diesem Alter ist zweifellos die Versetzung in den Ruhestand. Irgendwann wird der Tag kommen, da die Gesellschaft entsetzt sein wird über die Vergeudung erfahrener, geschulter Kräfte, zu der sie sich heute selbst verurteilt. Aber derzeit läßt sich kaum etwas dagegen tun; die Betroffenen müssen diese Tendenz unserer Zeit hinnehmen und sich mit ihr abfinden.

Diejenigen unter uns, die nach Erreichen eines bestimmten Alters in Rente gehen müssen, sollten sich schon vorher mit dieser Tatsache auseinandersetzen und für diese Zeit vorplanen, anstatt bis zum letzten Moment die Augen davor zu verschließen. Statt beunruhigt, zornig oder eifersüchtig auf unsere Nachfolger zu sein, sollten wir versuchen, die Sache mit philosophischer Gelassenheit zu nehmen und unsere Energien darauf zu konzentrieren, irgendein sinnvolles, interessantes Programm – nicht nur ein Hobby – zu entwickeln, das unsere letzten Jahre bereichern wird.

Diese letzte Lebensspanne sollte unbedingt im voraus geplant werden. Nach unseren Beobachtungen unterschreiben Menschen, wenn sie in den Ruhestand treten und dann nichts mehr tun, beinahe ihr eigenes Todesurteil, wenn schon nicht für den Körper, dann zumindest für Geist und Seele.

Ein einflußreicher Manager einer großen Firma wurde mit fünfundsechzig pensioniert. Niedergeschlagen und wie benommen saß er zu Hause, er fühlte sich verlassen und verloren.

»Ich war zeitlebens ein vielbeschäftigter Mann«, erzählte er uns. »Ich war immer glücklich, Entscheidungen zu treffen, neue Unternehmungen zu planen und zu erleben, wie sie gediehen. Und jetzt habe ich ein ganzes Jahr lang überhaupt nichts von Bedeutung getan! Ab und zu besuche ich Freunde, die noch im Berufsleben stehen, doch sie scheinen einer anderen Welt anzugehören. Sie sind höflich, haben aber nicht viel Zeit für mich. In meinem Klub langweile ich mich. Meine Frau ist tot, meine Kinder sind erwachsen und führen ein eigenes Leben, in das ich mich nicht hineindrängen möchte. Was bleibt mir also? Sie fragen, was ich gern tun würde. Ich weiß es nicht. Das ist ja das Problem! Ich weiß es einfach nicht.«

Er kam zu weiteren Gesprächen, und eines Tages sagte er dann: »Ich habe nachgedacht. In meiner Heimatstadt gibt es eine kleine Bank, und wie ich höre, kämpft sie ums Überleben. Vielleicht sollte ich ein paar Aktien dieser Bank kaufen und als Direktor einsteigen.«

Er prüfte die Angelegenheit, kaufte die Aktien und wurde bald der neue »Motor« der Bank. In den acht Jahren, die ihm noch blieben, führte er ein sinnvolles, erfülltes Leben. Bewohner der Stadt gingen zu ihm, wenn sie Schwierigkeiten hatten. Manchen, die nicht die Voraussetzungen für einen Bankkredit erfüllten, lieh er aus der eigenen Tasche Geld. Und er half mehreren jungen Leuten beim Start ins Berufsleben. Er wurde zu einer so mächtigen und beliebten Instanz des Guten, daß bei seinem Tod die ganze Stadt um ihn trauerte. Noch kurz vor seinem Tod hatte er gesagt: »Als ich in den Ruhestand ging, meinte ich, mein Lebenswerk sei abgeschlossen. Aber jetzt weiß ich, daß dies hier auch dazugehört.«

Ein anderer Mann, der sich ebenfalls nicht auf die Pensionierung vorbereitet hatte, kam in einem ähnlich nervösen Zustand zu uns und fand ebenfalls das Leben unerträglich. Wir sprachen mit ihm über seine vielseitigen Interessen und erfuhren, daß er unter anderem früher Jäger gewesen war. Jetzt jedoch verabscheute er, wie er sagte, das »Töten von Vögeln« und anderen Tieren. Darum schlugen wir ihm vor, sein Wissen über das Wild und sein Können anderweitig zu nutzen.

Er begann in einem Naturkundemuseum wissenschaftliche Untersuchungen über das Vogelleben anzustellen. Wenig später organisierte er bereits Exkursionen und Werbekampagnen zum Schutz der Zugvögel und zur Aufklärung der Öffentlichkeit über sie. Viele Jahre lang führte er ein faszinierendes, abenteuerliches Leben. Aber mehr noch: er leistete einen echten Beitrag zur Erhaltung der Vogelvorkommen des Landes und zum Wohle all der Menschen, die er dafür zu interessieren vermochte.

Es gibt noch eine zweite große Gruppe von Menschen, denen der Ruhestand aufgezwungen wird, doch sie sind sich meist gar nicht bewußt, daß man sie eigentlich als »Zwangsruheständler« einstufen müßte: jene Frauen, die ihr ganzes Leben der Betreuung ihres Haushalts widmen und nach dem Tod ihrer Männer mit mehr oder weniger Rente, aber ohne die früheren Aufgaben dastehen. Zweifellos ist es sehr schwer, sich im voraus auf einen solchen »Ruhestand« einzustellen, denn dies würde verlangen, daß man über den eventuell bevorstehenden Tod des Partners nachdenkt. Frauen sollten sich jedoch nicht nur fragen: »Was würde ich tun, wenn ich meinen Lebensunterhalt verdienen müßte?«, sondern auch: »Was würde ich mit meinem Leben anfangen, wenn ich durch äußere Umstände gezwungen wäre, ohne meinen Partner zu leben?« Stricken genügt nicht als Lebensinhalt! Vereine genügen auch nicht! Die unentgeltliche Mitarbeit in der Sozialfürsorge oder Wohlfahrt genügt ebenfalls nicht! Und gleich dem pensionierten Mann, für den seine Freunde kaum mehr Zeit haben, kann auch eine Witwe erleben, daß sie plötzlich zur Kategorie der Außenseiter gehört.

Jede Frau sollte sich hinsetzen, genau wie jeder Mann, und eine Liste aller Beschäftigungen aufstellen, die sie interessieren und für sie in Frage kommen. Nach sorgfältiger Prüfung sollte sie eine Beschäftigung auswählen und sich auf diese vorbereiten, als hinge ihr Leben davon ab, was in bezug auf ihr Seelenleben ja tatsächlich der Fall sein kann.

Am besten wäre es überhaupt, Ehemann und Ehefrau würden sich hinsetzen und zusammen ein Programm für das Rentenalter ausarbeiten. Dabei sollte es nicht nur um ein finanzielles Programm gehen, das sie oft tatsächlich entwerfen, sondern vor allem um ein Beschäftigungsprogramm. Viele der von uns Beratenen befolgten bereits diesen Rat und bestätigten, daß er sich als sehr nützlich erwies.

Ein Automechaniker und seine Frau eröffneten als »Ruheständler« eine Tankstelle in einem Staat des Mittelwestens. Um achtzehn Uhr schließen sie täglich ihre Tankstelle und gehen zusammen in die Abendschule, an der sie Kurse in Buchführung absolvieren.

Ein hoher Bankbeamter und seine Frau fahren jeden Nachmittag nach Bankschluß in die Stadt und besuchen eine Restaurantfachschule. Nach der Pensionierung des Mannes wollen sie ein Feinschmeckerlokal eröffnen.

Wie immer ein solches Programm aussehen mag, jeder Mensch sollte sich eine Beschäftigung suchen, die seine Zeit nutzbringend ausfüllt und seinen letzten Lebensjahren Sinn und Wert gibt. Auf diese Weise können die letzten Jahre die ersten und besten sein, was den gewonnenen Erfahrungsschatz anbelangt.

Man mag jedoch das Leben noch so schwungvoll angehen, sich noch so beharrlich gegen das Alter wehren, irgendwann kommt die Zeit, in der man sein Dasein als eintönig und schal zu empfinden beginnt. Solange man jeden Morgen beim Aufwachen voll Begeisterung an die großartigen Überraschungen denkt, die einem der anbrechende Tag bringen kann, ist man jung. Schlimm ist es, wenn der erste Gedanke beim Erwachen ist: »Wieder erwartet mich die alte Leier. Eine neue Runde derselben alten Dinge. Nichts Gutes oder Neues kann mir heute widerfahren, nur wieder dasselbe wie gestern!« Dann ist aus dem Leben etwas entschwunden. Wird diese Geisteshaltung zum Dauerzustand, hat das Alter den betreffenden Menschen wirklich übermannt, gleichgültig, wie viele Jahre er zählt. Der schöpferische Prozeß ist abgelaufen, weil die Lebensfeder ihre Spannung verloren hat.

In einer solchen Situation braucht der Mensch neue Ideen, denn er hat verzweifeltes Verlangen nach einem neuen Gefühl des Abenteuerlichen und der Begeisterung. Zur Wiederherstellung des alten Schwungs und der alten Lebensfreude ist eine regelrechte Entdeckung eines Neuen erforderlich. Der Grund dafür, daß man das Leben als fade empfindet, kann in familiären Belastungen liegen, in beruflichen Sorgen, in Routine, Monotonie oder schlichter Enttäuschung; doch das alles sind lauter Dinge geistig-seelischer Natur, und sie zeigen an, daß Geist und Seele in Schwierigkeiten sind.

Heilung bringt in solchen Fällen nur die Rückbesinnung auf die Quelle alles Guten, die da Gott heißt. Man muß Gott in den Mittelpunkt des Lebens rücken. Wenn dies geschieht, werden die Vitalität und die Fähigkeit zum Staunen und zu grenzenloser Begeisterung wiederhergestellt.

An einer kleinen Universität lehrt ein Professor schon so lange, daß er ebenso zur festen Institution geworden ist wie das von wildem Wein überwucherte Gebäude.

»Ich möchte Ihnen etwas erzählen, was ich im Laufe der Jahre immer wieder festgestellt habe«, sagte er eines Tages zu seinen Studentinnen. »Ich bin ein alter Mann. Ich sehe euch Junge hierher kommen, studieren, euren Abschluß machen und fortgehen. Und später sehe ich euch wiederkommen. Manche von euch Mädchen sind hübsch, wenn sie weggehen, und kommen nach gar nicht so vielen Jahren abgehärmt und verbittert wieder. Manche von euch sind während der Studienzeit nicht sehr hübsch, kommen aber als wirkliche Schönheiten wieder.

Einige der hübschen Mädchen sind noch immer hübsch, wenn sie wiederkommen, und einige der reizlosen Mädchen sind noch immer reizlos. Aber ich sage Ihnen etwas: Diejenigen, die in späteren Jahren wirklich schön sind, haben gelernt, sich auf Gott auszurichten. Auf ihren Gesichtern steht ein Licht, in ihren Augen strahlt eine Schönheit, und sie haben eine Sanftheit und Süße an sich, die von nichts anderem herrühren kann. Wie die Rede geht: ›Schönheit leuchtet auf dem Antlitz, wenn Liebe im Herzen ist.‹ Das beste Kosmetikmittel auf der Welt ist eine liebende, fromme Seele.«

Eine fünfundfünfzigjährige Frau war seit fast einem Jahrzehnt teilinvalid. Sie schlief schlecht und hatte so stark abgenommen, daß sie einen mitleiderregenden Anblick bot. In dem College, an dem diese verbitterte, zynische und gehässige Frau arbeitete, hatte jedermann Angst, sie auch nur anzureden, weil sie mit Vorliebe beißende, demütigende Antworten gab.

Es ist seltsam, auf welche Weise in unserem Leben plötzlich große Dinge geschehen können. Eines Sonntags ging die Frau in die Kirche, zum erstenmal seit Jahren. Zufällig entzündete die Predigt einen Funken in ihr und rührte in den Tiefen ihres Inneren etwas an. Sie erlebte eine starke Erschütterung, und diese löste eine echte spirituelle Wiedererweckung aus. Die Frau hatte das Gefühl, daß in ihr, wie sie sagte, Gefängnismauern schlagartig eingestürzt seien. Als Folge davon veränderte sie sich grundlegend, zumal sich mit der Zeit die Kraft dieses starken religiösen Erlebnisses noch vertiefte und intensivierte. Auf ihrem Gesicht stand bald nicht mehr die häßliche Spannung, sondern ein schönes Strahlen. Innerhalb von drei Monaten nahm sie zwanzig Pfund zu, und sie schlief hervorragend. Sie war immer noch scharfzüngig, wenn es sein mußte, aber nicht mehr bissig und gemein, sondern witzig. Und ihre einstige Bitterkeit war vollkommen verschwunden.

Bei einem Abendessen war der vitalste, faszinierendste Gast ein neunzigjähriger Herr mit schneeweißem Haar, ein vor Fröhlichkeit und Humor sprühender Mensch. Er lachte und redete, brachte andere zum Lachen und Reden. Als jemand versuchte, ein trauriges Thema anzuschneiden, gab er der Unterhaltung geschickt eine andere Richtung:

»Krieg? Krise? Schwere Zeiten? Wir wollen uns darüber Sorgen machen, wenn sie Wirklichkeit sind!«

Der neben ihm sitzende Gast staunte über die Vitalität des alten Herrn und sagte zu ihm: »Sie verstehen zweifellos zu leben! Sind Sie immer so glücklich?«

»Ja, natürlich«, antwortete der Greis. »Aber ich bekenne, daß ich es früher nicht war. Viele Jahre lang war ich ein sehr unglücklicher Mensch. Ich war krank vor Unglück. Doch dann wurde ich gesund. Vor fünfzig Jahren wurde ich geheilt! Wollen Sie wissen, wie? Ich fand einen Text in der Bibel. Einen großartigen, herrlichen Text! Ich beschloß, nach der Bibelmaxime zu leben, und das änderte mein ganzes Leben. ›Die auf den Herrn harren, kriegen neue Kraft, daß sie auffahren mit Flügeln wie Adler, daß sie laufen und nicht matt werden, daß sie wandeln und nicht müde werden.‹«

»Glauben Sie wirklich, daß ein paar Worte so etwas bei Ihnen vollbringen konnten?« fragte einer der anderen Gäste.

»Glauben? Ich glaube es nicht nur, ich weiß es. Diese Worte sanken in die Welt meiner düsteren, kranken Gedanken und heilten meinen Geist. Als ich anders zu denken begann, wurde ich ein anderer Mensch. Ich lernte, dem Leben Freude abzugewinnen. Und sogar noch mit Neunzig macht mich das Leben geradezu wunderbar glücklich.«

Um das Leben im Alter genauso erfolgreich anpacken zu können wie in der Jugend, müssen wir uns von den Überresten an Unreife befreien, die selbst gegen Ende des Lebens noch eine Barriere gegen unser Wohlergehen sein können. Wir müssen in unserer Persönlichkeit die neurotischen Merkmale ausrotten, die unsere Sicht der Welt rund um uns verzerren, ihre Schrecken vergrößern und bewirken, daß wir uns vor ihren Schlägen ducken. Wer durch Schuldgefühle verkrüppelt wird, durch heftiges Schwanken zwischen Liebe und Haß, durch Angst, Spannung und Depression, durch die Furcht vor dem Tod oder, was am schlimmsten ist, durch Glaubensmangel, der vermag weder in der Jugend noch in mittleren Jahren, noch im Alter seiner Bestimmung gerecht zu werden und ein echt glückliches Leben zu führen.

Wir hoffen, dieses Buch weise den Weg zu einer Lösung dieser drückenden Probleme. Wer Einblick in sein Geistesleben und sein – weitgehend unbewußtes – Gefühlsleben hat und zu einem festen, vertrauensvollen Glauben an Gott findet, kann jeder Lebensperiode und jedem Lebensproblem zuversichtlich entgegenblicken.

Ein Leben der Kraft und Selbsterfüllung zu führen setzt voraus, Gott aus den schattigen Dunkelkammern des Geistes und der Seele hervorzuholen und als Realität in unsere strahlende Mitte, in die Mitte unserer Persönlichkeit und unseres Lebens, zu rücken. Erst dann werden wir der Gottesgegenwart in uns und um uns gewahr, erst dann können wir unser Leben, wie immer es auch ist, in Freude und Heiterkeit genießen. Daß Sie das Ihrerseits an sich erfahren mögen, ist ein Hauptanliegen dieser unserer »Aufforderung zum Glücklichsein«.